高等职业院校
新形态通识教育系列教材

职业发展与就业指导

从大学生到职场精英的通关攻略

微课版

张翠英 刘志成 曹雄彬 ◎ 主编
刘连香 陈子瑜 陈洁 ◎ 副主编

人民邮电出版社
北　京

图书在版编目（CIP）数据

职业发展与就业指导 ： 从大学生到职场精英的通关

攻略：微课版 / 张翠英，刘志成，曹雄彬主编.

北京 ： 人民邮电出版社，2025. -- （高等职业院校新形

态通识教育系列教材）. -- ISBN 978-7-115-67252-0

Ⅰ. G717.38

中国国家版本馆 CIP 数据核字第 2025XP3196 号

内 容 提 要

本书以培养大学生职业生涯规划和就业能力为目标，按照游戏通关的思路设计认识自我与职业、制定职业生涯规划、搜集就业信息、打造求职材料、顺利通过笔试、掌握面试策略、做好择业决策、学会保护自己、迅速转换角色、熟知职场礼仪、养成职业素养、成就职业精英 12 个关卡及 36 个通关招式。本书通过模块化教学内容、多样化教学资源、通关式教学思路的支撑，以大学生真实的职业规划、求职面试等场景为载体组织内容，帮助大学生理性规划未来的职业，助力其实现人生理想、收获幸福人生。

本书可作为高等职业院校大学生职业发展与就业指导相关课程的教学用书，以及相关组织的员工培训教材，也可供有关人员在职业生涯规划和求职时参考。

◆ 主　编　张翠英　刘志成　曹雄彬
　　副 主 编　刘连香　陈子瑜　陈　洁
　　责任编辑　姚雨佳
　　责任印制　王　郁　彭志环

◆ 人民邮电出版社出版发行　　北京市丰台区成寿寺路 11 号
　　邮编　100164　电子邮件　315@ptpress.com.cn
　　网址　https://www.ptpress.com.cn
　　三河市祥达印刷包装有限公司印刷

◆ 开本：787×1092　1/16
　　印张：15　　　　　　　　　　　2025 年 8 月第 1 版
　　字数：419 千字　　　　　　　　2025 年 8 月河北第 1 次印刷

定价：55.00 元

读者服务热线：(010)81055256　印装质量热线：(010)81055316
反盗版热线：(010)81055315

　　本书紧扣教育部《大学生职业发展与就业指导课程教学要求》指导精神，围绕落实立德树人根本任务，以大学生全面发展为目标，帮助大学生掌握了解自我、规划职业生涯、撰写求职材料、参加面试、适应职场等知识，提升大学生科学规划职业生涯、搜集与分析求职信息、应对面试等能力，增强大学生执着专注、精益求精、一丝不苟、追求卓越的工匠精神，引导大学生牢固树立社会主义核心价值观，帮助大学生理性规划当前的学业与未来的职业，激励其将个人目标与国家发展相结合，成为有理想、有本领、有担当的时代新人，助力其实现人生理想、收获幸福人生。

　　本书由学校一线教师、资深生涯规划师、高级职业指导师、大型企业人力资源主管和行业工匠通过"校企合作、双元开发"的方式编写，根据职业发展与就业指导知识体系及用人企业在员工招聘和培训环节对员工能力素质的要求，重构了职业生涯规划、就业准备、职场适应、职业发展等教学内容；同时，结合大学生的认知规律，按照游戏通关的思路设计 12 个关卡（见图 1）及 36 个通关招式。

第一关 认识自我与职业
第二关 制定职业生涯规划
职业生涯规划

第三关 搜集就业信息
第四关 打造求职材料
第五关 顺利通过笔试
第六关 掌握面试策略
第七关 做好择业决策
就业准备

职业发展与就业指导

第八关 学会保护自己
第九关 迅速转换角色
第十关 熟知职场礼仪
职场适应

第十一关 养成职业素养
第十二关 成就职业精英
职业发展

图 1　职业发展与就业指导的 12 个关卡

　　选用本书教学适合采用任务驱动教学法、案例教学法、角色扮演法、情境模拟法等行动导向的教学方法。本书以大学生真实的职业规划、求职面试等场景为载体组织内容，实现"做中学、学中做"和"教学做评一体化"。本书在内容组织、资源配备和教学创新上具有以下特色。

　　（1）教学内容模块化。本书基于"全培养周期"的教育理念，选取贴近学生、专业、岗位、企业文化的内容，聚焦大学生职业成长中的关键要素，以通关攻略的方式呈现从大学生到职场精英成长过程中的关键知识点。本书包含职业生涯规划、就业准备、职场适应、职业发展 4 个模块、12 个关卡及36 个通关招式的教学内容。本书在内容上选择典型人物、典型案例、典型事迹，并自然地融入热爱职业、管理自我、尊重他人等素养教育元素。

言

（2）教学资源多样化。本书在编写过程中，与中国中车集团有限公司、中国铁路广州局集团有限公司、潍柴集团所属的株洲齿轮有限责任公司等企业的专家共同开发多维资源，实现学校与企业结合。多位铁路工匠和企业人员参与教学视频、教学课件、任务单、习题等近4000个资源的开发。本书配套建设的在线课程为湖南省首批认定的高等职业教育精品在线开放课程，并入选国家高等教育智慧教育平台课程、教育部"三区三州"职业院校职业指导课程，领域内知名专家评价课程为"应用面广、受益者多、资源丰富、活跃度高"。用书教师可以通过访问人邮教育社区（www.ryjiaoyu.com）下载并获取本书配套的微课视频、教学课件、教学大纲、教案、任务单、习题与参考答案、全国大学生职业规划大赛备赛建议、大学生就业相关法律法规、招聘与求职网站、不同课时模块组合建议等丰富的教学资源。

（3）教学形式通关化。本书介绍的36个通关招式包括品案例、做任务、习新知、谈观点、践行动、测能力6个环节。"品案例"环节帮助学生通过案例进入主题学习，"做任务"环节要求学生以个人或小组形式完成学习任务，"习新知"环节带领学生针对性学习相关知识，"谈观点"环节引导学生进行拓展学习、交流学习心得，"践行动"环节引导学生学以致用，"测能力"环节对学生学习情况进行检测。6个环节层层递进，学生在通关后即可获得相应的知识、能力和素质。

本书是对书课一体、任务驱动式教学的深度探索，为方便使用，提供3点使用建议。

• 教师教学和学生学习过程中充分利用配套资源，以提升教学和学习效果。

• 书中品案例、谈观点、践行动等环节留有需要学生填写的空白区域，建议充分利用。

• 本书涵盖的内容比较完整，不同模块可按需组合。教学过程中，教师和学生可以根据实际情况进行选择，组合不同模块（详见人邮教育社区本书资源的"附录4"）。

本书由湖南铁道职业技术学院张翠英、刘志成、曹雄彬担任主编，刘连香、陈子瑜、陈洁担任副主编，潍柴集团所属的株洲齿轮有限责任公司苏若瑜、湖南铁道职业技术学院姜颖祯、长沙格力暖通制冷设备有限公司张恩耀参与了本书的编写，湖南铁道职业技术学院黄刘婷、粟慧龙、徐敏为本书提供了丰富的素材。湖南铁道职业技术学院张翠英、余晖、邹烨、周少斌、黄娟、刘杰、罗伟、陈秀清及潍柴集团所属的株洲齿轮有限责任公司苏若瑜、中国铁路广州局集团有限公司王程参与本书配套在线课程的制作，还有多位铁路工匠和创业达人协助录制微课视频，多位铁路工匠提供个人成长经历。

由于编者水平有限，书中难免存在疏漏之处，欢迎广大读者提出宝贵的意见和建议。

编 者

2025 年 6 月

录

09 第九关：适应职场——迅速转换角色 139

10 第十关：礼在职场——熟知职场礼仪 157

第一关：知己知彼——认识自我与职业

通关寄语

我们每个人都是独一无二的，通过了解自己的性格特点、兴趣爱好、职业价值观等，知道自己想要什么、不想要什么，想做什么、不想做什么，才能够清楚自己的优点和缺点，从而更好地发挥自己的优点，克服自己的缺点，做到扬长避短。同时，我们也要去了解职业，尤其是深入了解自己未来准备选择的职业，只有通过深入的了解，才能够针对职业的特点和发展路径，不断丰富自己的知识、提升自身的能力，提升就业竞争力。我们只有真正地认识自己，深入地了解职业，才能最大限度地做出明智的决策，更好地规划人生。

通关攻略

通关第一式：了解自我

通关目标

知识目标
1. 明白了解自我的目的
2. 掌握了解自我的内容
3. 掌握了解自我的方法

能力目标
1. 提升自我分析能力
2. 会应用自我测试法

素质目标
1. 养成认真、谨慎的态度
2. 树立正确的职业价值观

一、品案例

案例呈现　　　　　　　　**大国工匠宁允展**

宁允展，中车青岛四方机车车辆股份有限公司车辆钳工高级技师，中国中车首席技能专家。他是国内第一位从事高铁动车组转向架"定位臂"研磨的工人，也是这道工序最高技能水平的代表。他曾获得全国五一劳动奖章、全国"最美职工"、全国职工职业道德建设标兵、中国质量奖提名奖、大国工匠、央企楷模、全国道德模范等荣誉。

转向架是高铁动车组九大关键技术之一。如果把高铁动车组比作一位长跑运动员，转向架就是他的"腿脚"，直接关系到高铁动车组能否跑得又快又稳，而宁允展研磨的定位臂就相当于"脚踝"，是转向架的核心部件。然而，经过机器粗加工后，留给手工研磨的空间只有0.05毫米左右，相当于一根细头发丝的粗细。磨少了，贴合率达不到要求，磨多了，动辄十几万元的部件就可能报废。定位臂研磨因而是转向架制造中的一道关键难题。从2006年开始，宁允展就是在这细如发丝的空间里精雕细琢，从"和谐号"到"复兴号"，他经手了不同速度等级、十多种高铁动车组车型的转向架研磨。

宁允展的父亲是村里的铁匠，他小时候经常跟着父亲帮乡亲们打磨铁器，也因此从小就喜爱上了学手艺。初中毕业后，他考上了铁路技校。他还在家自费购买了车床、打磨机和电焊机，将家里30多平方米的小院改造成了一个"小工厂"，这里成为他业余时间钻研新工装、发明新方法的第二厂房。多项工装发明从这里产生，并被应用到了实际工作中。

作为转向架研磨的一把手，宁允展当上了研磨班的班长。可没过几年，他就主动辞去了班长职务，因为他觉得他的兴趣是技术，而不是管理。"一心一意搞技术，不当班长不当官""20多年时间只为把高铁动车组转向架研磨做到极致"成为他事迹的缩影。

案例思考：

"一心一意搞技术，不当班长不当官"体现了宁允展对自己哪些方面的认识？这对你有什么启示？

二、做任务

请在课前或课中学习的基础上，按照任务单的要求完成通关任务（见表1-1）。

表1-1　通关任务1

通关任务名称	个人分析报告	
通关任务描述	每个人借助测评工具了解自己的性格特点、职业兴趣、职业价值观，并对适合的职业进行分析，撰写不少于1000字的个人分析报告；以小组为单位，推选出一位最优者代表小组进行汇报，并制作汇报时间不超过8分钟的汇报PPT	任务单1-1
通关任务评价标准	小组每个人完成一份个人分析报告；代表小组的分析报告翔实、分析到位；PPT制作精美；汇报流畅；汇报时间把控得当	

三、习新知

"知人者智，自知者明。"一个人要在这个竞争激烈的社会中生存并发展，首先就要清醒地了解自我，因为只有真正地了解自我，才能不断地完善自我、超越自我；也只有正确认识自我、相信自我，才能掌握自己的命运，才会获得人生的幸福。

（一）了解自我的目的

只有对自己有了全新、客观、正确的认识，发现自己的长处和短处之后，才能找到并充分发挥自己的优势，也才能有效地克服自身缺点，这样才会在生活和工作中找准自己的位置。

1. 找准人生方向

了解自己的优点、兴趣和价值观，可以帮助我们找到最适合自己的职业和生活方式，从而找准人生方向；也只有正确认识自我，才能充分地相信自己，从而开启无所畏惧的人生旅程。

2. 促进个人发展

了解自我可以促进个人成长，帮助我们发现自己的潜力和不足之处，解开内心的限制，释放无穷的潜能，确定有针对性的目标和计划，进一步促进个人发展。

3. 提升生活质量

了解自己的需求和期望，可以更好地理解他人，建立更健康、有意义的人际关系，从而在生活中获得满足感和成就感。同时了解自我有助于我们更好地管理情绪、时间和资源，提高自我管理能力，从而更好地应对压力和挑战，提高工作效率和生活质量。

4. 增强适应能力

了解自我可以帮助我们更好地认识自己的思维方式和行为模式，可以更好地优化自己的思维，改进自己的行为，从而提高自我认知，增强自信心和适应能力。

5. 提高决策能力

人生就是一连串选择的过程，每个人都应该选择一个比较适合自己的生活方式，了解自我可以帮助我们更好地评估决策和价值观，做出更明智的选择，实现个人目标和梦想。

（二）了解自我的内容

了解自我的内容非常丰富，通过深入了解自己的生理情况、心理情况、社会情况等，我们可以更好地把握自己的特点，发挥自己的优势，并逐步改进和提高自己。

1. 了解自我的主要内容

（1）生理自我

对生理自我的认识，主要指对自己的相貌、身体、服饰、打扮等方面的认识。有些职业对相貌有明确的要求，有些职业对身高、体重、视力等有特殊的要求。

（2）心理自我

对心理自我的认识，主要指对自己的性格、兴趣、气质、意志、能力等方面的优缺点的评估与判断。

（3）理性自我

对理性自我的认识，主要指对自己的思维方式、道德水平、情商等因素的评价。

（4）社会自我

对社会自我的认识，主要指对自己在社会上所扮演的角色，在社会中的责任、权利、义务、名誉，他人对自己的态度、自己对他人的态度等方面的评价。

2. 职业性格

（1）职业性格的内涵

性格是一个人对现实的稳定的态度，以及与这种态度相应的、习惯化了的行为方式中表现出来的人格特征。性格的形成是一个长期、复杂的过程，不仅受遗传因素的影响，还与个体的生理特征、家庭教育、学校教育及接受的文化传统有关。性格是在社会生活实践中逐渐形成的，一经形成便比较稳定，它会在不同的时间和不同的地点表现出来。但是，性格具有稳定性并不是说它是一成不变的，而是可塑的。

职业性格是指人们在长期特定的职业生活中所形成的与职业相联系、稳定的心理特征。例如，有的人对待工作总是一丝不苟、踏实认真，在待人处事中总是表现得有原则、果断、活泼、负责，在对待自己的态度上总是表现得谦虚、自信、严于律己等，所有这些特征的总和就是他的职业性格。

（2）性格与职业的关系

人的性格千差万别，或热情外向，或羞怯内向，或沉着冷静，或火暴急躁。职业心理学的研究表明，不同的职业有不同的性格要求。在我们周围的人当中可以发现，同一职业类型或团体中的人往往性格相似，比如销售行业的人多数性格外向，会计行业的人比较细心，教师善于关心爱护他人，从政的人手腕比较强硬、执行力强。

人的不同性格特征，对企业而言，决定了每个员工的工作岗位和工作业绩；对个人而言，决定着自己的事业能否成功。虽然每个人的性格都不可能100%地适合某项职业，但人却可以根据自己的职业倾向来培养、发展相应的职业性格。

一个人在某种职业中获得成功的性格可能在另一职业中大受挫折。如果一个人所从事的职业与其性格类型是匹配的，则他工作起来就轻松愉快、得心应手、富有成就感；反之则会不适应、困难重重，给个人的发展和组织造成影响。了解自己的性格属于哪一种类型，然后在对应的职业环境中寻找合适的职业，这样不仅能缩小个人职业选择的搜索范围，使职业选择的方向性更强，而且选中的职业与自己的性格最为匹配，有利于个人才能的充分发挥和价值的充分实现。因此，在职业选择和发展中，应尽可能充分地考虑自己的性格特征与职业要求是否适应，这样在工作中就能够发挥个体特有的能力，还能体验更多的快乐和愉悦。

3. 职业兴趣

（1）职业兴趣的内涵

兴趣是人认识某种事物或从事某种活动的心理倾向，它是以认识和探索外界事物的需要为基础的，是推进人认识事物、探索真理的重要动机。例如一个人对摄影感兴趣，他就会积极主动地去寻找学习的机会、拍摄的机会，而且在摄影的过程中感到愉悦、放松和有趣，表现出积极性并自觉自愿。人的兴趣不仅是在学习、活动中发生和发展起来的，而且是认识和从事活动的巨大动力。它可以使人的智力得到开发，知识得以丰富，眼界得到开阔，并会善于适应环境，对生活充满热情。

职业兴趣是兴趣在职业方面的表现，是指人们对某种职业活动具有的比较稳定而持久的心理倾向，使人对某种职业给予优先注意，并向往之。职业兴趣也影响一个人对待工作的态度、对工作的适应能力，表现为有从事相关工作的兴趣和愿望。拥有职业兴趣将提升个人的工作满意度、职业稳定性和职业成就感。

由于兴趣爱好不同，人的职业兴趣也有很大的差异。有人喜欢具体的工作，如室内装饰、园林、美容、机械维修等；有人喜欢抽象和有创造性的工作，如经济分析、新产品开发、社会调查、科学研究等。职业兴趣对职业选择和职业发展都有一定的影响，如"品案例"中的大国工匠宁允展，从小就喜爱上了学手艺，初中毕业后考上了铁路技校。工作后连班长都不愿意当，只想一心钻研高铁动车组转向架研磨技术。他将研磨效率提高了1倍多，使接触面的贴合率也从原来的75%提高到

90％以上，这项技术被应用到现场生产，使制约转向架批量制造的难题得到破解，为高速动车组转向架的高质量、高产量生产做出了突出贡献。

（2）职业兴趣的发展

职业兴趣的发展一般要经历探究、爱好和定型 3 个阶段。

探究阶段。这一阶段是形成认识倾向的阶段。例如，观看了一场精彩的乒乓球比赛后，对某乒乓球运动员产生仰慕感，成为乒乓球运动员的想法油然而生；听了一场精彩的化学学术报告，又想成为一名出色的化学家；等等。总之，这个阶段的职业兴趣比较分散、易变。

爱好阶段。这一阶段的职业兴趣已向专一方向发展，与前一阶段最大的区别在于，曾亲身参与有关职业的实践活动。例如，高职院校的学生参加学校安排的现场实习教学活动，通过实际操作或模拟扮演某个职业角色，对某职业有深入的认识。此阶段应当学会客观地评价和确定自己的职业兴趣，既要考虑自己想干什么，更要考虑与他人相比，自己更适合干什么。

定型阶段。这一阶段的职业兴趣已经明确，学生已能将个人的兴趣、爱好与能力水平、社会的职业需求结合起来。例如，大学生经过社会实践，已经能看到自己的劳动创造为社会带来的效益，从而产生职业自豪感，决定献身某一职业。职业兴趣只有在真正的社会实践活动中才会形成和巩固，关键在于亲身参与，从活动中获得亲身体验。例如，充分利用企业实践的机会，扎实开展实践活动，同时通过了解所学专业在职业中的重要作用和他人在岗位中成才的事迹，帮助自己增加对即将从事的职业的兴趣。

4. 职业价值观

（1）职业价值观的内涵

俗话说"人各有志"。这个"志"表现在职业选择上就是职业价值观，它是一种具有目的性、自觉性和坚定性的职业选择的态度和行为，对一个人职业目标和择业动机起决定性的作用。职业价值观是指人生目标和人生态度在职业选择方面的具体表现，即一个人对职业的认识和态度及他对职业目标的追求和向往。个体的理想、信念、世界观对职业的影响，均集中体现在职业价值观上。

由于个人的身心条件、年龄阅历、受教育状况、家庭环境、兴趣爱好等方面的不同，人们对各种职业有不同的主观评价。从社会来讲，由于社会分工的发展，各类职业在劳动内容上，在劳动难度和强度上，在劳动条件和待遇上，在所有制形式和稳定性等诸多维度上，都存在差别。再加上传统的思想观念等的影响，各类职业在人们心目中有好坏高低之分。这些评价影响个人职业价值观的形成，并影响个人对就业方向和具体职业岗位的选择。

（2）职业价值观的类型

根据不同的划分标准，人们对职业价值观的类型划分不同。美国心理学家洛特克在其所著《人类价值观的本质》一书中提出 13 种价值观，即成就感，审美追求，挑战，健康，收入与财富，独立性，爱、家庭与人际关系，道德感，欢乐，权利，安全感，自我成长，社会交往。我国学者阚雅玲将职业价值观分为如下 12 类。

收入与财富。工作能够明显有效地改变自己的财务状况，将薪酬作为选择工作的重要依据。工作的目的或动力主要来源于对收入和财富的追求，并以此提高生活质量，显示自己的身份和地位。

兴趣特长。以自己的兴趣和特长作为选择职业最重要的因素，能够扬长避短、趋利避害、择我所爱、爱我所选，可以从工作中得到乐趣、成就感。在很多时候，会拒绝做自己不喜欢、不擅长的工作。

权力地位。有较强的权力欲望，希望能够影响或控制他人，使他人照着自己的意思去行动。认为有较高的权力地位会受到他人尊重，从中可以得到较强的成就感和满足感。

自由独立。在工作中能有弹性，不想受太多的约束，可以充分掌握自己的时间和行动，自由度高，不想与太多人发生工作关系，既不想制人也不想受制于人。

自我成长。工作能够给予受培训和锻炼的机会，使自己的经验与阅历能够在一定的时间内得以丰富和增加。

自我实现。工作能够提供平台和机会，使自己的专业知识和能力得以全面运用和施展，实现自身价值。

人际关系。将工作单位的人际关系看得非常重要，渴望能够在一个和谐、友好甚至被关爱的环境中工作。

身心健康。工作能够免于危险、过度劳累，免于焦虑、紧张和恐惧，使自己的身心健康不受影响。

环境舒适。工作环境舒适宜人，不仅能够满足人们的生理需求，还能够提升人们的心理幸福感和社会归属感。

工作稳定。工作相对稳定，不必经常担心出现裁员和辞退现象，免于经常奔波找工作。

社会需要。能够根据组织和社会的需要响应某一号召，为集体和社会作出贡献。

追求新意。希望工作的内容经常变换，使工作和生活丰富多彩，不单调枯燥。

当代大学生要树立正确的职业价值观，将个人理想与社会发展相结合，任何职业都有存在的意义和价值。树立正确的职业价值观是个人职业发展的关键，有助于实现个人价值与社会价值的统一。职业价值观不仅影响个人的职业选择和职业发展路径，还关系到个人与社会的和谐共生。

5. 职业能力

（1）职业能力的内涵

能力是指完成一项任务或达到一个目标所体现出来的综合素质，是完成任务或达到目标的必备条件，是直接影响活动效率和活动完成情况的个性心理特征。能力总是和人完成的实践相联系的，离开了具体实践，既不能表现人的能力，也不能发展人的能力。

能力对人一生的职业道路的选择、事业的成败具有重要的作用。能力实际上是由多种因素组成的复杂心理特征，一般说来，顺利完成任何职业活动都必须具备两种能力，即一般能力与特殊能力。一般能力是完成各种活动都必须具备的基本能力，它包括观察力、记忆力、思维力和想象力；特殊能力是在某种职业活动中表现出来的能力，它在职业活动中体现为职业能力。

所谓职业能力，是指人们从事某种职业活动所必须具备的本领，即在该职业活动中表现出来的各种能力的综合，它包括学习能力、语言能力、数学能力、知识能力、逻辑推理能力、抽象推理能力、空间推理能力等。职业能力是判断自己能否胜任某种职业的依据，与职业选择存在直接的联系，直接影响职业活动的效率。

（2）职业能力的培养

能力的发展受个人生理、家庭、学校的影响，从学生的成就差异可以发现，具有相同智力水平的学生，后来的能力发展水平却可能差异较大，其原因主要是主观努力的不同。在校大学生要发展和培养自己的职业能力可以从以下几个方面着手。

第一，要处理好知识与能力的关系。知识不等于能力，但它是顺利完成某种活动应具备的重要因素，是能力形成的基础。随着科学技术的不断进步，工作更多地向智力型发展，这就要求学生不仅会动手，而且更应当会动脑。如果要增强自己的思维判断能力，必须有扎实的理论知识做基础。所以，学生必须认真学好每一门课程，使自己全面提高，能力才能得到和谐的发展。

第二，要把握好理论与实践的关系。有的学生理论成绩很好，但到了实习岗位常常手足无措，不能把所学的理论知识与工作实际结合起来。这并不是说学校的理论教学没有作用，而是学生没有很好地建立理论与实践的联系。所以，在校学习期间，学生应当有意识地把所学的理论知识用于解决实际问题。在课余时间里主动参加一些实践活动，这不仅有利于掌握与职业能力相关的实际技能，而且能促进对专业理论知识的深入理解和牢固掌握。

第三,要有锲而不舍的学习精神。职业能力的发展需要客观条件,更需要以坚强的意志和毅力不断学习。如曾先后获得国务院政府特殊津贴,以及"全国技术能手""中车劳动模范"等荣誉的中国中车资深技能专家聂毅,履职之初只是一名维修电工中级工,现如今已经成为中车株机公司维修电工专业的拔尖人才。他认为现代技术发展迅速,知识更新越来越快,只有锲而不舍地学习,才能适应工作的需要。

(三)了解自我的方法

要细致全面地了解自我不是一件容易的事情,了解自我的方法有很多,可以通过多种途径实现。

1. 橱窗分析法

如果想要知道自己的外貌,可以照镜子,从镜子中看到真实的自我形象。要了解心理自我、理性自我、社会自我,可以采用橱窗分析法。橱窗分析法是一种借助直角坐标系不同象限来表示人的不同部分的分析方法,它以别人知道和不知道为横坐标,以自己知道和不知道为纵坐标,如图1-1所示。

橱窗1为"公开我",即自己知道,别人也知道的部分,其特点是个人展现在外,无所隐藏,比如身高、年龄、学历、婚姻状况等。

橱窗2为"隐私我",即自己知道,但别人不知道的部分,其特点是属于个人私有秘密,不外显。比如自私、善妒等平常自己不愿袒露的缺点,以及心中的愿望、雄心等不敢告诉别人的部分。

橱窗3为"潜在我",即自己不知道,别人也不知道的部分,其特点是开发潜力巨大。

橱窗4为"背脊我",即自己不知道,但别人知道的部分,其特点是自己看不到,别人却看得清清楚楚。

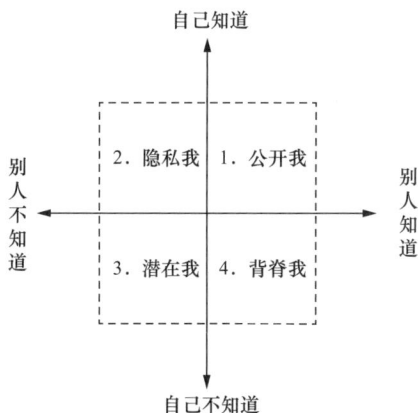

图1-1 橱窗分析法

运用橱窗分析法进行自我分析,主要是要了解"潜在我"和"背脊我"。对于"潜在我",现代科学研究表明,人类平常只发挥了极小部分的大脑功能,90%以上的功能都没有发挥出来,所以开发的空间非常广阔。因此,了解和认识"潜在我"是自我认识的一个非常重要的内容。可以通过测评来发现自己平时注意不到的潜力,也可以在学习和生活中,多做尝试来发现自己的潜力。对于"背脊我",则要求个人有诚恳的态度和博大的胸怀,同自己的家人、朋友等进行交流,真心实意地去征询他人对自己的意见和看法,有则改之,无则加勉。

2. 自我测试法

自我测试法是通过自己回答有关问题来认识自己、了解自己的一种方法,比较简单方便。如通过心理测试,使用不同的心理测量量表,测量出自己的心理素质、性格、能力等方面的情况。心理测试是一种力求客观的测量手段,其特点是能够在较短时间内测出一个人某方面的特点,并且这一特点是在与群体的比较中得出的。通过测量，个人能够在短期内获得对自己较为客观的描述和评价。

（1）测试题目

测试题目必须是经过精心的研究设定的，而且个人在回答时一定要反映自己真实的想法，否则结果可能会有误。

（2）测试内容

测试内容主要包括性格测试、气质测试、记忆力测试、创造力测试、分析能力测试、人际关系测试、团队凝聚力测试、沟通能力测试、管理能力测试、职业兴趣测试、智力测试、情商测试、价值观测试等。

（3）测试途径

现在关于自我测试的网站、App、书籍很多，进行自我测试很便捷，但在选择时要注意考察其科学性和实效性。

（4）测试结果

通过测试所得出的结果，是一种参照性的结果，这只是帮助自我分析的参考之一，而不是绝对的。

3. 自我反思法

自我反思法即通过自我反省、自我总结、自我比较来认识自己。通过回顾过去的经历、情感和行为，理解自己的动机和决策过程，识别并理解自己的情绪、价值观和行为模式，发现自己的长处和短处。

如将现在的自己与过去的自己比较，回顾过去的经历，对自己的想法、期望、品德、行为进行理性思考，然后认真地描述和判断自己的特点。在这个过程中，需要个人收集信息，耐心地分析。比如，问问自己过去做过什么自己确实喜欢的工作，喜欢这些工作的哪些方面，现在是否仍喜欢这些工作；自己是喜欢处理人际关系，还是喜欢处理具体问题或处理信息的技术；什么能激发自己的活力，什么令自己感觉倦怠乏味。另外，要对过去的成功经验和失败教训进行回顾。需要注意的是，要尽量以客观评价为依据，避免因为个人认识或个人动机出现较大误差。

4. 他人评价法

他人评价法也是自我认识的一个重要方法，因为自己对自己的评价往往带有主观偏见，如能借鉴他人对自己的评价（一般指老师、父母、朋友、同学等对自己的看法、评价），就能准确地认识自己。

（1）依据他人对自己的评价了解自己

个人对自己的评价往往以他人的评价为参照，人们在相互交往中，不断深化对自己的认识。可以问问家长、老师、同学、朋友对自己的评价是怎样的。

（2）通过与自己条件相似的人比较来了解自己

如可以和自己的大学同学比较概括出自己的特点。需要注意的是，要能够准确理解和分析他人对自己的评价。

（3）通过专家咨询来了解自己

可以到专业咨询机构进行咨询，咨询人员会用他的学识、经验及科学的咨询技术给个人提供帮助，使个人获得对问题的新认识。

总之，不论采取哪种方法，都要注意相互参照与综合，这样才能准确、全面地认识自己。我们自己本身犹如一座矿，需要探索、评估。是否了解自己，了解得是否清晰、正确，直接关系到个人的职业选择与事业的成功。充分且正确地认识自我，善于发现自己的优点，有助于了解昨天的我，认识今天的我，追求明天的我。

四、谈观点

正确地认识自我,是迈向成功的前提。你觉得认识自己是一件困难的事情吗?为什么?

_____

_____

_____

_____

五、践行动

请根据所学习的了解自我的方法,运用橱窗分析法进行自我分析。

公开我:

_____

_____

隐私我:

_____

_____

潜在我:

_____

_____

背脊我:

_____

_____

六、测能力

请扫描二维码查看对应试题,判断这些说法是否正确。

通关第一式
测能力

通关第二式:认识职业

🗂 通关目标

知识目标
1. 了解职业的作用与特性
2. 了解职业的分类与发展
3. 掌握了解职业的途径

能力目标
1. 提升了解职业和规划自我的能力
2. 提升调查分析的能力

素质目标
1. 养成客观真实地探索问题的态度
2. 养成勤于思考的习惯

一、品案例

| 案例呈现 | 全能冠军彭智勇 |

彭智勇是湖南铁道职业技术学院车辆电工专业 2012 届毕业生，现任广铁集团公司长沙车辆段车间技术员，他曾获中国铁路总公司车辆系统 2016 年职业技能竞赛检车员（电车员岗位）全能第一名、全路技术能手、全国铁路系统火车头奖奖章等荣誉。

在大学期间，彭智勇跟任课老师交流比较多，一有机会就会跟老师聊一聊车辆电工专业的就业岗位，以及岗位需要的能力。在跟老师交流的过程中，他对未来的职业有了更清晰的认识，也认识到在大学期间一定要利用宝贵的时间掌握一些专业技能，比如 CAD、PLC 编程等，使之成为自己的核心竞争力。为了更好地学习专业技术，他还加入了俗称"学霸聚集地"的科创协会。有一次，彭智勇看到学长竟然自己动手做出了一套铁路信号自动控制系统，他甚是惊讶，倍感差距的同时，他更坚定了要学精一门专业技能的信念。

经过刻苦的训练，他成了同学们眼中的"学霸"，大学毕业后他顺利进入了长沙车辆段长沙运用车间电机具班组。在工作中他始终秉持"千招会，不如一招精。""要干一行、敬一行、爱一行，更要学精一行"的信念，不仅熟练掌握了维修技能，还成了车间不可多得的"技术大咖"。

案例思考：

彭智勇在校期间跟老师交流后，认识到"在大学期间一定要利用宝贵的时间掌握一些专业技能"，这对你有何启示？

_____

_____

_____

二、做任务

请在课前或课中学习的基础上，按照任务单的要求，完成通关任务（见表 1-2）。

表 1-2　通关任务 2

通关任务名称	职业调查报告	
通关任务描述	每个人根据所学专业，针对未来想从事的职业进行调查，了解目标职业的工作环境、工作要求、薪酬待遇、所需要的基本职业素养等，并撰写不少于 1000 字的调查报告；小组内推选出一位最优者代表小组进行汇报，并制作汇报时间不超过 8 分钟的汇报 PPT	
通关任务评价标准	小组每个人完成一份职业调查报告；代表小组的调查报告翔实、有理有据；PPT 制作精美；汇报流畅；团队协作好；汇报时间把控得当	任务单 1-2

三、习新知

职业不仅为人们提供生存的条件，使每个人拥有丰富多彩的生活，而且也为每个人提供施展才华的舞台，使其自身价值有了实现的途径。然而社会职业种类纷繁，千差万别，要正确选择职业，就要先对职业有全方位的了解。

（一）职业的作用与特性

职业活动是每一个人社会生活中不可缺少的重要内容，对于职业的含义，人们有不同的看法和认识。一般来说，职业是指在业人员所从事有偿工作的种类。

1. 职业的作用

（1）职业是谋生的手段

人们通过参加一定职业岗位上的职业劳动，来换取劳动报酬，满足生活需要，并积累个人财富。

（2）职业促进了社会的进步与发展

人们的职业劳动在帮助个人获得谋生的生活资料的同时，也为社会创造了财富。人类社会的生存与发展都是基于劳动创造的，没有社会中每个人的职业劳动，也就没有人类社会今日的进步与发展。

（3）职业对人的个性发展起十分重要的作用

每种职业都有其独特的活动结构，随着时间的增加，个人的知识、能力、经验都有所增长，逐步形成并不断发展与完善自我的个性。

2. 职业的特性

在选择或从事职业之前，了解职业的特性，有助于更好地认识职业。职业具有以下特性。

（1）差异性

常言道，"隔行如隔山"。不同的职业是存在一定差异的，其工作条件、工作对象、工作性质存在不同。同时，这些差异还会随着科学技术的不断进步、经济结构的变化和社会的发展继续加大。

（2）同一性

在某一类别的职业内部，其操作内容、工作对象、劳动条件、生产工具等相同或相近，从而形成统一的行为模式、共同的语言习惯和道德规范。也正是如此，才会形成诸如教育研究会、铁路工会等社会组织。

（3）层次性

由于不同职业的工作内容不同，对从业人员的素质要求也不同，其收入水平、工作环境、社会声望等也不同，职业也就有了层次之分。

（4）技术性

任何一个职业岗位，都有相应的职责要求、责任义务，需要达到该岗位的技术要求、职业道德要求等。有的职业为了规范从业人员的素质，还需要持证上岗。如律师需要有法律职业资格证书，教师需要有教师资格证书等。

（5）时代性

职业随着时代的变化而变化，一部分新职业产生，同时又有一部分职业被淘汰，并且不同的历史时期有不同的热门职业。热门职业的出现，反映了相应时代中人们所热衷的职业。

（6）社会性

职业充分体现了社会分工，是社会生产力发展的产物，每一种职业都体现了社会分工的细化，对社会生产和社会进步起积极作用。社会成员在一定的职业岗位上为社会做贡献，社会也以全体成员的劳动成果作为积累而取得持续的发展和进步。

（二）职业的分类与发展

职业存在于社会分工之中，在具有不同工作性质的岗位上，人们从事的工作在目标、内容、方式与场所上有很大的差别。在不同的社会发展阶段，每种职业的性质和所包含的内容是有一定差异的，特别是随着科学技术的进步，不同时代相同名称的职业，其内涵已大不相同，有些职业甚至发生了根本性的变化。

1. 职业的分类

由于各国的国情不同，职业分类的标准也有区别。我国于 1999 年颁布《中华人民共和国职业分类大典》。2015 年 7 月 29 日，国家职业分类大典修订工作委员会召开全体会议审议、表决通过并颁布了新修订的《中华人民共和国职业分类大典》。2022 年 7 月，人力资源和社会保障部向社会公示了新修订的《中华人民共和国职业分类大典》。我国职业分类体系变迁如表 1-3 所示。

表 1-3　我国职业分类体系变迁

类别	1999 年版	2015 年版	2022 年版
大类	8	8	8
中类	66	75	79
小类	413	434	449
细类（职业）	1838	1481	1636

2022 年版《中华人民共和国职业分类大典》职业分类为 8 个大类、79 个中类、449 个小类、1636 个细类（职业）和 2967 个工种。其中绿色职业 134 个（标注为 L）、数字职业 97 个（标注为 S）、既是绿色职业又是数字职业 23 个（标注为 L/S）。《中华人民共和国职业分类大典》2015 年版与 2022 年版职业分类体系对比如表 1-4 所示。2022 年版《中华人民共和国职业分类大典》是目前职业资格评价和职业技能等级评价的主要立项依据。

表 1-4　《中华人民共和国职业分类大典》2015 年版与 2022 年版职业分类体系对比

2015 年版					2022 年版				
大类	中类	小类	细类（职业）	工种	大类	中类	小类	细类（职业）	工种
第一大类：党的机关、国家机关、群众团体和社会组织、企事业单位负责人	6	15	23		第一大类：党的机关、国家机关、群众团体和社会组织、企事业单位负责人	6	16	25	
第二大类：专业技术人员	11	120	451		第二大类：专业技术人员	11	124	492	
第三大类：办事人员和有关人员	3	9	25	15	第三大类：办事人员和有关人员	4	12	36	24
第四大类：社会生产服务和生活服务人员	15	93	278	338	第四大类：社会生产服务和生活服务人员	15	96	356	460
第五大类：农、林、牧、渔业生产及辅助人员	6	24	52	138	第五大类：农、林、牧、渔业生产及辅助人员	6	24	54	150
第六大类：生产制造及有关人员	32	171	650	2179	第六大类：生产制造及有关人员	32	172	671	2333
第七大类：军人	1	1	1		第七大类：军队人员	4	4	4	
第八大类：不便分类的其他从业人员	1	1	1		第八大类：不便分类的其他从业人员	1	1	1	
合计	75	434	1481	2670		79	449	1639	2967

2．职业演变

职业的演变是一个复杂而多变的过程，它受到技术进步、社会需求变化、经济转型等多种因素的影响。

职业是随着社会分工的产生和发展而形成和分化的。职业的起源可以追溯到原始社会，当时社会分工主要以生存为目的，包括采集、狩猎和简单的农业生产。随着生产工具的改进，社会分工逐渐发展。

随着铁器和耕牛的使用，农业生产效率提高，手工业和商业也开始发展。当小农经济成为基本生产结构时，职业种类增多，出现了士、农、工、商四大职业类别。随着商品经济的发展，商业和手工业进一步繁荣。19 世纪末至 20 世纪初，工业革命带来了制造业的大规模发展。在商品经济高度发展的现代市场经济社会里，由于科学技术进步加快和生产力迅猛发展，社会分工越来越细，社会职业的种类越来越多，形成了一个庞大的职业群。在新职业大量产生的同时，一些旧职业也逐渐被淘汰。

3．现代社会职业发展的特点

（1）职业分工由简单到精细

随着社会分工的细化，一种职业被细化分为多种职业。如农民过去是指从事农作物种植的农业劳动者，而现在则划分为农艺工、果树工、桑园工、蚕业工、茶园工等多种类别。如医药业现在已分为临床医学类、基本医学类、护理学类、药科类等，仅药科类又分为中成药制药、化学制药、生物制药 3 个类别，另外还有医疗器械、医药经销、医药检验、医疗信息管理等职业，这些构成了庞大的医药职业群。

（2）职业内容不断弃旧更新

同一职业随着社会的发展和科学技术的进步而具有不同的工作内容。如过去印刷厂采用铅版印刷时，印刷工人有铸字工、排版工、打纸型工、印刷工等一系列工种；现在绝大多数印刷厂用计算机排版代替铅版，胶印代替铅印，使印刷工人的工作内容有了根本性的改变。

（3）职业结构出现大调整

随着工业化的发展，三大产业（农、工、服）结构起了变化，从事制造业、运输业、采矿业、冶炼业等工业活动的劳动力逐渐超过从事农业生产的劳动力。随着社会经济的进一步发展和产业结构的进一步调整，第三产业得到更快的发展，现在大多数新出现的职业都属于第三产业。

（4）新兴职业不断涌现

伴随经济社会发展，新兴职业不断涌现。近年来，不少人们以前知之甚少甚至闻所未闻的新就业形态，逐渐演变为标准清晰、任务明确的新职业，不断满足人们更加个性化、多元化、精细化的美好生活需要。不断涌现的新职业，不仅为人们提供了就业新选择和发展新机遇，带动了相关产业的快速发展，也体现了新技术、新需求的发展趋势。

（5）对从业者的素质要求越来越高

现代职业要求从业者必须具有开拓创新精神和综合职业素质。由于职业的不断发展与分化，一方面，从业者转岗将会越来越频繁；另一方面，现代职业的科技含量将会越来越高，这迫使从业者不断更新和丰富自己各方面的知识，学会创造性工作。

（三）了解职业的途径

大学生应通过各种途径深入了解职业的内容、方式、条件、环境、要求等，可通过以下途径进行了解。

1．媒介搜索："足不出户"认识职业

通过各种媒介认识职业应该是最省事的办法之一。网络、电视、杂志、报纸等媒介是大学生了

解职业的主要途径。尤其通过网络了解职业，成本低、信息量大、方便快捷，但也存在一定的缺点，即难以甄别信息的真实性，存在夸大其词、以偏概全的现象，因此，大学生需要加以认真分析。

2. 实习实训：亲身体验感受职业

实习实训是每个大学生都会经历的，尽管期限不同，一周或几周都有，却是一个难得的对职业进行深度体验的机会。尤其是通过企业的实习实训，大学生可以亲身感受专业知识与实际操作的碰撞，以便在挑战中积累经验，为未来的职业之路奠定良好基础。

3. 人际关系：多方打听了解职业

大学生应多与长辈、老师、同学交流，尤其是长辈，他们阅历丰富、见多识广，看待问题也比较客观公正，可以帮助大学生分析职业的现状及发展趋势，从而使大学生获得的信息更加全面。"品案例"中的全能冠军彭智勇，他就是通过与老师的交流，了解到未来职业的需求，在大学期间就做好了充分的准备，在工作中也是很快成了车间的"技术大咖"。

4. 现场观察：用"第三双眼"旁观职业

大学生可以到真实的职业环境中，作为第三方用"第三双眼"来观察职业。如大学生考虑进入房地产销售行业，就可以在房产展览会、楼盘营销部等多走动、多观察。

5. 人物访谈："局内人"告知职业情况

大学生通过人物访谈，可以了解职业的实际情况，获取相关职业领域的信息。生涯人物访谈对于没有什么工作经验和社会阅历的大学生来说，是一个了解职业比较好的方法。

了解职业的途径不是单一、孤立的，大学生要综合运用已有条件，从而更加全面、深刻、细致地认识职业。总之，职业是一个人的安身立命之本、成就自我之途，在择业之前，需要多了解一些职业的基本知识。

四、谈观点

职业是一个人的安身立命之本、成就自我之途，谈谈你对职业的看法。

_____

_____

_____

_____

五、践行动

根据所学专业，针对未来想从事的职业进行调查，了解该职业的未来发展路径及个人应具备的条件。

未来希望从事的职业：_____

发展路径及个人应具备的条件：

1._____

_____

2._____

_____

3._____

_____

4._____

_____

六、测能力

请扫描二维码查看对应试题，判断这些说法是否正确。

通关第二式
测能力

通关话题

如何更好地实现人与职业的匹配?

通关测验

请扫描二维码，完成通关测验，检测学习情况。

第一关 通关测验

02

第二关：设计未来——制定职业生涯规划

通关寄语

　　生活的质量在一定程度上由我们的选择所决定，今日的境遇是过往抉择的映射，而当下的选择又将铺设未来的道路。在职业选择的重大十字路口，怎么选择深刻关联着我们的职业蓝图。职业生涯规划的精髓之一，在于引导我们做出明智的职业抉择。一份周密的职业生涯规划，犹如航海图上的精确指引，为我们提供清晰且详尽的行动指导，激励我们遵循规划，脚踏实地，稳健地迈向职业发展的每一步，从而在人生的广阔舞台上，创造更多价值，书写更有意义的人生篇章。

通关攻略

通关第三式：职业选择

通关目标

知识目标
1. 了解理想与职业理想
2. 掌握职业选择的"八忌八要"
3. 掌握职业选择的原则

能力目标
1. 提升自我认知能力
2. 提升职业选择的能力

素质目标
1. 能够树立正确的职业理想
2. 增强职业选择的责任感和使命感

一、品案例

案例呈现　　**郎平 —— 从排球巨星到传奇教练的职业抉择**

郎平，这个名字在中国体育史上熠熠生辉，她不仅是20世纪80年代中国女排的"铁榔头"，更是后来带领中国女排重回巅峰的传奇教练。郎平的职业生涯，是一段关于职业选择、坚持与超越的动人故事。

1960年出生的郎平，自幼展现出对体育的浓厚兴趣和天赋。1973年，年仅13岁的她进入北京工人体育馆少年体校排球班，从此与排球结下不解之缘。经过数年的刻苦训练，郎平凭借出色的球技和顽强的拼搏精神，迅速成长为中国女排的核心球员。1981年至1984年，她随队夺得世界杯、世锦赛和奥运会冠军，实现了中国女排的"三连冠"，她自己也因此荣膺多项殊荣。

然而，排球运动员职业生涯的辉煌并未让郎平满足。1985年，面对身体的伤病和职业生涯的瓶颈，她做出了一个勇敢的决定——退役并进入北京师范大学外语系攻读英语专业，为自己的人生开启新的篇章。做出这一选择，不仅基于她对自己身体状况的理性评估，更基于她对未来职业发展的深思熟虑。

退役后的郎平并未远离排球，而是以另一种方式继续为排球事业贡献力量。1995年，她受邀担任中国女排主教练，开始了自己的执教生涯。在她的带领下，中国女排重新焕发活力，多次在国际大赛中取得佳绩。特别是在2016年里约奥运会上，郎平带领中国女排时隔12年再次夺得金牌，让"女排精神"再次闪耀世界。

案例思考：

郎平的职业生涯故事，是职业选择、坚持与超越的典范，她个人的职业抉择可以为我们在规划职业生涯的道路上提供哪些启示？

_____

_____

_____

二、做任务

请在课前或课中学习的基础上，按照任务单的要求，完成通关任务（见表2-1）。

表2-1　通关任务3

通关任务名称	职业目标分析报告	
通关任务描述	每个人结合所学专业多渠道了解相关行业发展趋势和就业市场需求，综合分析个人能力优势、兴趣特长等，合理设定职业目标；基于职业目标对综合素质和专业能力等方面的要求，科学分析个人现实情况与职业目标间的差距，完成一份个人职业目标分析报告。以小组为单位，推选出一位最优者代表小组进行汇报，并制作汇报时间不超过8分钟的汇报PPT	
通关任务评价标准	小组每个人完成一份职业目标分析报告，职业目标能够将个人理想与国家需要、经济社会发展相结合，体现正确的择业就业观念；信息搜集全面，分析准确；代表小组的分析报告翔实、分析到位、条理清晰；PPT制作精美；汇报流畅；汇报时间把控得当	任务单2-3

三、习新知

著名作家毕淑敏说："一个选择，决定一条道路。一条道路，到达一方土地。一方土地，开始一种生活。一种生活，形成一个命运。"职业选择是一个复杂而重要的决策过程，涉及个人的兴趣、能力、价值观、市场需求、长期职业目标等多个方面，要在纷繁复杂的职业世界中做出明智的选择，大学生需要了解职业选择的相关知识。

（一）树立正确的职业理想

在广阔的人生舞台上，职业不仅是个人施展才华的平台，更是实现自我价值、贡献社会的重要途径。面对多样化的职业选择和日益激烈的竞争环境，树立正确的职业理想，就如同在茫茫大海中点亮一盏明灯，指引着前进的方向。

1. 理想

理想是一个复杂而多维的概念，它通常指的是个人或集体对未来所持有的美好愿景、追求和目标。理想不仅是对现实的一种超越，也是引导人们行动的重要精神力量。理想为人们提供了奋斗的方向和目标，使人们在面对困难和挑战时能够保持坚定的信念和动力，也能够激发人们的创造力和创新精神，推动人们不断追求更高的成就和更大的发展，还有助于塑造人们的品格和价值观，使人们变得更加积极向上、有责任感。

2. 职业理想

职业理想是指个人对未来所从事的职业和发展目标做出的想象和设计，它是个人职业发展的愿景和目标，也是实现个人价值和追求生活幸福的重要途径。职业理想不仅与个人兴趣、能力和价值观紧密相连，还受到社会环境、教育背景和职业发展趋势等因素的影响。职业理想通常具有以下特点。

（1）明确性

职业理想应该是清晰明确的，能够具体体现个人希望从事的职业类型、工作环境、工作内容及职业发展路径。

（2）现实性

职业理想应该基于个人的实际情况和社会环境来制定，既要有挑战性，又要具有可行性。过高的职业理想可能导致不切实际的期望，而过低的职业理想则可能限制个人的发展。

（3）稳定性

个人一旦确定了职业理想，就应该保持一定的稳定性，通过持续的努力和学习来逐步实现这一目标。当然，随着环境和个人情况的变化，职业理想也可以进行适当的调整。

（4）激励性

职业理想应该具有激励作用，能够激发个人的积极性和创造力，帮助个人在面对困难和挑战时保持坚定的信念和动力。

职业理想的实现需要个人付出持续的努力和不断地学习。这包括提升自己的专业技能、积累工作经验、建立良好的人际关系及关注行业动态和市场需求等。同时，个人还需要保持开放的心态，勇于面对挑战和变化，不断调整和完善自己的职业规划。

3. 如何树立正确的职业理想

正确的职业理想能够激励人们在职业生涯中不断前进，克服困难，实现个人成长和职业上的满足。因此，它是每个人在职业规划过程中不可或缺的内在驱动力。要树立正确的职业理想，我们需要从以下几个方面入手。

（1）明确职业目标

要树立正确的职业理想，首先要明确自己的职业目标。这包括对自己未来职业的定位、期望达到的职位层次、希望从事的行业领域等方面有清晰的认识。职业理想不应是空想或幻想,而应是具有可操作性和可实现性的目标。因此,在树立正确的职业理想时,需要设定具体、可量化、可实现的目标,明确的职业目标有助于个人在职业生涯中保持方向感,避免盲目跟风和随意跳槽。

(2)结合个人兴趣与优势

职业理想应当与个人兴趣和优势紧密结合。选择自己感兴趣且具备优势的职业领域,能够激发个人的工作热情和创造力,提高工作满意度和成就感。同时,个人优势也是职业竞争中的重要资本,有助于个人在职场中脱颖而出。如"品案例"中的郎平,排球既是她的兴趣又是优势,她退役后并未远离排球,而是以另一种方式继续为排球事业贡献力量,完成了从排球巨星到传奇教练的职业抉择。

(3)关注行业趋势与市场需求

在树立正确的职业理想时,还需要关注行业趋势和市场需求。了解所在行业的发展前景、竞争格局及人才需求等信息,有助于个人做出更加明智的职业选择。同时,根据市场需求调整自己的职业规划,也能够提高职业竞争力,为未来的职业发展奠定坚实基础。

(4)保持积极的心态并持续学习

树立正确的职业理想还需要保持积极的心态和有持续学习的精神。面对职场中的挑战和困难,要保持乐观、坚韧不拔的态度,勇于面对和解决问题。同时,要不断学习新知识、新技能,提高自己的综合素质和竞争力,以适应不断变化的市场需求和职业环境。

(二)职业选择的"八忌八要"

职业选择是一个持续的过程,需要随着个人成长和市场变化不断调整和优化。个人要保持开放的心态和积极的态度,勇敢地追求自己的梦想。在做职业选择时,要注意以下"八忌八要"。

1. 职业选择的"八忌"

(1)忌好高骛远

在选择职业时,应摒弃不切实际的幻想,如追求钱多事少、离家近且轻松高薪的职位。这种理想化的职业工作往往难以找到,脚踏实地、从自身实际出发才是更为明智的选择。大学生应认识到,每一份工作都有其独特的挑战和价值,只有通过不断学习和努力,才能在职场上获得真正的成长和成功。

(2)忌唯利是图

在求职过程中,大学生不应只看重眼前的薪资待遇,而忽视职业的长远发展潜力和个人的成长空间。薪资待遇固然重要,但更重要的是职业是否符合自己的兴趣、能力。大学生应平衡短期利益与长期规划,选择那些能够让自己不断成长和进步的职业,为未来的职业发展打下坚实的基础。

(3)忌盲目跟风

大学生在求职时应有主见,不应盲目跟从潮流或盲目听取亲友的建议。虽然亲友的建议可能具有一定的参考价值,但每个人的兴趣、能力都不同,因此选择适合自己的职业道路才是关键。大学生应自主判断,根据自己的实际情况做出明智的职业选择。

(4)忌消极等待

在求职过程中,大学生应积极行动,主动关注招聘信息,做好充分准备,抓住每一个可能的机会。消极等待只会让机会白白流失,而积极行动则能为自己创造更多的机会。大学生应时刻保持警惕,关注市场动态和招聘信息,不断提升自己的竞争力和求职技能。

(5)忌唯"公"至上

大学生不应盲目认为党政机关、事业单位、国企等"公家"单位就是最好的选择。虽然这些单位在某些方面具有稳定性和保障性,但并非适合所有人。职业选择应基于个人兴趣、能力和职业规划，而非仅仅追求所谓的"面子"或"铁饭碗"，大学生应根据自己的实际情况和职业规划，选择适合自己的职业道路。

（6）忌优柔寡断

大学生在求职时应果断决策，避免犹豫不决。机会稍纵即逝，当遇到合适的职业机会时，应果断出手，把握机会。优柔寡断只会让自己错失良机，而果断决策则能为自己赢得更多的机会和可能。大学生应培养自己的决策能力和果断精神，为未来的职业发展打下坚实的基础。

（7）忌目光短浅

大学生在选择工作时，应将目光放长远，不仅关注企业当前的薪资待遇和发展状况，还要客观预测企业的发展前景及个人的职业发展机会。大学生应深入了解企业文化、行业趋势和市场需求，为自己的职业发展做好规划和准备。只有具备长远眼光和前瞻性思维，才能在职场上立于不败之地。

（8）忌违法犯罪

大学生在求职过程中，应坚守法律和道德底线。一旦发现所应聘的工作单位涉及违法活动或存在道德风险，应立即拒绝，并及时向相关部门举报。这是职业选择的基本原则，也是个人品德的体现。大学生应时刻保持清醒和警惕，远离任何违法犯罪行为，为自己的职业生涯保驾护航。

2. 职业选择的"八要"

（1）行业发展要有前途

在快速变化的社会环境中，选择符合未来趋势的职业至关重要。大学生应具备前瞻性思维，关注行业动态，了解所选职业的行业背景、发展趋势和就业前景，分析行业的竞争格局、市场需求以及潜在的职业机会，确保所选职业的行业有良好的发展前途。

（2）单位地域要符合需求

地域选择同样影响深远。大城市虽资源丰富、机会众多，但竞争也更为激烈。相比之下，中小城市及偏远地区可能提供更为舒适的工作环境、更多的政策支持与成长空间。因此，大学生应根据个人实际情况，灵活选择适合自己的工作地点，实现个人与社会的和谐共生。

（3）单位性质要符合要求

不同性质的单位各具特色，大学生应根据个人偏好、职业规划及生活需求，综合考虑单位的稳定性、社会地位、薪酬福利、晋升空间等因素，选择最适合自己的单位类型。不同性质的用人单位均有其优劣势，如有的单位虽然具有稳定、社会地位相对较高等优势，但薪资待遇不高、提升空间小且速度慢、职位提升机制相对固化等。所以要考虑清楚，选择自己心仪性质的单位。

（4）单位发展要有前景

个人职业发展与企业兴衰紧密相连。选择一家有潜力、有前景的单位，意味着更多的成长机会、更高的职业天花板及更广阔的职业舞台。因此，了解单位的发展战略、市场前景及行业地位至关重要。

（5）工作岗位要有兴趣

兴趣是职业成功的内在驱动力。从事热爱的工作，不仅能带来心理上的满足与快乐，还能显著提高工作效率，实现个人价值与社会价值的双赢。因此，选择符合个人兴趣的工作岗位至关重要。

（6）工作内容要能擅长

选择与擅长领域相关的工作，能够最大限度地发挥个人优势，提升工作满意度与成就感。通过匹配个人技能与岗位需求，可以更快地在职场中脱颖而出，取得显著的成绩。

（7）个人发展要有机会

个人成长与发展不应被忽视。了解单位的人事制度、职业晋升路径、培训资源及继续教育机会，这些是判断一个工作能否促进个人长期发展的关键。一个提供多元化发展机会的工作，能够激发个人潜能，促进职业生涯的持续进步。

（8）薪资待遇要能接受

薪资待遇作为职业选择的重要考量因素，确实能在一定程度上反映个人价值。然而，明智的选择并非盲目追求高薪，而是基于个人生活成本、行业平均水平及自身能力进行合理评估，选择自己既能接受又能体现个人价值的薪资水平的职业。

（三）职业选择的原则

每种职业都有其优点和缺点，都有不同的机遇和挑战，尽管在职业选择过程中，不同的人职业价值观不同，所要达到的目标也不同，但是在职业选择的过程中，一般应遵循以下原则。

1. 自我认知原则

（1）兴趣导向

兴趣是职业选择的重要驱动力，它能使个人在工作中保持持久的动力和好奇心。选择与个人兴趣相符的职业，可以激发工作热情，提高工作满意度。

（2）能力匹配

评估自己的技能、知识和经验，选择与自身能力相匹配的职业，有助于个人在工作中发挥优势，提高工作效率，同时也有利于个人职业成长和发展。

（3）价值观一致

职业选择应与个人的价值观相一致，如对工作意义、工作环境、工作与生活平衡等方面的认同，选择与个人价值观相符的职业可以增强个人的职业认同感和归属感。

2. 市场需求原则

（1）行业趋势

关注行业的发展趋势和前景，选择具有增长潜力和稳定性的职业，有助于个人在职业生涯中获得更好的发展机会和薪资水平。

（2）就业竞争

了解目标职业的就业竞争情况，包括岗位需求、薪资水平、职业发展路径等，有助于个人制定合理的职业规划，提高就业竞争力。

3. 可持续发展原则

（1）职业成长

选择具有成长空间和晋升机会的职业，有助于个人在职业生涯中不断学习和成长，实现个人价值。

（2）工作与生活平衡

考虑职业对个人生活的影响，选择能够保持工作与生活平衡的职业，有助于个人在职业生涯中保持身心健康，提高生活质量。

4. 现实性原则

（1）经济因素

考虑个人的经济状况和职业发展成本，选择在经济上可行的职业，如考虑生活成本等因素。

（2）地理位置

考虑职业所在地区的地理位置、生活环境、文化背景等因素，选择与个人生活需求相符的职业地点。

5. 灵活性与适应性原则

（1）职业灵活性

在选择职业时，个人应保持开放和灵活的态度，随时准备根据职业市场的变化和个人发展的需要，调整自己的职业规划。

（2）适应变化

要考虑个人与岗位要求之间的匹配程度，确保自己能够适应并胜任所选职业。同时具备适应职业变化的能力，包括学习新技能、接受新挑战、应对职业转型等，有助于个人在职业生涯中保持竞争力，实现可持续发展。

四、谈观点

调查发现很多大学生将党政机关、事业单位、国企等单位作为自己的职业首选，你是这样认为的吗？为什么？

_____

_____

_____

_____

_____

五、践行动

根据实际情况，分别对在职人员（至少 2 名）及未就业的同学、朋友（至少 2 名）进行深度访谈，探究职业选择背后的影响要素，并给出与职业选择相关的结论与建议，访谈表如表 2-2 所示。

表 2-2　访谈表

访谈对象 1	姓名		年龄	
	工作年限			
	身份 / 职业	（大学生 / 待业 / 具体职务……）		
	访谈内容			
访谈对象 2	姓名		年龄	
	工作年限			
	身份 / 职业	（大学生 / 待业 / 具体职务……）		
	访谈内容			
访谈对象 3	姓名		年龄	
	工作年限			
	身份 / 职业	（大学生 / 待业 / 具体职务……）		
	访谈内容			
访谈对象 4	姓名		年龄	
	工作年限			
	身份 / 职业	（大学生 / 待业 / 具体职务……）		
	访谈内容			
主要发现（影响职业选择的主要因素）				
结论与建议				

六、测能力

请扫描二维码查看对应试题，判断这些说法是否正确。

通关第三式
测能力

通关第四式：生涯规划

通关目标

知识目标
> 1. 了解职业生涯规划的内涵与特点
> 2. 了解职业生涯规划的作用与原则
> 3. 掌握职业生涯规划的五步法

能力目标
> 1. 提升职业目标分析能力
> 2. 提升职业生涯规划能力

素质目标
> 1. 培养良好的职业态度
> 2. 增强职业生涯规划的责任感和使命感

一、品案例

案例呈现 | ### 从中央电视台主持人到创业强人的杨澜

杨澜先后毕业于北京外国语大学本科班和哥伦比亚大学，中国著名主持人、资深媒体人、企业家、慈善家，阳光媒体集团主席、董事长，阳光文化基金会主席，第 10 届、11 届全国政协委员。

1990 年，杨澜凭借出色的英语口才和极富魅力的气质，被中央电视台选中，成为《正大综艺》节目主持人。在中央电视台的 4 年里，杨澜迅速成长为最受欢迎的主持人之一，并凭借主持《正大综艺》等节目的出色表现，于 1994 年荣获中国第一届"金话筒奖"。

在职业生涯的巅峰期，杨澜选择放弃中央电视台的"铁饭碗"，前往美国哥伦比亚大学深造，攻读国际及公共事务硕士学位。这次留学经历不仅拓宽了杨澜的国际视野，还为她后来的职业发展奠定了坚实的基础。1997 年，杨澜回归电视业，加盟凤凰卫视中文台，并于 1998 年推出访谈节目《杨澜工作室》。1999 年，杨澜担任阳光文化影视公司董事局主席，并在 2000 年创建了第一个以历史文化为主题的卫星频道——阳光卫视。此外，杨澜还涉足其他多个领域。杨澜的职业生涯是一段充满传奇色彩的旅程。她以卓越的才华、坚定的决心和清晰的职业生涯规划，在传媒界和商界都取得了显著的成就。

案例解读：

杨澜不仅为我们树立了榜样，她的经历也为我们提供了宝贵的启示，请谈谈对你有何启示？

_____

_____

_____

_____

二、做任务

请在课前或课中学习的基础上，按照任务单的要求，完成通关任务（见表2-3）。

表 2-3　通关任务 4

通关任务名称	学习实践行动计划	
通关任务描述	每个人结合上一个任务所做的职业目标，制订学习实践行动计划，要求进一步围绕目标职业要求，结合学校育人特色和所学专业，利用学校及社会资源开展学习实践计划，要求学习实践行动取得的阶段性标志性成果接近职业目标要求；及时对学习实践行动成效进行评估，总结分析收获、不足及其原因，对职业目标和学习实践行动路径等进行动态调整。以小组为单位，推选一位最优者代表小组进行汇报，并制作汇报时间不超过 8 分钟的汇报 PPT	任务单 2-4
通关任务评价标准	小组每个人完成一份学习实践行动计划；代表小组的分析报告翔实、分析到位、条理清晰；PPT 制作精美；汇报流畅；汇报时间把控得当	

三、习新知

职业生涯规划是一个系统性的过程，旨在帮助个人识别自身的兴趣、价值观、技能和优势，并将其与职业目标相结合，以便规划出一条既符合个人发展又满足市场需求的职业路径。这一过程不仅需要关注当前的职业选择，还包括对未来职业发展的预期和准备。

（一）职业生涯规划的内涵与特点

职业生涯规划是指个人为实现职业目标而采取的系统性、长期性的计划。它是一个对自我认识、职业发展目标、职业发展道路、职业发展资源等方面进行系统性分析和规划的过程。职业生涯规划具有以下几个显著特点。

1. 长期性与动态性

职业生涯规划是一个长期的过程，它贯穿一个人的一生，并随着个人成长、环境变化而不断调整和完善。这意味着职业生涯规划不是一成不变的，而是需要根据实际情况进行动态调整。

2. 个性化与差异性

职业生涯规划尽管受许多外部环境和社会因素的影响，但其主体是个人。每个人的兴趣、能力、价值观等都有所不同，因此职业生涯规划具有鲜明的个性化和差异性特征，个人需要根据自己的实际情况制定适合自己的职业生涯规划。

3. 前瞻性与预见性

职业生涯规划需要面向未来，具有前瞻性和预见性。个人需要通过对行业趋势、市场需求等的了解和分析，预测未来的职业发展走向，并制定相应的职业生涯规划，这有助于个人在未来的职业竞争中占据优势地位。

4. 系统性与整体性

职业生涯规划是一个系统性的过程，它涉及自我认识、职业发展目标、职业发展道路、职业发展资源等多个方面。这些方面相互关联、相互影响，共同构成一个完整的职业生涯规划体系。因此，在制定职业生涯规划时，需要综合考虑各个方面的因素，确保职业生涯规划的系统性和整体性。

5. 挑战性与激励性

职业生涯规划往往伴随着一定的挑战性和激励性。通过制定职业生涯规划，个人可以明确自己的职业目标和发展方向，从而激发自己的内在动力和积极性。同时，职业生涯规划也可以帮助个人在面对困难和挑战时保持坚定的信念和决心。

（二）职业生涯规划的作用与原则

职业生涯规划从自我认知的深度挖掘、职业目标的精准定位，到行动策略的灵活制定，无不体现对个人潜能的激发和对职业环境的洞察。如"品案例"中杨澜的职业生涯是一段充满挑战与变化的旅程，她根据自己的兴趣、优势和市场需求，制定合理的职业生涯规划，并为之付出不懈的努力，以卓越的才华、坚定的决心和清晰的职业生涯规划，在传媒界和商界都取得了显著的成就。

1. 职业生涯规划的作用

职业生涯规划对于个人和用人单位都具有重要的作用，具体体现在以下几个方面。

（1）对个人的作用

① 明确职业目标与发展方向。职业生涯规划能够帮助个人清晰地认识到自己的职业兴趣、能力和价值观，从而明确自己的职业目标和发展方向，这有助于个人在职业生涯中保持专注和动力，不断朝着目标前进。

② 增强适应能力与竞争力。通过职业生涯规划，个人可以预见可能遇到的困难和挑战，提前制定应对策略，这有助于增强个人的适应能力和竞争力，使个人在市场中更具优势。

③ 提升职业满意度与成就感。当个人能够从事符合自己兴趣、能力和价值观的职业时，往往会感到满足和有成就感。职业生涯规划有助于个人找到这样的职业，从而提升职业满意度和成就感。

④ 促进个人成长与发展。职业生涯规划鼓励个人不断学习和成长，通过设定目标、制订计划和采取行动，个人可以不断提升自己的职业技能和素养水平，实现个人价值和社会价值的双重提升。

（2）对用人单位的作用

① 满足用人单位人才需求。通过职业生涯规划，用人单位可以了解员工的职业兴趣和发展需求，从而有针对性地制订人才培养计划，满足未来的人才需求。

② 优化人力资源配置。职业生涯规划可以帮助用人单位更好地了解员工的职业能力和特点，从而进行合理的岗位配置，优化人力资源配置。

③ 提高员工忠诚度与留存率。职业生涯规划有助于增强员工的归属感和忠诚度，提高员工的留存率。当员工看到自己在用人单位中有明确的职业发展路径和晋升机会时，往往会更加愿意留在用人单位。

2. 职业生涯规划的原则

为了使职业生涯规划既具有前瞻性又具有实用性，能够为未来的职业发展指明方向，制定职业生涯规划时，需要遵循以下原则。

（1）可行性原则

只有在实际中可操作的职业生涯规划才具有价值，这就要求我们在前期深入目标行业，广泛搜集信息，进行详尽的市场调研与自我评估。这包括对职业环境、市场需求、个人能力与兴趣等方面的全面考察，以确保规划内容既符合行业趋势，又贴合个人实际，具备高度的可操作性。

（2）客观性原则

职业生涯规划中的内容必须实事求是，不仅要全面分析自身的优势，如专业技能、工作经验、教育背景等，还要坦诚面对并深入剖析自身的短板。客观的自我评估可以为制定科学合理的职业目标奠定坚实基础。

（3）预见性原则

在规划职业生涯时，我们应具备敏锐的行业洞察力，对目标行业的未来发展趋势有清晰的理解和预判。这包括关注行业动态、分析政策走向、预测市场需求等方面。通过预见性的分析，我们可以及时调整职业方向，抓住机遇，规避风险，确保职业生涯的稳健发展。

（4）个性化原则

职业生涯规划必须根据自身实际情况量身打造，避免盲目模仿他人的成功路径和模式。这要求我们深入了解自己的性格特征、兴趣爱好、职业价值观等方面，结合个人目标与行业趋势，制定出符合自身特点的职业生涯规划。

（三）职业生涯规划的五步法

通过科学合理的职业生涯规划，个人可以更好地认识自己、明确职业目标、选择适合自己的职业发展道路，并整合各种职业发展资源以实现自己的职业理想。职业生涯规划五步法主要包括深度自我剖析、分析职业环境、确立职业目标、落实行动方案、动态评估调整等关键环节，旨在通过5个清晰明确的步骤，帮助大学生理清思路、明确目标、制定策略，从而稳健地迈向职业成功的大门。

第一步：深度自我剖析

自我剖析主要包括对自己性格、兴趣、价值观的剖析，以及对自己知识、技能、经历、天赋等方面的剖析。要分析职业兴趣，就要明确个人热爱并愿意投入精力的职业领域。要分析职业能力，就要评估自身技能、知识水平和经验储备，确定能够胜任的工作类型。要分析个人特质，就要识别性格特征、工作风格与偏好，匹配最适合的职业路径。要分析职业价值观，就要确立职业追求中的核心价值观，如成就感、稳定性、创新性等。要分析胜任力，就要针对目标职业分析个人优势与劣势，评估胜任程度及提升空间。要分析家庭背景，就要考虑家庭经济情况、家人期望对职业选择的影响。要分析教育背景，就要结合学校特色、专业优势及实践经验规划职业起点。

第二步：分析职业环境

对职业环境的分析主要是对目标工作领域、目标岗位所涉及的行业发展信息、未来前景、相关用人单位的发展状况、岗位的基本职责等进行分析。一方面要分析社会环境，即分析就业形势、政策导向，把握职业发展的宏观方向。另一方面要分析职业生态。首先是行业洞察，就是了解行业现状、未来趋势，预测职业发展空间。其次是职位剖析，就是详细了解目标职位的工作内容、要求及晋升路径。再次是了解企业文化，就是考察用人单位的文化，选择契合度高的组织。最后是地域考量，就是评估工作地点的环境、文化、气候等因素，确保生活与工作的和谐。

第三步：确立职业目标

在进行职业生涯规划时，确立职业目标是至关重要的一步。一个明确、可行的职业目标能够指引个人在职业道路上持续前进，帮助个人更好地规划自己的职业发展路径。

（1）确立职业目标的要求

第一是要具体，即目标应清晰界定，避免模糊不清。第二是要可衡量，即目标要能够量化或能够评估是否达成。第三是要可达成，即目标应基于个人能力和现实情况，既具有挑战性又可实现。第四是要相关，即目标应与个人职业兴趣和长期规划相关。第五是要有时限，即为目标设定明确的完成时间。

（2）确立职业目标的方法

在确立职业目标的过程中可以使用 SWOT 分析法，对优势（Strength，S）、劣势（Weakness，W）、机会（Opportunity，O）和威胁（Threat，T）4 个方面进行分析。其中，优势与劣势侧重于对自身条件的深入剖析，而机会与威胁则着眼于对外部环境的全面审视。职业目标的 SWOT 分析法如图 2-1 所示。SWOT 分析法不仅有助于全面认识自己，还有助于更加敏锐地捕捉外部机会，从而做出更加明智的职业目标选择。

个人利用 SWOT 分析法可以综合考量内外部的各种条件，这使个人能够清晰地认识到自己的优势、劣势、机会和威胁。自身具备的优势，即个人所具备的独特能力和核心竞争力，这些优势将成为个人在职场中脱颖而出的关键。自身存在的劣势，即个人存在的不足之处，针对这些劣势，个人需要制订明确的提升计划，实现自我完善。外部存在的机会，即外部环境中的有利因素，如市场需求较大、政策导向有利等，这些机会将为个人的职业发展提供助力。外部潜在的威胁，即潜在的风险和挑战，通过预警这些威胁，个人能够提前制定应对策略，确保职业发展道路的稳定与顺畅。

图 2-1 职业目标的 SWOT 分析法

第四步：落实行动方案

基于上一步明确的职业目标，本步的核心任务是构思并落实一套详尽、切实可行的行动方案。行动方案需涵盖实施的具体时间阶段、步骤详尽的措施，并体现近期规划的精确性和可操作性，以确保每一步都朝着既定目标稳步迈进。

此外，还需要结合自己的实施方案及发展现状制定配套的学习方案来补充相关知识，培养专业技能等。

行动方案包括实现职业目标的具体步骤和方法，以及如何通过学习和实践来实现目标。行动方案具体涉及需学习的新技能、考取的职业资格证书，应参与的实习项目、志愿服务等实践活动，需建立的行业联系，合理的时间规划，等等。

第五步：动态评估调整

职业生涯规划是一个动态的过程，需要根据实际情况的变化及时进行评估与调整，包括评估实现职业生涯目标的可能性和所需时间，定期回顾职业发展规划的执行情况，预测可能遇到的挑战并制定应对策略。这一系列的分析、规划与调整，有助于确保职业生涯规划既具有前瞻性，又具备灵活性，从而有助于个人在不断变化的环境中稳健前行。

（1）评估的内容

第一是职业目标评估，即评估是否需要重新选择职业。第二是职业路径评估，即评估是否需要调整发展方向。第三是实施策略评估，即评估是否需要改变行动策略。第四是其他因素评估，即根据健康情况、家庭情况、经济状况及其他机遇和意外情况，及时进行评估。

（2）评估的时间

评估的时间分两种情况，一种情况是常规评估，指半年或一年评估一次，以了解进展并识别潜在挑战。另一种情况是即时评估，指面对重大生活变动或行业突变时，立即进行评估。

（3）调整的原则

调整的原则包括以下几项。①实事求是原则，即基于现实情况客观分析，避免盲目乐观或悲观。②适时原则，即敏锐捕捉变化，及时响应，确保规划的时效性和有效性。③实践性原则，调整的规划须具备可操作性，确保能够顺利执行。④详细具体原则，即调整内容应清晰明了，包括具体步骤、预期成果及时间节点，以便于跟进和评估。

总之，通过职业生涯规划，大学生可以更清晰地认识自己，明确职业方向，制订切实可行的行动计划，并在实践中不断提升自己，最终实现职业成长。进行职业生涯规划时还要撰写职业生涯发展报告，职业生涯发展报告的撰写过程实际上是一个深入分析自我、明确职业发展目标的过程。大学生通过了解自己的性格、价值观、兴趣、优势、劣势等方面，以便更准确地判断自己在职业市场中的位置，从而发现自身的不足并制订改进计划，进而不断提升自己的综合素质和就业竞争力。

职业生涯发展报告通用模板

四、谈观点

随着数字化时代的到来，职业生涯规划面临哪些新的挑战和前所未有的机遇？

_____

_____

_____

_____

五、践行动

请选择一位你敬佩的职场偶像，通过认真调研了解他／她的职业生涯发展过程，并做出如下分析。

职场偶像的基本情况：

_____

_____

他／她的职业背景和工作经历：

_____

_____

他／她具备的专业知识和技能：

_____

_____

他／她在工作中遇到过的挑战：

_____

_____

他 / 她的职业生涯对你的启示：

_____

_____

_____

_____

六、测能力

请扫描二维码查看对应试题，判断这些说法是否正确。

通关第四式
测能力

通关话题

你觉得如何将个人职业目标与国家需要相结合？

通关测验

请扫描二维码，完成通关测验，检测学习情况。

第二关 通关测验

第三关： 寻找机会——搜集就业信息

通关寄语

搜集就业信息可以帮助大学生针对用人单位对本专业人才的要求，及时补充知识，提高能力，增强个人的竞争优势。这样就能使个人在将来面对就业机遇时，不会因个人的知识、能力不足影响就业，造成遗憾。个人可以根据掌握的就业信息及时调整职业目标，正确评价自我，使个人的要求和社会需求相一致，避免脱离社会实际。对于求职者来说，一条有用的就业信息就是一个就业机遇，而一个好的就业机遇就可能是一个好的职业。求职者获得的信息越全面，信息质量就越高，成功求职择业的把握就越大，成功率也会越高。

通关攻略

通关第五式：就业信息

通关目标

知识目标
1. 掌握就业信息的搜集
2. 掌握就业信息的处理
3. 掌握就业信息的应用

能力目标
1. 提升就业信息的搜集能力
2. 提升就业信息的处理能力
3. 提升就业信息的应用能力

素质目标
1. 培养谨慎、细致、求真务实的精神
2. 增强个人隐私保护意识

一、品案例

案例呈现　　　　　　　　　　未雨绸缪获机会

刘蓓是应届大学毕业生，在毕业前夕她定下了工作单位，并且单位发展前景和待遇都非常好。她是如何获得这份工作的呢？她一直关注自己专业的发展动向，在了解她的专业的大学毕业生就业难之后，离毕业还有一年多的时候，她就开始搜集就业信息，包括国家经济趋势、行业发展动向、就业形势及政策、企业招聘信息、企业状况等。她把就业信息进行筛选和分类整理，参考就业信息分析的结果，确定了自己的就业目标：第一，快速成长有前景的行业；第二，处于上升期的企业；第三，给出最符合自身能力的薪酬的企业。她根据就业目标积极做好知识、能力、素质等方面的准备。大学毕业前夕学校举办了专场招聘会，她有备而去，很快就找到了心仪的工作。

案例思考：

在大家都觉得就业不容易的时候，刘蓓很快就找到了合适的工作，她的秘诀是什么？这对你有什么启示？

_____

_____

_____

_____

二、做任务

请在课前或课中学习的基础上，按照任务单的要求，完成通关任务（见表 3-1）。

表 3-1　通关任务 5

通关任务名称	就业信息分析报告	
通关任务描述	每个人搜集至少 5 条与本专业相对应岗位的就业信息，并进行分析，了解就业岗位对人才的需求情况，撰写不少于 1000 字的就业信息分析报告；小组内推选一位最优者代表小组进行汇报，并制作汇报时间不超过 8 分钟的汇报 PPT	
通关任务评价标准	小组每个人搜集至少 5 条与本专业相对应岗位的就业信息，并完成就业信息分析报告；代表小组的分析报告翔实、分析到位；PPT 制作精美；汇报流畅；汇报时间把控得当	任务单 3-5

三、习新知

就业信息在择业过程中扮演着至关重要的角色。它不仅是求职者了解就业市场动态、把握行业趋势的窗口，也是求职者做出明智职业选择的重要依据。

（一）"三位一体"搜集就业信息

通过搜集就业信息，求职者可以了解当前就业市场的整体趋势，包括哪些行业正在蓬勃发展，哪些岗位需求量大，以及薪资水平如何等。搜集就业信息有助于求职者根据自身情况和市场需求做出更明智的职业规划。通过筛选和对比，求职者可以较快地找到符合自己期望和条件的岗位，从而提高求职效率。因此，求职者要把握好就业信息搜集的渠道、原则、方法，做好就业信息的搜集工作。

1. 就业信息搜集的渠道

就业信息的搜集渠道有多种，了解和利用这些渠道对于寻求合适工作机会是非常关键的。求职者可以从以下几个渠道搜集就业信息。

（1）学校

学校是高校毕业生获取就业信息最主要的渠道。其优势在于：一是学校就业部门专门从事学生就业服务，其信息获取渠道丰富，就业信息量大并集中；二是用人单位直接和学校搭建就业桥梁，对本校学生的专业和学生特点有比较清楚的了解，用人单位发布的招聘信息针对性较强；三是用人单位的资质和发布的信息会经过学校的审核甄别，就业信息安全性比较高，基本不会出现学生被骗事件。

（2）网络

目前，网络已经成为求职者求职的主要渠道之一。求职者可以通过专业的求职招聘网站、用人单位的官方网站、门户网站的求职频道、社交媒体等渠道搜集就业信息。当然，网络上既有正当的就业信息，同时也充斥着各种虚假信息和垃圾信息，求职者一定要全面考察、谨慎选择，避免上当受骗。

（3）新闻媒介

在传媒业高度发达的今天，新闻媒介也是获得就业信息的好渠道。电视、广播、报纸等新闻媒介会专门设置求职就业频道或版面，定期发布求职就业信息。当然，求职者同样要警惕新闻媒介就业信息中的虚假信息。

（4）社会关系网

社会关系网同样是求职者获取就业信息的重要渠道。求职者可以通过血缘关系、地缘关系、业缘关系等社会关系（如亲戚、朋友、老师、同学、校友、老乡等）获得就业信息，帮助自己更好就业。

（5）实习实践

实习实践单位及实习实践期间所积累的各种社会资源都是求职者获得就业信息的良好渠道。求职者要充分利用实习实践机会，充分提升和展示自我，以便使自己获得更好的就业机会。

（6）人才中介机构

人才中介机构也是求职者获得就业信息的重要渠道。求职者可以通过人才市场、职业中介所等人才中介机构了解和获得就业信息。不过，求职者要尽量考虑到可靠权威的人才中介机构进行求职，同时谨慎选择，确保安全。

2. 就业信息搜集的原则

就业信息搜集的原则是确保求职者能够获取准确、实用、及时且全面的就业信息，以便做出明智的职业选择。求职者搜集就业信息需要把握好以下几个原则。

（1）真实性原则

真实性原则就是要做到辨别信息真实准确，拒绝虚假就业信息。求职者从各种渠道搜集到大量就业信息后，要善于对比鉴别，辨别其真伪，去伪存真，避免因受虚假或过时的信息误导而浪费时间和金钱，甚至掉入就业陷阱。因此，求职者应从正规、权威的渠道获取就业信息，如政府公共就业服务机构、高校就业指导部门、大型人才招聘网站等。

（2）条理性原则

条理性原则要求信息搜集要有计划性，信息整理要讲究条理性。在搜集就业信息之前，求职者应明确自己的职业目标和就业方向，制订详细的信息搜集计划。明确所需信息的范围、来源和获取方式，做到有的放矢。将搜集来的就业信息进行归类，或以时间先后，或以地区不同，或以工资待遇差别等，分清主次，把与自己有关的信息按照重要程度排序。条理清晰的信息搜集过程有助于求职者更高效地获取和利用就业信息。

（3）具体性原则

具体性原则要求求职者要注意寻根究底，求真求实，争取对发布信息的单位和职位有较为具体的认识。求职者一方面要了解用人单位的地址、环境、规模、发展前景、人员构成、薪资待遇、联系人、联系电话、网址、电子信箱等方面，另一方面还要了解清楚用人单位对求职者的性格、生源、专业、学历、外语水平、能力等方面的要求。遵循具体性原则能更进一步提升用人单位和求职者之间的契合度，更有利于求职者找到适合自己的工作。

（4）适合性原则

择业中求职者要有"适合自己的就是最好的"的理念，选择自己能够适应和胜任的职业，不要好高骛远、人云亦云、迷失自我。在搜集就业信息时要结合自己的专业、兴趣、能力等条件，有针对性地搜集与自己相关的就业信息。避免搜集范围过大导致信息过于繁杂，难以把握。适合性原则要求求职者所搜集的信息能够直接帮助自己找到合适的工作。

（5）时效性原则

就业信息具有明显的时效性。由于就业市场变化迅速，求职者应及时更新自己的就业信息库，确保所获取的信息是最新的。过时的信息可能会导致求职者错过最佳的就业机会。

（6）安全性原则

在搜集就业信息的过程中，求职者应尊重和保护他人隐私，不得泄露他人的个人信息。同时，求职者也应注意保护自己的个人信息，增强信息安全保护意识，避免在求职过程中遭受信息泄露和滥用的风险。

3. 就业信息搜集的方法

就业信息搜集的方法主要有以下几种。

（1）全方位搜集法

全方位搜集法就是把与自己专业有关联的就业信息全部搜集起来，再按一定的标准进行整理和筛选，以备使用的方法。这种方法获取的就业信息广泛，选择的空间大，但较费时间和精力。求职者可以通过制订计划、利用筛选工具和保持积极心态来减轻信息处理负担。

（2）定方向搜集法

定方向搜集法是指根据自己选定的职业方向和求职的行业范围来搜集相关就业信息的方法。这种方法以个人的专业方向、能力倾向和兴趣特长为依据，便于找到更符合自己特点、更能发挥自己优势的职业和单位。但需要注意的是，如果求职者选定的职业方向和求职范围过于狭窄或竞争过于激烈，则可能会给求职者就业带来困难。求职者应该有非常明确的个人定位，并且要根据就业市场的变化及时调整方向，去获得有效的就业信息。

（3）定区域搜集法

定区域搜集法就是根据个人对某个或某几个地区的偏好来搜集信息，而对职业方向和行业范围较少关注和选择的方法。这是一种重地区、轻专业方向的就业信息搜集法。按这种方法搜集就业信息，要注意可能会出现由于所面向地区的狭小和"地区过热"（即有较多求职者涌向该地区）而造成就业困难的情况。求职者需要结合个人实际情况和职业规划，综合做出就业区域的选择。

（二）就业信息的处理

就业信息的发布途径很多，信息也是铺天盖地，甚至有时求职者还可能遇到虚假信息。求职者搜集到就业信息后，应对其进行甄别、分析、筛选等处理。加强信息处理可以减少虚假信息的干扰，有效筛选就业信息，节省求职者的时间和精力，大大提高求职效率和效果。如"品案例"中的刘蓓提前一年多就开始搜集就业信息，并把就业信息分类整理。因而她对就业形势很熟悉，也很快明确了就业目标，并且提前做好了充足的准备，所以在毕业前夕，她很快就找到了心仪的工作。

1. 就业信息的甄别

（1）核查信息来源

优先从正规、权威的渠道获取招聘信息，如政府公共就业服务机构、高校就业指导中心、知名招聘网站、企业官网等。避免从不明来源或可信度低的网站等渠道获取招聘信息。

（2）审查信息内容

仔细查看招聘信息中的公司名称、地址、行业领域、招聘职位、工作职责、薪资待遇等关键信息是否清晰明确，警惕模糊不清或过于夸张的信息，如只提及高薪却不说明具体工作内容。公司信息不完整的招聘信息一定要注意。

（3）多渠道验证

利用搜索引擎、社交媒体等搜索某公司的口碑和评价，了解其他求职者或在职员工对某公司的看法。在国家企业信用信息公示系统中查看某公司是否注册、注册时间、经营范围、是否存在经营异常等，还可以直接打电话询问某公司情况，甚至可以通过直接上门拜访查验。

2. 就业信息的分析

（1）分类与排序

求职者要将就业信息按照行业领域、职位类型、单位性质、工作地区、薪资水平、信息来源等标准进行分类整理，分类整理后再结合自己的实际情况与期望，包括自己的专业背景、技能特长、职业规划、薪资期望、工作地点，按和自身情况契合度高低进行优先级排序。

根据每一类信息的排序结果，选择部分排序靠前的职位，作为自己择业的重点目标，并有顺序地进行落实。这样就不会出现"捡了芝麻丢了西瓜"的情况，避免忙乱和无序。

（2）分析与筛选

对于分类整理出来的信息，求职者需要更进一步进行定性、定量和定时分析并进行筛选，以进一步提高信息后续应用质量。在进行就业信息分析时，求职者可以利用一些传统方法获得数据分析结果，也可以借助数据分析工具，利用人工智能和大数据技术辅助筛选就业信息，通过智能算法筛选出符合求职者需求的岗位信息。

① 定性分析。要详细分析排序靠前的就业信息所涉及行业的发展前景和职业发展潜力，明确其是否真正满足自己的职业生涯规划要求；要分析招聘岗位的工作性质、职责范围、所需技能等，将自己的教育背景、专业技能、工作经验等与岗位要求进行对比，评估自己是否符合岗位的招聘条件和岗位适应程度，进一步摒弃适应程度低的就业信息。

② 定量分析。根据搜集到的就业信息，统计符合自己条件的岗位数量。通过招聘网站、社交媒体等渠道了解每个岗位的应聘人数，分析竞争程度。可以根据自己的条件和市场情况，评估自己在每个岗位上的成功概率，选择成功概率较高的岗位重点落实。

③ 定时分析。定时分析的主要目的是了解就业信息在一定时间内的变化趋势，包括行业发展趋势、职位需求变化、薪资水平变动等。求职者根据个人情况和职业规划，确定一个合适的时间周期对就业信息进行分析，这个时间周期可以是周、月、季度或年，具体取决于求职者对信息更新的需求程度。在确定了分析的时间周期后，求职者需要搜集并整理这个时间周期内发布的就业信息，分析行业在这个时间周期内的发展趋势，包括行业的增长率、市场份额变化、技术进步等。这有助于求职者把握市场趋势，挖掘就业潜在机会，根据自己对职业短期和长期发展偏好做出明智的求职决策。

（三）就业信息的应用

就业信息的应用是求职者根据处理后的有效信息做出择业决策，并且充分发挥就业信息在择业过程中的指导作用的过程。求职者搜集、分析后的就业信息，可以应用在以下几个方面。

1. 确定目标，选择岗位

求职择业目标是求职者期望从事的职业及岗位，求职者通过对搜集到的就业信息进行分析、处理、选择，结合自己实际情况，确定择业目标，选择岗位和工作单位。但如果择业目标在实施过程中出现偏差，也要及时进行调整。

2. 明确程序，做好准备

确定择业目标后，要对其就业信息进行细致分析，明确每一个信息的具体要求、应聘程序、时间、地点，做到心中有数。同时还要为就业做好充分的准备，加强专业知识学习、拓展相关技能、提升综合素质、做好面试准备等。

3. 把握市场，及时调整

就业信息不仅反映社会岗位的要求，而且也体现了市场对求职者的期待。通过对就业信息的分析，求职者可以了解社会各种职业的特点，以及现代职业对从业人员素质的具体要求，从而预测所学的知识、技能与职业的适应程度，及时调整自身学习的目标和内容，为就业打好基础。

四、谈观点

你一般喜欢通过什么途径获得自己想要的信息？如何从海量的就业信息里筛选出最适合你的就业信息？

_____

_____

_____

_____

五、践行动

从 6 个搜集就业信息的渠道中任意选择 3 个渠道，每个渠道至少收集 1 个真实、与本专业相关岗位的招聘信息，并进行分析（见表 3-2）。

表 3-2　就业信息分析

搜集就业信息渠道	招聘信息	信息分析
学校		
网络		
新闻媒介		
社会关系网		
实习实践		
人才中介机构		

六、测能力

请扫描二维码查看对应试题，判断这些说法是否正确。

通关第五式
测能力

通关第六式：网络求职

通关目标

知识目标
1. 了解网络求职的形式与流程
2. 了解网络求职的特点与技巧
3. 掌握网络求职的"三要三不要"

能力目标
1. 提升网络求职信息的辨别能力
2. 提升网络求职的能力

素质目标
1. 培养谨慎、细致、求真务实的精神
2. 增强个人隐私保护意识

一、品案例

案例呈现 | **谨防高薪面纱下的欺骗**

孙浩是一名马上要毕业的大学生，他在网络上忙着搜集信息和投递简历。有一天一则招聘信息吸引了他。一家公司正在招聘应届大学毕业生，只要应聘者能吃苦耐劳、勤恳忠诚，在通过公司的培训后就可以马上上岗，并获得可观的薪酬。该公司的待遇比孙浩之前看到的一些公司都好很多。孙浩赶紧根据联系方式联系上该公司询问情况，对方要他投递简历等待通知。3天后，公司就通知他被录取了，可以到公司参加新进员工培训。为了促进员工认真培训、提高培训效率，培训费5000元先由个人垫付，等通过了公司培训再返还给个人。孙浩接到通知后很疑惑：没有面试就直接录取，而且待遇又非常好。于是他多方去了解该公司的详情，也在网上看到了以前有类似的大学生求职者被欺骗的消息。孙浩最后打消了去这家公司参加培训的念头。

案例思考：

孙浩未去参加该公司培训的做法合适吗？你觉得大学生在网络求职时要注意什么事项？

_____

_____

_____

_____

二、做任务

请在课前或课中学习的基础上，按照任务单的要求，完成通关任务（见表3-3）。

表3-3 通关任务6

通关任务名称	网络求职陷阱案例分析	
通关任务描述	每个人搜集一个网络求职陷阱案例，并对案例进行分析；小组内推选一位最优者代表小组进行汇报，并制作汇报时间不超过8分钟的汇报PPT	
通关任务评价标准	小组每个人搜集一个网络求职陷阱案例；对案例进行分析，分析翔实、到位，并给出对策建议；PPT制作精美；汇报流畅；团队协作好；汇报时间把控得当	任务单3-6

三、习新知

当今时代，网络已经成为我们工作、生活、学习必不可少的助手，在网络上找工作也已经成为广大高校毕业生求职的主要途径之一。网络求职具有诸多优势，但同时也存在一些问题，求职者在选择网络求职时，应充分了解其特点和注意事项，以便更好地利用这一求职途径找到满意的工作。

（一）网络求职的形式与流程

1. 网络求职的形式

（1）招聘网站发布求职信息

求职者可以在各大人才网站或招聘平台上注册并登记个人信息，注明求职意向、要求、个人情况和联系方式。招聘方在浏览这些信息时，如果对求职者的条件感兴趣，就会主动与求职者取得联系。这种方式相对被动，但节省了求职者主动搜索和投递简历的时间。

（2）依据招聘信息主动投递简历

求职者可以在网站上浏览各种招聘信息，根据自己的兴趣和能力选择合适的岗位，并主动投递简历。这种方式需要求职者对招聘信息进行仔细筛选和比对，以确保投递的简历与招聘需求相匹配。有些网站允许求职者直接登录招聘方的站点，通过电子邮件或其他方式主动与招聘方取得联系，表达自己的求职意向。这种方式需要求职者具备一定的沟通能力和表达能力，以便在初次接触时给招聘方留下良好的印象。

（3）利用个人主页或社交媒体展示自己

求职者可以利用自己的技术优势，在互联网上建立个人主页或社交媒体账号，充分展示自身的能力和经验。个人主页或社交媒体账号可以成为求职者的个人品牌展示窗口，吸引招聘方的注意。个人主页或社交媒体账号的内容可以包括求职信、简历、作品集、工作成果等，以便招聘方更全面地了解求职者的能力和背景。

（4）参加网络招聘会

网络招聘会是一种集中的网络求职活动，通常会有多家招聘方参与。求职者可以在指定的时间登录网络招聘会平台，与招聘方进行在线交流和面试。这种方式具有高效、便捷的特点，可以帮助求职者快速了解多家招聘方的需求和条件，同时展示自己的能力和素质。

2. 网络求职的流程

（1）搜索招聘信息

许多招聘方会在招聘网站、社交媒体、企业官网等平台发布招聘信息，求职者可以在这些平台上搜索感兴趣的招聘信息，并实时获取最新的招聘动态。

（2）在线投递简历

求职者可以完善个人简历，然后在线投递简历，避免传统求职中需要邮寄简历的烦琐过程，方便招聘方在线查看、筛选收到的简历。

（3）在线测评与面试

许多招聘方会设置在线测评，以初步评估求职者的能力和素质，面试也可以通过视频通话等在线方式进行，节省双方的时间和交通成本。

（4）自动化通知与反馈

招聘方可以利用电子邮件、短信等方式自动通知求职者关于招聘流程的更新和招聘结果，求职者也可以随时在线查看自己的申请状态和进度。

（5）数据存储与归档

网络求职平台通常会提供数据存储和归档功能，方便招聘方和求职者随时查阅和管理历史数据。这也有助于招聘方建立自己的人才库，为未来的招聘活动提供便利。

（二）网络求职的特点与技巧

1. 网络求职的特点

网络求职作为一种现代化的求职方式，相较于传统求职方式，具有一系列的优点，但同时也具有一定的缺点。

（1）网络求职的优点

① 方便快捷。求职者可以随时随地访问求职网站，查看招聘信息，提交简历，甚至进行在线面试。招聘方也可以方便地在线发布招聘信息，筛选简历，安排面试等。

② 信息丰富。网络求职平台通常提供大量的招聘信息，涵盖各行各业，满足不同求职者的需求。求职者可以通过关键词搜索、行业分类等方式快速找到适合自己的职位。

③ 节省成本。对于求职者来说，网络求职避免了传统求职方式中需要打印简历、邮寄简历等费用。对于招聘方来说，网络求职减少了招聘广告、招聘会等费用，降低了招聘成本。

④ 提高效率。网络求职平台通常提供简历筛选、在线测评等功能，帮助招聘方快速找到符合条件的候选人。在线面试也节省了双方的时间和交通成本，提高了招聘效率。

⑤ 打破地域限制。网络求职打破了地域限制，求职者可以跨地区、跨国界寻找工作机会。招聘方也可以从更广泛的地域范围内招聘到合适的人才。

（2）网络求职的缺点

① 信息真实性难以保证。网络求职平台上存在虚假的招聘信息，需要求职者保持警惕，仔细甄别。

② 竞争激烈。由于网络求职平台的普及，求职者数量众多，竞争异常激烈，求职者需要不断提升自己的竞争力，才能在众多竞争者中脱颖而出。

③ 沟通障碍。在线沟通虽然便捷，但有时也可能因为网络延迟、语言差异等原因导致沟通不畅或误解。

④ 技术门槛。求职者需要具备一定的计算机操作技能和网络知识，对一些不熟悉互联网技术的求职者来说，网络求职可能存在一定的技术门槛。

⑤ 隐私泄露风险。在网络求职过程中，求职者需要提交个人简历，故存在隐私泄露的风险。因此，求职者需要选择正规、可靠的求职平台，并注意保护自己的隐私。

2. 网络求职的技巧

为了提高求职的成功率和安全性，网络求职需要掌握一定的技巧。

（1）具体化求职关键词

网络求职时输入的关键词其实反映的是求职者的目标和意向，关键词越具体，说明求职目标越明确，所应聘岗位要素越具体，与招聘岗位的匹配性越高。

（2）选择信誉好的网站

网络求职者在搜集就业信息和投递简历时，都应该选择安全度高、信誉好的网站。

① 大型网站。求职者在网络求职中，应选择信誉比较好的大型求职网站，提高求职的成功率。

② 政府网站。现在政府人事部门所属的人才机构纷纷开始提供线上服务，为求职者提供了相当多的应聘机会。

③ 专业网站。求职者可将求职信息张贴在专业网站里，或将信息发布在一些点击率较高网站的招聘专栏上。

④ 用人单位官网。求职者可以登录用人单位的官网，进入官网上的人才招聘网页，上面经常发布该单位的招聘信息，求职者可以直接与单位联系。

（3）制作个性化的简历

网络求职时，求职者可以个性化设计简历，除了吸收传统简历的优点之外，可以借助电子媒介的优点，增加一些直观的特色。如可以运用独特的模板、配色方案，展现符合用人单位企业文化的风格；利用多媒体元素，如照片、视频等，使简历更加生动、直观、立体；也可以适当添加一些创意元素，使用不同的布局、字体、颜色或图标突出重点等，但要保持整体的专业性、简洁性和易读性。

（4）充分利用网站功能

一些求职网站提供了设置条件的搜索、求职文件夹、个人搜索器等功能，求职者可以充分利用这些功能，有的放矢地进行网络求职。

① 设置条件的搜索。求职网站通常会提供设置条件的搜索功能，允许求职者根据自己的需求和偏好来筛选职位信息。这些条件可能包括职位名称、工作地点、薪资范围、学历要求、工作经验等。通过设置这些条件，求职者可以更快速、更准确地找到符合自己期望的职位，从而提高求职效率。

② 求职文件夹。求职文件夹是求职网站提供的一个非常实用的功能，相当于一个就业信息储存袋。当求职者在网站上搜索到感兴趣的职位信息时，可以将这些信息保存到求职文件夹中。这样求职者就可以随时查看、比较和申请对应职位，而无须再次搜索。这大大节省了求职者的时间和精力，使他们能够更专注于准备面试和申请材料。

③ 个人搜索器。个人搜索器是求职网站中的另一个强大功能，它允许求职者根据自己的需求和偏好设置搜索条件，然后自动搜索并匹配符合条件的职位信息。当新的职位信息发布时，如果该信息符合求职者的搜索条件，个人搜索器就会将这些信息推送给求职者。这样求职者就可以及时获取最新的职位信息，不错过任何一个潜在的就业机会。

（三）网络求职的"三要三不要"

1. 要找准网站，不要到非正规网站

网络求职时，应优先选择知名且正规的网站，正规网站通常有严格的审核机制和较高的信誉度。对于社交媒体、小型论坛或不知名网站上发布的招聘信息，求职者要保持警惕，避免在这些平台上泄露个人信息或支付任何费用。

（1）选择高安全性网站

一般情况下，求职者可以通过以下方式查验网站是否安全，谨防"钓鱼"网站。

① 查看 HTTPS 协议。大多数合法网站会使用 HTTPS 协议进行加密传输，以保护用户数据的安全。如果网站地址栏中没有显示"HTTPS"和锁形标志，或者点击锁形标志后无法查看有效的安全证书信息，那么该网站可能是"钓鱼"网站。

② 查看安全证书。单击浏览器地址栏中的锁形标志，可以查看网站的安全证书信息，确保网站的证书是有效的，并且是由可信的证书颁发机构签发的。

（2）选择高信誉度网站

一般安全性高的网站，其信誉度往往较高，求职者可以从以下几个方面了解招聘网站的信誉度。

① 查看域名。正规的招聘网站其域名通常以".com"或".cn"结尾。对于以".org"".net"等结尾的非主流域名的网站，需要额外注意其真实性。

② 查看安全认证。许多招聘网站都会进行安全认证，如 ISO 认证、公安部备案等，选择那些有安全认证的网站可以降低被诈骗的风险。

③ 查看评价和口碑。在各大社交平台上，如微博、知乎等，可以查看其他用户对招聘网站的评价和口碑。这些信息有助于了解网站的服务质量、招聘信息的真实性等方面的情况。

（3）选择企业官方网站

在核实招聘信息时，先查询一下企业的官方网站，了解企业的基本情况、业务范围等信息。正规的企业通常会有自己的官方网站，并公开联系方式。通过国家企业信用信息公示系统、天眼查、企查查等平台，查询企业的注册信息、经营范围、经营状态、有无违法违规记录等，这些信息有助于判断企业是否合法经营。也可以通过查询与企业相关的新闻报道和社交媒体动态，了解企业的发展历程、业绩表现等方面的信息，这些信息有助于判断企业的实力和发展潜力。

2. 要精准出击，不要漫天撒网

有些高校毕业生在网络求职时认为求职信和简历发出去越多越好，对网上的招聘来者不拒，采取群发的形式漫天撒网，想以此来增成功率。殊不知，漫天撒网只是增加了泄露个人信息的风险，个人信息容易被骗子利用来进行诈骗，漫天撒网对求职应聘帮助很小。求职者需要结合自己的实际情况有选择地求职，简历投递不在于多而在于精，要有针对性，学会精准出击，不要漫天撒网、胡乱求职，以免上当。

（1）选择匹配度高的企业投递简历

根据自己的专业优势、兴趣爱好及个人职业规划，结合自己对工作环境、地点等的偏好选择行业范围、企业文化、企业发展方向、职位招聘要求和自己契合度较高的企业进行有限范围的简历投递，避免海量投递简历，减少个人信息泄露风险。

（2）根据目标企业要求个性化制作简历

仔细研究目标企业的招聘要求，量身定制个性化简历。简历应简洁明了，突出与招聘职位相关的技能、经验等，尽量杜绝无效信息。

（3）定期评估和调整求职策略

在投递简历后，要时刻关注招聘单位动态，定期评估求职进展，看看哪些策略有效，哪些需要改进。可以通过社交媒体、行业论坛或专业组织建立人际关系，与行业内的专业人士建立联系，了解最新的职位机会和公司动态。再根据市场反馈和个人情况，调整职业目标和求职策略。

3. 要擦亮眼睛，不要掉入陷阱

网络求职存在不少陷阱，如果不加以防范，有可能上当受骗，掉入陷阱。求职者在求职前应充分做好功课，避免上当受骗。

（1）多了解求职陷阱，增强风险防范意识

在求职前，要多方了解求职过程中可能会遇到什么样的风险，熟悉常见的求职陷阱，了解新形势下新的求职诈骗行为。在求职时不要急功近利，要多进行分析比对，多方了解后做到心中有数才投递简历。对于不确定的就业信息多向老师、父母、朋友等请教验证。现场约见时提前做好心理准备，观察应聘环境，保护人身、财产、证件安全。

（2）端正求职心态，不为横财所动

在求职过程中，若被告知无须任何条件即可直接面试、上岗，薪资明显高于同职位同工种薪资水平，无端可以优先录取等，要保持头脑清醒，进行客观分析，不要被飞来的横财所迷惑，因为横财很可能带来横祸。如"品案例"中的孙浩，一开始也被招聘信息吸引投递了简历，但他接到录取通知后很疑惑，又去多方了解了公司详情，最终打消了去这家公司参加培训的念头，没有上当受骗。

（3）保持警惕，做好个人信息保护

在网站上填写个人简历时，要仔细阅读平台的隐私政策，了解平台将如何处理个人信息。尽量避免提供过多的个人敏感信息，如身份证号码、银行账户等。一些求职网站提供隐私保护和信息隐藏等服务，可以利用这些服务来保护自己的个人信息。

总之，网络求职作为现代求职方式的重要组成部分，已经越来越被广大求职者所接受和依赖。它借助互联网平台的便捷性和高效性，在求职者和用人单位之间搭建了一座沟通的桥梁。求职者要让网络成为求职的利器，找准网站，到正规、权威网站求职，不到非正规网站找工作；精准出击、精准发力，不漫天撒网、胡乱投递简历；擦亮眼睛，避开求职陷阱，最终找到自己心仪的工作。

四、谈观点

你认为在网络求职过程中，关键要做好哪些事情？

_____

_____

_____

_____

五、践行动

每个人通过访谈校友或咨询学校就业部门的老师、观看媒体新闻和视频等途径，了解并归纳网络求职中可能存在的陷阱及求职者应该注意的事项。

网络求职中可能存在的陷阱：_____

_____

求职者应该注意的事项：_____

_____

_____

六、测能力

请扫描二维码查看对应试题，判断这些说法是否正确。

🗒 通关话题

你认为网络求职时如何才能做到精准发力，安全有效？

通关第六式
测能力

🗒 通关测验

请扫描二维码，完成通关测验，检测学习情况。

第三关 通关测验

04

第四关：秀出真我——打造求职材料

通关寄语

在求职过程中，求职材料扮演着举足轻重的角色，它犹如一座桥梁，连接着求职者与用人单位。一份精心准备的求职材料，能够让用人单位全方位且深刻地了解求职者的个人概况，如教育背景、专业知识、实践经验、个人能力和优势等多维度信息，用人单位能够初步评估求职者的知识架构、能力层级及与目标职位的契合程度。一份出类拔萃的求职材料，无疑能为求职者搭建起自我展示的舞台，使求职者获得用人单位的青睐，极大地提升其获得面试邀约的可能性。

通关攻略

通关第七式：求职信函

通关目标

知识目标
1. 了解求职信的作用与特点
2. 了解求职信的风格与类型
3. 掌握撰写求职信的"五八"法则

能力目标
1. 提升撰写求职信的能力
2. 提升写作能力和创新能力

素质目标
1. 树立正确的求职观念
2. 养成严谨细致的态度

一、品案例

| 案例呈现 | 用心的李明 |

李明是一名刚从大学毕业的软件工程专业学生。面对竞争激烈的就业市场，李明深知仅凭简历很难在众多求职者中脱颖而出。于是，他决定写一封富有创意和个性的求职信，希望能够给用人单位留下深刻的印象。

在求职信中，李明并没有简单地罗列自己的技能和成就，而是采用了一种故事化的叙述方式。他回忆了自己在大学期间参与的一个软件开发项目，这个项目旨在帮助当地一家非营利组织更好地管理志愿者资源。李明详细描述了他在项目中的角色、面临的挑战及如何克服这些挑战，最终成功交付了一个功能强大且对用户友好的系统。

在叙述的过程中，李明巧妙地融入了自己的技能（如编程、团队协作、问题解决等）和品质（如责任感、创新精神、同理心等）。他不仅展示了自己的专业能力，还传达了自己对工作的热情和对社会的贡献意识。

求职信的结尾部分，李明表达了自己对这家公司的浓厚兴趣，并指出自己如何与公司的文化和价值观相契合。他真诚地表达了自己希望加入某个团队，共同为公司的发展贡献力量的愿望。

几天后，李明收到了这家公司的面试邀请。在面试中，他再次提到了求职信中的故事，并与面试官进行了深入的交流。最终，李明成功获得了这份工作，并在接下来的几年里逐渐成长为团队中的核心成员。他常常回想起那封求职信，正是那封信为他打开了职业生涯的大门，也让他深刻体会到了求职信中真诚、个性和创意的重要性。

案例思考：

李明决定写一封富有创意和个性的求职信，希望能够给用人单位留下深刻的印象，他的做法对你有何启示？

_____

_____

_____

_____

二、做任务

请在课前或课中学习的基础上，按照任务单的要求，完成通关任务（见表4-1）。

表 4-1　通关任务 7

通关任务名称	个人求职信	
通关任务描述	每个人根据自己的目标职位，结合自身的教育背景、工作经验、专业技能及个人优势，精心构思并撰写一封个人求职信，体现出自己的核心竞争力	
通关任务评价标准	小组每个人完成一封个人求职信，要求目标职位明确，求职意向表达清晰，通过具体事例展示能力、成就及对职位的适应性；语言真挚热情；格式规范	任务单 4-7

三、习新知

在当今竞争激烈的就业市场中，一封精心撰写的求职信如同求职者的一张名片，是连接求职者与用人单位的重要桥梁。求职信不仅承载着求职者的基本信息、教育背景、工作经验及专业技能等重要内容，更是求职者向用人单位展示自我、表达求职意愿和情感态度的关键途径。

（一）求职信的作用与特点

求职信也称自荐信，是求职者向用人单位介绍自己的才能、表达自己就业愿望的一种书信。调查数据显示，近 90% 的人事经理表示非常重视求职信或将求职信作为重要参考。

1. 求职信的作用

求职信在求职过程中起至关重要的作用，主要体现在以下几个方面。

（1）建立第一印象

求职信是用人单位首次接触求职者的书面材料，其质量直接影响用人单位对求职者的第一印象。一封优秀的求职信能够迅速吸引用人单位的注意，为求职者赢得面试机会。

（2）展示个人优势

通过求职信，求职者可以详细介绍自己的教育背景、工作经验、专业技能、个人成就等，从而全面展示自身的优势和特点，让用人单位更加了解自己的能力和潜力。

（3）表达求职意愿

求职信是求职者向用人单位表达求职意愿和态度的重要途径。通过求职信，求职者可以明确表达自己的职业目标、对用人单位的认可和向往，以及对未来工作的期待和规划。

（4）弥补简历不足

简历往往简洁明了，难以全面展现求职者的个人特点和优势，而求职信则可以对简历中的某些内容进行补充和解释，帮助用人单位更加深入地了解求职者。

2. 求职信的特点

求职信作为一种特殊的书面材料，一般应体现以下几个特点。

（1）针对性强

求职信应针对特定的用人单位和职位进行撰写，突出求职者的个人优势与用人单位需求之间的契合度。避免使用千篇一律的模板，确保求职信的个性化和针对性。

（2）简洁明了

求职信应言简意赅，避免冗长和啰唆。要用简洁的语言阐述求职者的优势和特点，以及求职意愿和态度，以确保用人单位能够在短时间内快速了解求职者的核心信息。

（3）语言得体

求职信的语言应得体、礼貌且专业。避免使用过于口语化或粗俗的语言，保持求职信的正式性和专业性。同时，要注意避免语法和拼写错误，确保求职信的准确性和严谨性。

（4）亮点突出

在求职信中，求职者可以突出介绍自己的亮点和优势，如专业技能、工作经验、个人成就等，通过具体事例和数据来支撑自己的陈述，使其更加有说服力和吸引力。

（5）情感真挚

求职信不仅是一份书面材料，更是求职者向用人单位表达真诚求职意愿和态度的载体。因此，在撰写求职信时，求职者应注重情感表达，让用人单位感受到求职者的真诚和热情。

（二）求职信的风格与类型

撰写求职信时，选择合适的风格与类型至关重要，这样的求职信不仅能够体现求职者的专业素养、沟通能力及其对职位的热情、与职位的匹配度，还能在众多简历中脱颖而出，吸引用人单位的注意。

1. 求职信的风格

求职信的风格是展现求职者个性、态度和专业性的关键要素。根据不同的情境和目的，求职信可以呈现不同的风格，常见的风格主要有以下几种。

（1）正式严谨风格

这种风格适用于大多数行业，尤其是法律、金融、医疗等需要高度专业性和严谨性的领域。求职信中语言应准确无误，避免使用俚语或非正式表达。正式风格的求职信通常结构清晰，开头直接表明目的（如申请某职位），主体部分详细阐述个人背景、技能、成就与所求职位的匹配度，结尾则礼貌地请求面试机会。此类风格强调尊重与专业性，有助于树立求职者专业可靠的形象。

（2）亲切自然风格

在创意产业、广告、媒体或科技初创公司等注重创新、个性与团队合作的环境中，亲切自然的风格可能更受欢迎。这种风格允许适度的个性化表达，如使用第一人称"我"来增加亲近感，或是分享一些与职位相关的个人经历或小故事，以展现求职者的独特视角和热情。然而，亲切并不意味着随意，保持语言的礼貌和专业性仍然是关键。

（3）创意独特风格

对于设计师、作家等创意岗位，一封富有创意、设计独特的求职信能极大提升吸引力。这可能意味着采用非传统的格式，融入视觉元素，或是通过故事叙述来展现个人才华与项目经验。创意风格要求求职者在保持专业性的同时，巧妙地展现自己的风格和创新能力，使求职信带来令人难忘的阅读体验。如"品案例"中的李明，他并没有简单地罗列自己的技能和成就，而是采用一种故事化的叙述方式，详细描述他在项目中的角色、面临的挑战及如何克服这些挑战，并在叙述的过程中巧妙地融入自己的技能，最终成功获得面试机会。

2. 求职信的类型

根据求职目的和情境的不同，求职信可以分为以下几种类型。

（1）针对性求职信

这是最常见的一种求职信，专门针对某个具体的职位或公司撰写。在这种求职信中，求职者会详细说明为什么自己适合某个职位，并列出自己的相关经验和技能。针对性求职信通常需要深入了解目标职位和公司的背景信息，以便进行个性化的撰写。

（2）通用性求职信

通用性求职信不针对特定的职位或公司，而是用于向多个潜在用人单位展示求职者的基本情况和求职意愿。这种求职信通常泛泛而谈，但也会强调求职者的核心能力和经验。由于缺乏针对性，通用性求职信的效果可能不如针对性求职信，但在某些情况下（如求职者对目标职位或公司不了解时）仍然有用。

（3）自荐性求职信

自荐求职信用于求职者在没有看到具体的招聘信息时，主动向用人单位展示自己的能力和意愿。这种求职信需要求职者对目标公司或行业有深入的了解，并突出自己的独特优势。撰写自荐性求职信需要更高的技巧，以确保能够吸引招聘负责人的注意。

（4）回应性求职信

当求职者看到招聘简章后，通常会撰写这种求职信来回应招聘简章中的职位要求，求职信会详细解释符合招聘简章中列出的资格和要求。这种求职信通常需要引用招聘简章中的具体内容，并展示求职者与职位的匹配度。

（三）撰写求职信的"五八"法则

求职者在撰写求职信时，要针对特定的职位信息，精准而详尽地阐述个人优势与职位要求的高度契合，应包含 5 个主要内容，并注意 8 个方面的事项，还要深入了解用人单位的文化和价值观，同时结合自身经历和成就，撰写出既符合用人单位要求又展现个人特色的求职信。

撰写求职信的"五八"法则

1. 撰写求职信的 5 个主要内容

求职信作为一种私人对公的信件，在内容构建上需遵循一定规范，具体包括称呼、开语、正文、结语及落款 5 个主要内容。

（1）称呼

这是对主送单位或收件人的呼语。如果用人单位明确，可直接写上单位名称，前面加"尊敬的"来修饰，后加领导职务或统称"领导"；如果单位不明确，则用统称"尊敬的贵单位（公司）领导"。同时注意，称呼要顶格写。

（2）开语

开语表示对对方的问候致意，简洁问候即可。

（3）正文

正文是求职信的核心，这部分一般包括个人简介、应聘的岗位、条件展示、愿望决心等内容。

① 个人简介。个人简介即简单的自我介绍，包括求职者的姓名、性别、民族、年龄、籍贯、政治面貌、文化程度、学校院系专业、家庭住址、任职情况等要素。注意求职者要针对求职目的有针对性地进行简单介绍，忌冗长烦琐。

② 应聘的岗位。求职者要告知用人单位自己要应聘的目标岗位，这里必须明确，不能笼统，否则用人单位无从判断求职者是否满足岗位的要求。

③ 条件展示。这是求职信的关键内容，主要应写清自己的才能和特长。要针对目标岗位的要求去写，充分展现自己在目标岗位方面或领域的过硬知识、能力、素质。

④ 愿望决心。主要表达加入对方单位的热切愿望，期望得到认可和接纳。注意这里表达要自然、不卑不亢。

（4）结语

一般在正文之后按书信格式写上祝语，如"此致敬礼""恭候佳音"等。

（5）落款

落款处要写上"求职人"字样，并标注规范的公元年月日。署名处一般要求由求职者亲笔签名，以示郑重和敬意。

2. 撰写求职信的 8 个注意事项

在撰写求职信时需要注意以下事项。

（1）忌面面俱到

一些求职者认为，求职信应当全方位地介绍自己。殊不知，这样做恰恰会让自己的闪光点淹没在大量的内容之中，无法使自己在众多求职者中脱颖而出。因此，一封求职信不应求全，也不应求长，而要求精，在满足基本格式要求的基础上展现自己在目标岗位的独特优势即可，篇幅尽量控制在一面 A4 纸之内。

（2）忌辞藻华丽

一些求职者认为在求职信中辞藻华丽或者"语不惊人死不休"会让用人单位更加关注自己。殊不知，这反而会让用人单位认为求职者在作秀，从而使求职者与目标岗位渐行渐远。

（3）忌谦虚过度

一些刚毕业的求职者认为自己刚刚走出校门，有很多不足，要谦虚，因而在求职信中一再强调自己能力不强，恐不能胜任工作。这种过分谦虚、自我贬抑的行为在用人单位看来是自信心不足的表现，对于自信心不足的求职者，用人单位往往选择不予录用。

（4）忌自视过高

一些求职者在学校时表现优秀，自信心膨胀，自视过高，在求职信中流露出"我是第一，我谁都看不上"的意思，这很容易引起用人单位的反感，从而得不偿失。

（5）忌倾诉悲苦

命运的坎坷、家庭的不幸应当是日后努力上进的动力，而不是寻求同情的资本。用人单位不是慈善机构和避难所，所以这些内容尽量不要写。一些求职者过分地强调自己的不幸，希望博取用人单位的同情，往往会适得其反。

（6）忌职位不明

一些求职者因担心求职竞争过于激烈，在求职信中不敢注明自己所求的目标职位，抱着"随他们去安排"的心理。这恰恰表明求职者不自信，也会让用人单位觉得任何职位都不适合求职者。

（7）忌班门弄斧

有的求职者明明对求职的行业不太熟，却装出一副很熟的样子，在求职信中大谈特谈、班门弄斧，谈得不对却又是一副很内行的模样，从而引起用人单位的反感，求职也就无从谈起。

（8）忌过分强调待遇

求职信上最好不要过分强调对待遇的要求。如果要求过高，会让用人单位觉得雇不起求职者；如果要求过低，又让用人单位觉得求职者无足轻重。而且过分看重待遇，会让用人单位觉得求职者只在意待遇。

总之，一封好的求职信要注意格式规范，要保持语言简洁明了，要突出个人优势，展现对职位的热情，同时体现专业和认真的态度。大学生可以通过多了解、多交流细致地了解目标岗位和单位情况，通过多借鉴、多练习不断提升撰写求职信的水平。

四、谈观点

在撰写求职信的过程中，我们如何在保持正式与专业的同时，巧妙地融入个性化元素，以吸引招聘者的目光？

_____

_____

_____

_____

五、践行动

仔细阅读下面这封求职信，识别其中的不足之处，并提出具体的改进建议。

> 您好！
>
> 感谢您在百忙之中拨冗阅读我的求职信。扬帆远航，赖您东风助力！我是×××金融学院国际商务专业应届本科毕业生×××。即将面临就业的选择，我十分想到贵单位供职。希望与贵单位的同事们携手并肩，共扬希望之帆，共创事业辉煌。
>
> "宝剑锋从磨砺出，梅花香自苦寒来。"经过3年多的专业学习和大学生活的磨炼，进校

时天真、幼稚的我现已变得沉着和冷静。为了立足社会，为了自己的事业成功，3 年多来我不断努力学习，不论是基础课还是专业课，都取得了较好的成绩。大一至今获得院级单项奖学金，英语达到国家六级水平，计算机过国家一级，并通过全国普通话水平测试（二级乙等）。同时在课余，我还注意不断扩大知识面，辅修金融专业，熟练掌握从事国际贸易及金融工作的基本技能。我利用课余时间自学了计算机的基本操作，熟悉 Windows 操作系统，熟练掌握 Office 办公软件，能熟练运用 Excel、PowerPoint 等制作课件，能进行多媒体视频制作。

学习固然重要，但实践能力培养也必不可少。3 年多来，为提高自己的实践能力，积累成功经验，从大一开始，我在学好各门专业课的同时，还利用课余时间积极参加各项实践活动，不断努力和实践。

不足之处及改进建议：

_____

_____

_____

_____

六、测能力

请扫描二维码查看对应试题，判断这些说法是否正确。

通关第七式
测能力

通关第八式：求职简历

通关目标

知识目标

1. 了解求职简历的作用与特点
2. 了解求职简历的风格与类型
3. 掌握打造求职简历的"六六六"法则

能力目标

1. 提升求职简历的撰写能力
2. 提升自我认知和自我表现能力

素质目标

1. 树立正确的职业观念
2. 养成严谨细致的态度

一、品案例

| 案例呈现 | 特别的林晓 |

林晓是一名刚刚从大学毕业的设计专业学生。她梦想着进入一家知名的创意广告公司，成为一名优秀的设计师。然而，在竞争激烈的求职市场中，林晓深知自己的简历需要与众不同才能吸引招聘团队的注意。

于是，林晓开始思考如何让自己的简历脱颖而出。她回想起自己在大学期间参与的一个设计项目，当时她为一家非营利组织设计了一份宣传海报，该海报不仅成功吸引了公众的注意，还为组织筹集到了一笔可观的善款。

受到这个项目的启发，林晓决定将自己的简历设计成一个作品集。她精心挑选了自己在大学期间最得意的几个设计作品，包括海报、标志、包装等，并将它们巧妙地融入简历之中。在每个作品旁边，林晓都附上了简短的设计说明和取得的成果，以突出自己的设计能力和创新思维。

此外，林晓还特意为简历设计了一个独特的封面，上面印有她的名字、联系方式，以及一句简洁而有力的个人宣言："用设计点亮生活，用创意传递价值。"

当林晓将这份个性化的简历投递到心仪的广告公司时，她内心充满了期待和紧张。几天后，她收到了该公司的面试邀请。在面试中，林晓凭借自己的设计才华和出色的表现，成功赢得了招聘团队的青睐。最终，林晓如愿以偿地进入了这家知名的广告公司，成为一名优秀的设计师。

案例思考：

林晓的个性化简历在求职过程中起到了至关重要的作用，简历不仅展示了林晓的设计能力和创新思维，还传达了她对设计的热爱和追求。林晓的做法对你有何启示？

_____

_____

_____

_____

二、做任务

请在课前或课中学习的基础上，按照任务单的要求，完成通关任务（见表4-2）。

表4-2　通关任务8

通关任务名称	个人求职简历	
通关任务描述	每个人根据自己的目标职位，结合自身的实际情况，精心打造个人求职简历，展现教育背景、工作经验、专业技能、个人成就以及职业追求，体现出自己的核心竞争力	
通关任务评价标准	小组每个人完成个人求职简历，信息完整、格式清晰、排版整洁、语言简洁得体；根据目标职位进行个性化设计，突出与职位相关的技能和经验；能够凸显自身在求职竞争中的核心优势	任务单 4-8

三、习新知

求职简历是对个人学历、经历、特长、爱好及其他有关情况所做的简明扼要的书面介绍，能够让用人单位在有限的时间内全面了解求职者的情况，以便评估其是否适合所申请的职位。

（一）求职简历的作用与特点

求职简历作为个人形象的间接体现，更像是一幅精心绘制的自画像，通过文字与格式的巧妙结合，向用人单位展示求职者的专业素养、个人特质以及对待工作的态度，帮助用人单位快速而全面地了解求职者的基本情况，从而决定是否给予面试的机会。

1. 求职简历的作用

求职简历作为求职者与用人单位之间的初次沟通桥梁，承载着至关重要的任务，其作用主要体现在以下几个方面。

（1）形象展示

求职简历是求职者给招聘方留下的第一印象，它能够展示求职者的个人形象、职业态度和专业技能。一份精心制作的求职简历能够给招聘方留下深刻而积极的印象，增加求职者获得面试机会的可能性。

（2）信息传递

求职简历是求职者向招聘方传递基本信息、教育背景、工作经验、技能专长等关键信息的重要渠道，这些信息有助于招聘方快速了解求职者的职业背景和能力水平，从而判断其是否适合所申请的岗位。

（3）自我营销

求职简历在某种程度上是一种自我营销工具，求职者通过简历展示自己的优势、成就和潜力，以吸引招聘方的关注和认可。优秀的简历能够突出求职者的核心竞争力，使其在众多应聘者中脱颖而出。

（4）匹配筛选

招聘方通常会根据岗位需求和简历内容进行匹配筛选，一份与求职岗位高度匹配的求职简历能够较容易地吸引招聘方的注意，增加求职者被选中进入面试环节的机会。

（5）建立联系

简历中通常会包含求职者的联系方式，如电话号码、电子邮箱等，这有助于招聘方与求职者建立联系，进一步沟通面试安排、职位详情等事宜。

2. 求职简历的特点

求职简历要能吸引招聘方的注意并展现求职者的优势，一般来说，要具备以下特点。

（1）针对性强

求职简历应根据不同的求职岗位进行量身定制，突出与岗位相关的教育背景、工作经验和技能，这种针对性有助于让招聘方快速识别求职者的适配度。

（2）简洁明了

求职简历应简洁明了，避免冗长和无关的信息。通常一份有效的简历应控制在一到两面之内，确保关键信息一目了然。

（3）重点突出

简历中应突出求职者的核心优势和成就，特别是与求职岗位直接相关的部分，使用具体数据和结果来支持成就，可以增强说服力。

（4）格式规范

求职简历的格式应整洁、专业，遵循常见的简历写作规范，使用清晰的标题、段落或者表格来组织信息，确保易于阅读和理解。

（5）个性鲜明

虽然求职简历应遵循一定的格式和规范，但适当的个性化元素可以使求职简历更加独特和吸引人。如"品案例"中的林晓将自己的简历设计成一个作品集，其个性化简历给招聘方留下了深刻的印象，她也获得了面试的机会。

（6）实事求是

求职简历中的所有信息都应真实可信，避免夸大或虚假陈述，虚假信息会损害求职者的信誉，导致失去机会。

（二）求职简历的风格与类型

在求职的征途中，求职简历不仅是个人职业经历的记录，更是展现求职者个性风采、专业技能与职业追求的重要媒介。其风格与类型的选择，如同一面镜子，映射出求职者的个性特征。

1. 求职简历的风格

求职简历要展现求职者的个性、专业性和与求职岗位的匹配度，在色彩、布局、内容、文字等方面的风格多种多样，每种风格都有其独特的魅力和适用场合。以下是常用的几种风格。

（1）简约风

简约风的特点包括色彩搭配简洁，通常使用双色或单色印刷，以黑、白、灰为主；版面设计清晰明了，注重信息的层次感和条理性，关键信息突出，易于阅读；内容表达精炼，注重准确性和实用性，避免冗长和复杂的描述。

简约风适用于大多数求职场合，尤其适用于无丰富工作经验的应届毕业生，还特别适用于技术类岗位，能凸显技术人员的专业与精明。

（2）商务风

商务风的特点包括风格成熟稳重，色彩搭配专业，体现求职者的职业素养；强调个人成就和专业技能，突出核心竞争力；文字运用规范、简洁，注重排版和格式的统一性。

商务风适用于管理类、公关类等需要展现气质与能力的求职者，特别适用于大型企业、外企或需要展现专业形象的场合。

（3）艺术风

艺术风的特点包括色彩丰富多变，布局个性化，展现求职者的艺术气息和创意能力；强调作品集和创意成果，通过独特的布局和色彩搭配吸引招聘者的注意；文字表达充满个性和热情，体现求职者的独特品位和个性。

艺术风适用于设计师类、媒体运营类等需要展现创意能力的求职者，特别适用于创意行业如设计行业、广告行业等。

（4）清新自然风

清新自然风的特点包括色彩以轻快、亲和为主，使用自然界的元素；布局简洁明了，注重空白和排版的运用，给人一种轻松愉悦的感觉；内容表达生动有趣，注重展现求职者的活力和好奇心。

清新自然风适用于希望展现自己积极向上和和谐社交形象的求职者，特别适用于与环境、旅游等相关的行业。

（5）专业优雅风

专业优雅风的特点包括风格专注、高效，注重内容的准确性和条理性；色彩搭配以中性色为主，如灰色、米色等，体现专业性和稳重性；版面设计简洁明了，注重排版和格式的统一性，通过合适的图标或符号来突出关键信息。

专业优雅风适用于希望展现自己专业素养和自信形象的求职者，特别适用于专业性要求较高的行业，如科研行业、教育行业等。

总之，求职简历的风格多种多样，每种风格都有其独特的魅力和适用场合。在选择简历风格时，求职者应根据自己的专业背景、求职岗位以及个人喜好进行综合考虑，选择最适合自己的简历风格来展现自己的优势和特点。

2. 求职简历的类型

求职简历的类型多种多样，以下是几种常见的类型及其特点。

（1）时序型简历

时序型简历突出求职者的成长路径，其特点是从最近的经历开始，逆时间顺序列举个人信息，包括教育经历、工作经历等。这种简历清晰简洁，便于招聘人员阅读，能够展示求职者的持续职业成长。

时序型简历适合工作经验丰富，且工作经历能很好地反映出相关工作技能不断提高的求职者；同时，也适用于有一段可靠的工作经历，表明自己不断提升的求职者，或者最近所担任的职务足以体现个人优势的求职者。

（2）功能型简历

功能型简历突出求职者的核心能力，其特点是一开始就强调技能、资质、能力及成就。其核心内容是求职者的工作技能与专长，通常包括成绩、能力、工作经历、学历等部分。

功能型简历适合职业初期或有较长职业空档期的求职者，也适用于部分工作经历及技能与求职目的无关，或者只想突出与应聘职务相关的内容的求职者。此外，应届毕业生、退伍军人或者想改行的求职者也适合使用功能型简历。

（3）混合型简历

混合型简历综合了时序型简历和功能型简历的优点，其特点是既按逆时间顺序列举个人信息，又突出成绩与优势。这种简历能够直接地体现求职目的，同时结合自身优势和招聘要求，锁定求职目标。

混合型简历适合希望同时展示工作经历和个人技能的求职者，特别是那些既想突出成就与能力，又想突出个人经历的求职者，或者有过事业巅峰的求职者。

（4）业绩型简历

业绩型简历突出求职者的显著业绩，其特点是通常将"成绩"栏直接提到"目的"栏后。业绩型简历一般包括成绩、资历、技能、工作经历、学历等部分。

业绩型简历适用于那些在工作中取得显著成绩，希望通过突出这些成绩来展示自己能力和价值的求职者。

（5）目的型简历

目的型简历直观表达求职者的目的，其特点是完全根据求职目的来安排内容，可以是上述类型简历中的任意一种（一般为复合型）。目的型简历通常更加灵活，能够针对特定的求职岗位进行量身定制。

目的型简历适用于特定职业，对在特定领域工作的求职者较为有用，如教师、计算机软件工程师、律师等。

总之，求职简历的类型多种多样，每种类型都有其特点和适用对象。求职者在选择简历类型时，应根据自己的实际情况和求职岗位的要求进行综合考虑，选择最适合自己的简历类型。

（三）打造求职简历的"六六六"法则

求职简历是个人的说明书，也是求职材料的核心内容。制作出一份脱颖而出的求职简历需要把握 6 个主要内容、6 个要求，以及注意规避 6 个常见误区。

1. 把握求职简历的 6 个主要内容

求职简历既可以采用表格的形式，也可以采用其他形式，无论采用何种形式，一般应包括基本信息、应聘职位、教育背景、个人经历、所获荣誉、个人技能等 6 个主要内容。

（1）基本信息

基本信息主要包括姓名、性别、籍贯、出生年月、政治面貌、身体状况、兴趣爱好、联系方式等。

（2）应聘职位

这一项内容一定要有，否则用人单位不清楚求职者要应聘什么职位，使得其无从判断求职者是否匹配相应职位。

（3）教育背景

教育背景主要包括就读学校、所学专业、学历学位等。如果成绩比较好，在这里可以突出写平均成绩、班级排名、主要课程成绩等。

（4）个人经历

个人经历主要是入学以来除课程学习以外的经历，如实习经历、社团经历等。求职者可以在此突出一些自身的优秀品质来展现自己的优势。

（5）所获荣誉

所获荣誉主要包括大学期间所获得的荣誉，如三好学生、优秀团员、优秀学生干部、奖学金、各类比赛获奖等。

（6）个人技能

个人技能主要针对应聘的职位来写，如专业技能、计算机水平、外语水平等。

2. 把握求职简历的 6 个要求

打造一份优秀的求职简历，需要把握以下 6 个要求。

（1）方便阅读

简历的内容排版要方便招聘人员阅读，而不只是追求漂亮、华丽，最好是根据自身的情况进行个性化设计，凸显自己的优势。

（2）言简意赅

一个岗位可能会有数十份甚至几百份简历，这导致招聘人员查看单份简历的时间相当有限。因此，简历一定要做到言简意赅，让招聘人员在很短的时间内明白求职者要表达的信息。

（3）充实有效

一份让招聘人员眼前一亮的求职简历，首先必须在内容上充实。追求充实的内容，不代表文字数量越多越好，而是应该用最简练的文字表达出最有效的信息，让招聘人员花费最少的时间清晰地了解求职者的优势。

（4）针对性强

不同岗位所需的职业技能与素质各不一样。因此，撰写简历要根据招聘单位的特点及职位要求进行量身定制，从而制作出一份针对性强的简历。

（5）重点突出

求职简历要突出与目标岗位相关的个人优势，包括职业技能、素质及经历，尽量量化成果，用数字和案例说话。

（6）客观真实

求职者在打造简历时一定要做到客观、真实，可根据自身的情况结合求职意向进行纵深挖掘，而非夸大其词、弄虚作假。

3. 规避求职简历的 6 个常见误区

在打造一份优秀的求职简历时，需要避免一些常见的误区，以确保简历能够有效地展现求职者的专业技能、工作经验和个人优势。以下是 6 个常见误区和避免策略。

（1）"复制"简历

"复制"简历是指直接复制粘贴网络上的模板或他人的简历内容，不做任何个性化调整。部分求职者"复制"简历后还洋洋自得，却不知这种粗制滥造的简历到了招聘人员手里最终的命运就是被扔进垃圾桶。为避免出现"复制"简历，就要根据自己的实际情况和求职目标量身定制简历，突出自己的独特经历和技能，确保简历内容真实、有针对性。

（2）"同一"简历

"同一"简历指使用同一份简历申请所有职位，不做任何调整。这种简历很难突出求职者的核心竞争力。为避免出现"同一"简历，就要针对每个申请的职位调整简历的内容和格式，突出与该职位最相关的经验和技能。这样可以增加简历的针对性和吸引力。

（3）"不简"简历

"不简"简历指简历过于冗长，包含大量不必要的信息，如早期的工作经验、与求职职位无关的技能等。有些求职者以为简历越厚越好，一份简历多达十页甚至几十页，让招聘人员望而却步。实际上，简历要简单而又突出优势，篇幅最好不超过两面。要避免出现"不简"简历，就要保持简历简洁明了，只包含与目标职位直接相关的信息。使用项目符号和动词开头的句子来突出关键信息。

（4）"注水"简历

"注水"简历指简历中含有虚假信息，或者过分夸大或编造自己的工作经验、技能和成就，以期望给人更好的印象。"注水"简历虽然能够一时瞒过招聘人员，但极有可能对自己以后的职业发展造成不良的影响，"不诚信"这个标签可能会一直伴随整个职业生涯。要避免出现"注水"简历，就要确保简历中的所有信息都是真实、准确的。虚假信息可能会导致面试时的尴尬或失去工作机会。诚实地展示自己的能力和成就，即使它们可能不是最耀眼的。

（5）"劣质"简历

"劣质"简历指简历排版混乱，包含错别字、语法错误或格式不一致等问题。要避免出现"劣质"简历，就要仔细检查简历的拼写、语法和格式。使用清晰、易读的字体和格式，确保简历看起来专业且易于阅读。可以考虑请朋友或专业人士帮忙审阅简历，以发现潜在的问题。

（6）"无焦"简历

"无焦"简历指简历内容平淡无奇，缺乏能够吸引招聘人员注意的独特亮点或成就。要避免出现"无焦"简历，就要聚焦招聘要求，针对应聘的岗位，在简历中突出自己的独特经历、技能和成就，使用具体的数据和结果来量化自己的成就，以展示自己的能力和价值。同时，考虑在简历中添加一些个性化的元素以增加简历的吸引力。

四、谈观点

你觉得需要打造个性化的求职简历吗？为什么？

_____

_____

_____

_____

_____

_____

五、践行动

仔细阅读图 4-1 所示的求职简历，找出其中的不足之处，并提出具体的改进建议。

个人简历

基本信息

姓　名：阿飞	出生年月：20××年××月
名　族：汉族	身　高：170cm
籍　贯：北京市	政治面貌：共青团员
电　话：138-0000-0000	毕业院校：××××大学
邮　箱：×××××××@×××.com	学　历：本科

考试成绩

报考院校	××××大学		报考方向	××××	
成绩	政治	英语	数学	专业课	总分
	××	××	××	××	××

教育背景

20××年09月至20××年06月　　　　　　××科技大学　　　　　　××专业（本科）

成　绩：班级前5%　　　GPA：3.8/4.0
主修课程：××课程、××课程、××课程、××课程、××课程、××课程、××课程等

在校经历

20××年07月至20××年06月　　　　　　校学生会　　　　　　干事
- 创意讨论：根据组织活动主题，参与活动创意的讨论，共提供活动创意5条。
- 活动执行：根据组织流程，完成活动的现场组织，共参与组织活动10余场。
- 日常事务支持：配合部长参与完成组织招新、文化培训等日常事务。

技能荣誉

- 语言能力：通过大学英语六级（CET-6）考试，能快速阅读英文专业类文件。
- 办公能力：熟练使用Office等各类办公软件进行文案撰写、数据统计和工作汇报。
- 荣誉奖项：荣获一等奖学金1次、优秀班干部称号1次、优秀三好学生称号1次。

自我评价

- 本人性格开朗、成熟稳重、待人热情真诚，工作认真负责，积极主动，能吃苦耐劳，敢于承受压力；
- 喜欢独立思考，具备较好的调研能力和数据分析能力，富有团队合作精神。

图 4-1　求职简历

不足之处及改进建议：

_____

_____

_____

_____

六、测能力

请扫描二维码查看对应试题，判断这些说法是否正确。

通关第八式
测能力

通关话题

你认为如何打造一份优秀的求职材料？

通关测验

请扫描二维码，完成通关测验，检测学习情况。

第四关 通关测验

05

第五关： 考出水平——顺利通过笔试

通关寄语

　　求职者在求职时，笔试往往是第一关。通过这一关，求职者就有机会在面试中进一步展现自己的实力。笔试不是只为了拿到一张成绩单，而是一个展示自己的舞台，通过笔试求职者可以向用人单位展示自己的专业、能力和心理情况。想顺利通过笔试，就需要对专业知识日积月累，需要对优秀的中华传统文化长期积淀，需要关心时事、理性思考，也需要有良好的心理素质。总的来说，平时在以上这些方面注重积累，笔试方能顺利通过。

通关攻略

通关第九式：笔试策略

通关目标

知识目标
> 1. 了解笔试的特点与组织
> 2. 掌握笔试的主要内容
> 3. 掌握笔试成功八大策略

能力目标
> 1. 提升笔试应考应变能力
> 2. 提升分析问题和解决问题能力

素质目标
> 1. 培养奋发向上、努力备考的良好心态
> 2. 增强笔试成功的自信心

一、品案例

| 案例呈现 | 精心准备下的笔试闯关成功 |

张伟如今是业界知名的企业家，但在他职业生涯的初期，也曾有过一段艰辛的求职历程。那时，有一次为了通过一家心仪企业的笔试，他付出了极大的努力，精心准备，最终成功脱颖而出。

那年，张伟即将从一所顶尖的大学毕业，怀揣着对科技行业的热爱和梦想，他开始四处投递简历，希望能找到一份与自己专业相符的工作。很快，他得到了一家知名科技企业的笔试通知。

张伟深知这次笔试的重要性，这次笔试不仅关乎他能否进入这家心仪的企业，更关乎他职业生涯的起点。因此，他决定全力以赴，精心准备。首先，他仔细研究了该企业的业务范围、产品特点以及招聘职位的具体要求。他发现，这家企业非常注重员工的创新思维和解决问题的能力，因此笔试中很可能会包含相关的题目。于是，张伟开始有针对性地准备。他查阅了大量关于科技创新、产品研发、市场分析等方面的资料，确保自己对这些领域有深入的了解。同时，他还找来了许多逻辑思维题、案例分析题进行练习，提升自己的分析能力和应变能力。除了专业知识的准备，张伟还特别注重笔试技巧的掌握。他了解了笔试的题型、难度和时间分配，制定了详细的答题策略。他还模拟了笔试的场景，进行了多次实战演练，确保自己在真正的笔试中能够游刃有余。

笔试当天，张伟带着充分的准备和自信走进了考场。试卷上的题目果然如他所料，既有对专业知识的考查，也有对创新思维和解决问题能力的测试。张伟凭借自己精心的准备，迅速而准确地回答了所有问题。他的答案不仅条理清晰，而且观点新颖，充分展示了他的专业素养和思维能力。

最终，张伟以优异的成绩通过了笔试，成功进入了下一轮面试。他的精心准备和出色表现赢得了招聘方的赞赏和认可，也为他后来的职业发展创造了良好的开端。

案例思考：

你认为张伟笔试成功的重要原因是什么？

_____

_____

_____

_____

二、做任务

请在课前或课中学习的基础上，按照任务单的要求，完成通关任务（见表 5-1）。

表 5-1　通关任务 9

通关任务名称	情景剧《我们参加笔试》	
通关任务描述	以小组为单位，设置一个笔试情景，完成情景剧《我们参加笔试》，小组成员分别扮演出题人（搜集 3 道笔试题目）、监考人（组织模拟笔试）、求职者、阅卷人（评分并对试题进行分析），模拟招聘笔试的出卷、组考、考试和评分的环节，重点在笔试试题的分析	任务单 5-9
通关任务评价标准	笔试试题体现不同类型，并有代表性；考试组织过程环节清晰、真实度高；试题分析思路清晰、语言精练、要点突出；组织过程完整，时间把控得当（不超过 8 分钟）	

三、习新知

在求职的征途中，笔试作为第一道关卡，往往决定着求职者能否顺利进入面试环节。对于大学生而言，笔试不仅是对自身知识储备的检验，也是求职道路上不可或缺的环节。

（一）笔试的特点与组织

笔试是通过书面形式进行的考试或测试。笔试作为招聘流程中的重要环节，通常用于初步筛选求职者。它通过一系列书面测试，评估求职者的基础知识、专业技能、逻辑思维、问题解决能力等。笔试是求职过程中常见的考核方式，尤其在校园招聘、公务员考试、专业技术人员资格考试等场景中广泛应用。

1. 笔试的特点

笔试具有以下特点。

（1）标准化

笔试采用统一的试卷和评分标准，确保所有求职者在相同的条件下接受测试。试题的编写、分发、评分过程都有严格的标准和程序，减少了主观性和随意性。

（2）客观性

笔试多采用选择题、填空题、简答题等客观题型，这些题型的答案相对明确，易于评分。客观题型减少了评分者的主观判断，提高了考试的公正性和准确性。

（3）高效性

笔试可以在短时间内对大量求职者进行评估，提高了考试的效率。自动化评分系统的应用进一步加快了评分速度，使得笔试结果能够迅速出炉。

（4）广泛覆盖性

笔试可以涵盖大量的知识点和技能，通过不同类型的题目全面考查求职者的能力。这种广泛的覆盖性使得笔试能够更全面地评估求职者的综合素质。

（5）公平性

笔试为所有求职者提供了平等的竞争机会，无论求职者的背景、身份如何，都可以通过笔试来展示自己的能力和水平。笔试的匿名性也减少了人情因素、权力因素等对考试结果的干扰。

（6）经济性

相对于面试、实操等其他考核方式，笔试的组织和实施成本较低。试题的编写、印刷、分发以及阅卷等环节都可以通过自动化手段提高效率、降低成本。笔试的组织和管理相对简单，只需要准备好试题、考场和监考人员即可。

2. 笔试的组织

招聘笔试组织流程是一个系统的过程，用人单位组织招聘笔试时，通常包括以下几个步骤。

（1）发布通知

用人单位筛选出合适的简历后，需要通过邮件、短信或电话等方式通知求职者参加笔试，通知内容主要包括笔试的时间、地点、需要携带的证件（如身份证、准考证等）。

（2）考前准备

用人单位需要根据岗位要求设计笔试内容，确保笔试题目既能考查求职者的专业知识，又具有一定的合理性和公平性。同时，用人单位还需要准备好笔试所需的场地、设备（如计算机、打印机等）以及监考人员等。

（3）组织笔试

在笔试当天，用人单位需要安排好考场环境，确保考场整洁、安静、光线充足。监考人员需要认真负责，确保笔试过程的公平、公正。求职者需要在规定的时间内完成笔试题目，并遵守考场纪律。

（4）成绩评定

笔试结束后，用人单位需要组织专人对试卷进行评阅，并按照事先确定的标准答案进行评分。对于开放性的题目，需要根据求职者的回答内容和思路来评分，确保评分的公正性和准确性。根据笔试成绩，用人单位按照招聘规则和相关要求确定进入面试的人选。

（二）笔试的主要内容

笔试的主要内容因职位和招聘单位的不同而有所差异，也会因为考试的目的和领域不同而有所不同，但通常可以归纳为以下几个方面。

1. 基础知识测试

这部分内容通常涵盖求职者应具备的基础学科知识，如数学、语文、英语、物理、化学、生物、历史、地理等。在招聘笔试中，基础知识测试有助于评估求职者的基本学习能力和学科素养。

2. 专业知识测试

针对特定职业或学科领域，如计算机科学、法律、医学、经济学、工程学等，笔试可能包含专业知识测试，这些测试旨在评估求职者在某领域的专业知识和技能水平。

3. 智力测试

它主要通过一系列题目来考查求职者的记忆力、分析观察能力、综合归纳能力、思维反应能力以及对于新知识的学习能力。笔试中常包含逻辑推理题、数学应用题、案例分析题等，以评估求职者的逻辑思维、问题解决能力和批判性思维。这类题目有助于了解求职者在面对复杂问题时如何分析和找到解决方案。

4. 写作与表达能力测试

写作与表达能力测试可能包括议论文、说明文、叙述文等不同类型的文章写作。除了中文写作之外，也包括英文阅读和写作能力的考查。写作与表达能力测试可以评估求职者的文字表达能力、逻辑思维能力、创新能力以及对特定话题的理解和看法。

5. 心理素质与个性测试

在某些招聘或选拔过程中，笔试可能会包含心理素质测试与个性倾向测试，以了解求职者的心理承受能力、情绪管理能力、团队合作精神等。这些测试通常不是纯粹的笔试形式，但可能以问卷或量表的形式包含在笔试中。

6. 特定行业或公司知识测试

对于特定行业或公司，笔试可能包含与该行业或公司相关的专业知识、企业文化、价值观等内容的测试。

7. 综合能力测试

综合能力测试可能涉及多学科知识的融合，如跨学科案例分析、情境模拟等。这类测试旨在评估求职者的综合素质、跨学科知识应用能力等。

（三）笔试成功八大策略

笔试作为评估求职者知识和能力的重要方式，其成功不仅取决于求职者的知识储备，还依赖有效的备考策略和应试技巧。要想笔试成功，需要掌握以下八大策略。

1. 精心准备不可少

在笔试前，精心准备是必不可少的，如可以针对应聘的单位和岗位进行分析，预测笔试的范围；

也可以搜集一些笔试的题目，提前熟悉题型等。如"品案例"中的张伟，他接到笔试通知后，研究了企业的业务范围、产品特点以及招聘职位的具体要求，发现这家企业非常注重员工的创新思维和解决问题的能力。他还查阅了大量关于科技创新、产品研发、市场分析等方面的资料，确保自己对这些领域有深入的了解，并且提前进行笔试练习，了解了笔试的题型、难度和时间分配，制定了详细的答题策略。在一系列的精心准备之后，他最终以优异的成绩通过了笔试。求职者可以从以下几个方面进行准备。

（1）通过应聘企业官网了解企业的经营范围、理念、文化以及发展路径；通过招聘公告对应聘的岗位进行分析，了解岗位需要具备的知识、能力、素质；尝试搜索往届笔试的真题；等等。

（2）利用校友资源。在一些和学校长期合作的企业当中会有很多学长学姐，可以向学长学姐了解他们当时笔试的题型、内容、难度及备考建议。

（3）关注专业的求职网站，如国家大学生就业服务平台、智联招聘、前程无忧等，在这些网站中有专门的笔试模块，有大量的题型可以提供参考。

2. 知识技能要熟悉

求职者要对应聘岗位需要的知识、技能等相当熟悉。

（1）根据笔试的要求与内容，系统复习所学专业知识和技能。对于基础知识部分，要巩固基本概念和原理，可以通过制作思维导图的方式将知识点进行梳理和归纳，形成自己的知识体系。对于专业技能部分，要熟练掌握相关技术和方法，可以通过做练习题来检验自己的掌握程度，特别是那些与实际工作紧密相连的题目，更要多加练习。在练习过程中，要注重总结解题思路和技巧，形成自己的解题套路。

（2）参加专业培训也是提升专业技能的有效途径，通过专业讲师的讲解和示范，可以更快地掌握新技术和新方法，并且还能与同行交流心得，拓宽视野。

3. 逻辑能力需提升

很多岗位都需要逻辑能力，求职者要进一步提升逻辑能力。

（1）选择一些经典的逻辑推理题进行练习，如逻辑推理填空、真假推理、排序推理等，这些题目能够锻炼求职者的思维敏捷性和逻辑推理能力，让求职者在面对复杂问题时能够迅速找到突破口。也可以通过做一些数学题、案例分析题等来提升这方面的能力。

（2）学习逻辑思维方法和问题解决技巧，如归纳法、演绎法、类比法等，通过有针对性地练习和实践，逐渐提高自己的逻辑思维水平和问题解决能力，为笔试的成功通关奠定坚实的基础。

4. 综合素质要强化

综合素质作为个人全面发展的关键要素，其重要性不言而喻。除专业知识和专业技能外，求职者还需注重培养一系列其他的能力与素质，如表达能力、团队协作能力、创新思维等。

（1）一个能够清晰、准确地表达自己观点的人，在笔试和面试中更易脱颖而出。因此，求职者应该通过多读书、多写作、多演讲等方式，不断提升自己的表达能力。

（2）为了提升自己的综合素质，可以积极参加社团活动、志愿服务、实习实践等活动。这些活动不仅可以锻炼自己的组织协调能力、沟通能力和解决问题的能力，还能拓宽视野、增长见识，为未来的职业生涯打下坚实的基础。

5. 模拟考试不可缺

备考笔试时，深入钻研真题与模拟题是不可或缺且极为有效的方法。

（1）真题作为过往笔试的直接反映，不仅揭示了笔试的题型结构、难度层次，还隐含着出题者的命题思路与规律。

（2）模拟题则提供了一个接近实战的演练平台，让求职者在模拟笔试中感受真实氛围，提前适应考试节奏。在做题过程中，要注意总结错题和难点，及时查漏补缺。错题和难点往往是求职者的薄弱环节，对其查漏补缺也是提升应试能力的关键所在。

6. 答题技巧需掌握

掌握答题技巧对于提高笔试成绩至关重要。

（1）在做选择题时，可以采用排除法、代入法等方法来快速找到正确答案。

（2）在做简答题和论述题时，要注意条理清晰、逻辑严密、重点突出。

（3）在做案例分析题时，要先理解问题背景和要求，再进行分析和推理。

7. 身心状态要调整

笔试不仅考查求职者的知识和能力，还考查其心态和状态。

（1）在备考过程中，要保持积极乐观的心态，相信自己能够顺利通过笔试。

（2）在备考过程中，要注意休息和放松，保持良好的身体状态和精神状态。

8. 反思总结要持续

备考笔试是一个不断反思和总结的过程。

（1）在备考过程中，要及时发现自己的不足和问题，及时进行改进和提升。

（2）在备考过程中，要总结备考经验和教训，为未来的求职之路积累宝贵的经验。

总之，笔试是求职者能否进入心仪的用人单位的关键一环，求职者要做好充分的准备，提前规划好路线和时间，确保笔试当天能够准时到达考场。在考试过程中合理分配时间，避免在某个题目上花费过多时间而影响其他题目的解答。如果遇到难题，可以先跳过，等有时间再回头解答。考试时要保持冷静，不要因为遇到难题而慌张，相信自己已经做好了充分的准备，以积极的心态面对考试。

四、谈观点

想要成功通过招聘笔试，你觉得关键是什么？

_____

_____

_____

_____

_____

五、践行动

上网搜集一些世界 500 强公司的招聘笔试题目，并尝试做一做，谈谈做完之后对你有何启示。

公司名称：_____

笔试题目的主要内容：_____

_____

_____

_____

对你的启示：_____

_____

_____

_____

六、测能力

请扫描二维码查看对应试题，判断这些说法是否正确。

通关第九式
测能力

通关第十式：笔试陷阱

通关目标

知识目标
> 1. 了解笔试的主要题型
> 2. 掌握笔试失败八大陷阱
> 3. 掌握笔试陷阱规避方法

能力目标
> 1. 能识别笔试中的常见陷阱
> 2. 能有效规避笔试中的常见陷阱

素质目标
> 1. 增强系统思维和全局思维
> 2. 增强发现问题和解决问题的意识

一、品案例

案例呈现 | **掉入陷阱的王强**

　　王强是一名即将从大学毕业的大学生，他积极做着求职准备，希望能在毕业前找到一份理想的工作。某日，他收到了一家知名企业的笔试通知，这家企业以其严谨的招聘流程和高标准的用人要求而闻名。王强对此次笔试充满了期待，也做了充分的准备。

　　等到笔试时，王强发现这家企业的笔试题目设计得相当巧妙，不仅考查了求职者的专业知识，还设置了多个陷阱来测试求职者的应变能力、细心程度以及对待问题的态度。这些陷阱可能隐藏在题目表述中，也可能在选项设置中，甚至可能在时间管理上。笔试开始不久，王强就遇到了一道看似简单实则表述模糊的题目。题目要求分析一个市场案例，但并未明确说明分析的角度和深度。王强按照自己的理解进行了分析，但结果却未出现在任何一个选项中。接下来的一道选择题的选项设置得极为相似，且都有一定的合理性，王强在犹豫中选择了其中一个选项。笔试的题目难度逐渐增加，但王强在开始时没有意识到这一点，他在前面的简单题目上花费了过多时间，导致后面难度更大的题目没有时间仔细思考。在一道综合题中，题目给出了多个条件，但其中一个关键条件被隐藏在题目的附加信息中，王强没有仔细阅读附加信息，因此错过了这个关键条件，导致解题思路错误。笔试结束后，王强感觉自己的表现并不理想。

案例思考：

王强在笔试中为何会掉入多个陷阱？他该如何规避这些陷阱呢？

_____

_____

_____

_____

_____

二、做任务

请在课前或课中学习的基础上，按照任务单的要求，完成通关任务（见表 5-2）。

表 5-2　通关任务 10

通关任务名称	笔试陷阱案例分析报告	
通关任务描述	每个人搜集 3 种真实的笔试陷阱案例，撰写不少于 500 字的笔试陷阱案例分析报告；小组内推选出一位最优者代表小组进行汇报，并制作汇报时间不超过 8 分钟的汇报 PPT	
通关任务评价标准	小组每个人至少搜集 3 种真实的笔试陷阱案例，对案例进行分析并撰写分析报告；代表小组的分析报告翔实、到位；PPT 制作精美；汇报流畅；团队协作好；汇报时间把控得当	任务单 5-10

三、习新识

笔试是一种与面试相对应的测试，是用以考核求职者特定的知识、专业技术水平和文字运用能力等的一种书面考试形式。一般而言，笔试作为获取面试资格的筛选手段，在面试之前举行。

（一）笔试的主要题型

1. 选择题

选择题是笔试中最为常见的题型之一，主要考查求职者对知识点的掌握程度和辨别分析能力。选择题涉及的知识点广泛，可以是记忆性、理解性或应用性的。选择题通常提供 4 个选项，要求求职者从中选出正确或最佳答案。选择题一般包括单项选择题、多项选择题等，其中单项选择题要求从一组选项中选择一个正确答案，而多项选择题则要求选择两个或两个以上正确答案。

选择题广泛应用于各类考试，如公务员考试、企业招聘笔试、学业考试等。在答选择题时，求职者首先要审清题意，要准确理解题目的要求和所给信息。其次，要逐一分析选项，就是要对每个选项进行逐一分析，排除明显错误的选项。最后做出选择，即根据分析结果，选出正确或最佳答案。

2. 填空题

填空题主要考查求职者对知识点的记忆和理解程度，题目通常提供一段文字或一些句子，其中留有空白处，要求求职者根据所学知识填写正确答案。填空题形式灵活多变，可以考查求职者的专业知识、语言组织能力等多个方面。

填空题常用于考查记忆性知识点或对特定术语的掌握情况。在答填空题时先要回忆知识点，根据题目信息回忆相关的知识点或术语，然后精准作答，确保填入的答案准确无误，注意拼写和语法。

3. 判断题

判断题主要考查求职者对知识点的掌握程度和判断能力，题目通常提供一段陈述或一些观点，要求求职者判断其正确性。判断题形式简单明了，但要求求职者具备较高的知识水平和辨别能力。

判断题常用于考查求职者对基本概念、原理或事实的掌握情况。在答判断题时，要先准确理解题目中的陈述，再根据所学知识判断陈述的正确性，最后根据题目的要求用"正确""错误"或用"√""×"进行回答。

4. 阅读理解题

阅读理解题主要考查求职者对知识点的理解和表达能力，这类题型通常提供一段或几段文字材料，内容涵盖行业知识、政策解读、案例分析等，要求求职者通过阅读材料，对某个问题或观点进行简要阐述。阅读理解题不仅考查求职者的语言理解能力，还考查其信息提取、归纳总结和逻辑推理能力。

阅读理解题常用于考查求职者对特定知识点的理解深度和广度。在答阅读理解题时首先要明确问题，即准确理解题目的要求和所问内容。其次，要正确阐述观点，要根据所学知识简要阐述自己的观点或理解。答题时要注意结构清晰，要注意答案的结构和条理性，避免冗长和混乱。

5. 论述题

论述题要求求职者就某一专业问题或观点进行深入阐述和论证，这类题型主要考查求职者的理论素养、逻辑思维和表达能力。通过论述题，招聘人员可以了解求职者对专业知识的深入理解和独到见解。

论述题常用于考查求职者对复杂知识点的掌握情况和综合运用能力。在答论述题时，首先要明确论点，即明确自己的观点或论点。然后要展开论证，要用相关理论、事实或案例进行详细论证，注意逻辑性和条理性。最后，要总结观点，对论点进行总结和升华，强调自己的观点或结论。

6. 计算题

计算题主要考查求职者的数学运算能力和对专业知识的应用能力，题目通常涉及复杂的数学公式、算法或模型的应用，要求求职者能够准确地进行计算并得出结果。

计算题在财务、工程、科学等领域的笔试应用中尤为广泛，用于评估求职者的数学运算和逻辑思维能力。答计算题时，应先仔细阅读题目，理解题意，确定解题方法。然后，按照运算顺序列出计算步骤，并在草稿纸上进行计算，确保每一步都准确无误。最后，检查答案是否正确，可通过重算或代入法验证。

（二）笔试失败八大陷阱

笔试作为选拔人才的重要环节，往往隐藏着诸多陷阱。了解并熟悉这些陷阱至关重要，这将帮助求职者从容地应对笔试挑战，提高笔试效率和成功率。

1. 题目布局陷阱

题目布局陷阱常表现为用人单位通过笔试题目的排列布局，对求职者设置陷阱，用以考核其看问题的全面性和灵活性。

【示例】有家公司招聘总经理助理，求职者众多。公司人事部经过筛选，通知了其中的30人来公司参加笔试。考试时间只有2分钟，不少求职者匆忙扫了一眼试卷，马上就动笔在试卷上写起来，考场上的空气因紧张氛围而显得有些凝固。2分钟很快就到了，除了有4～5个人在规定时间内答完交卷外，绝大多数人都还忙着在试卷上答题。人事部经理宣布考试结束，未按时交试卷的考生成绩一律作废，考场上顿时炸开了锅。人事部经理只是面带微笑地说："请

诸位再仔细看看最后一题。"众人一看最后一题，顿时后悔不已。

试题是这样的。

综合能力测试题（限时 2 分钟答完），请认真阅读试卷，在试卷的左上角写上姓名。

1. 写出 3 种热带植物的名称；
2. 写出 3 座中国历史文化名城；
3. 写出 3 座外国历史文化名城；
……
14. 写出 3 句常用歇后语；
15. 假如您看完了题目，请只做第一题。

【建议】求职者参加笔试时别着急答题，先通读试卷。要保持冷静和清醒的头脑，认真阅读试卷上的每一道题目，特别是注意试卷的开头和结尾部分，以及任何可能包含特殊指示或提示的地方。

---

2. 定式思维陷阱

定式思维陷阱常表现为用人单位利用求职者的定式思维来设置笔试题目陷阱，让求职者在答题过程中由于长期形成的思维习惯或经验，不自觉地按照固定的模式或习惯去思考问题，从而对题目理解出现偏差或错误。这种陷阱在笔试中较为常见，尤其在逻辑推理、综合分析和材料题中，容易让求职者陷入误区。

【示例】下面两道题目中，如果求职者习惯了题目 1 的思维方式，猛然间遇到题目 2，若没有仔细审题，就容易掉入定式思维陷阱，错选"上位学习"。

题目 1：在儿童熟悉了"苹果""梨""香蕉"这些概念之后，再来学习"水果"的概念，这种学习我们称之为（ A ）。

    A．上位学习　B．下位学习　　C．组合学习　　D．接受学习

题目 2：儿童将新学的概念"芒果"归到"水果"这一总的概念中，这种学习属于（ B ）。

    A．上位学习　B．下位学习　　C．组合学习　　D．接受学习

【建议】求职者应突破定式思维，细致审题，保持警惕和开放的心态。在面对问题时，不要因为问题看似熟悉就轻易下结论，而是要深入思考其中可能存在的变化和陷阱。要学会突破定式思维，尝试从不同的角度和层面去思考问题，寻找新的解题思路和策略。不要局限于旧有的思维模式和解题经验，而是要敢于创新和实践。

---

3. 法律道德陷阱

法律道德陷阱常表现为用人单位在考试题目中设置一些涉及法律与道德的复杂情境或混淆点，考查求职者对法律与道德关系的理解和判断能力。这种陷阱容易让求职者在法律与道德的界限、适用条件或优先顺序上产生混淆，从而选择错误答案。其实，这类题目是公司为了考核求职者的个人品德而设置的陷阱。求职者在紧张的答题气氛中，往往会因注意力过于集中于解决方案的设计而忽略题目本身存在的问题。

【示例】某公司财务经理笔试题之一："如果你被录用为我公司的财务经理，为了使公司利润最大化，总经理要求你一年帮公司逃税 100 万元，请你尽快制定出一个合理的实施办法。"

参考答案如下。根据国家法律规定，逃税是违法行为，也是财务人员触碰不得的"红线"。如果有幸被公司录用，我会站在公司的立场为公司依法避开一些不必要的支出，争取实现公司利润最大化。

【建议】如果你顺着题目的思路，绞尽脑汁思考逃税的方法，那么你就掉入陷阱了。面对此类问题，求职者首先要审题，不要因为急于答题而犯了原则性错误。如果发现题目涉及违法或违反职业道德的行为，求职者要在答题过程中展示自己的法律意识和职业道德观念，并明确表明自己的立场和态度。可以通过阐述自己对相关法律法规的了解和遵守情况，以及自己在工作中如何坚持职业道德原则来回答问题。这样不仅能够避免落入陷阱，还能够向用人单位展示自己的良好品质和职业素养。

4. 干扰信息陷阱

干扰信息陷阱常表现为用人单位在题目中故意设置一些与问题无关或部分相关的信息，目的是分散求职者的注意力，干扰其对关键信息的判断，从而导致求职者选择错误答案。这类笔试题目中的所有选项看起来似乎都与题干相关，使答题者陷入迷惑，而事实上却只有一个正确答案。

【示例】有的题目可能会描述一个复杂的场景，其中包含多个主体和事件，但问题可能只与其中一个主体或事件相关，求职者如果被无关信息所干扰，就容易误选。下题论点为应该谨慎吃"功能鸡蛋"，但选项中出现了很多干扰信息，只有 C 选项说明不能盲目吃"功能鸡蛋"，应按照标准食用，吃多了反而有害。

随着人们生活水平的提高，现在市场上出现了许多含锌、碘、硒、钙等营养元素的各种"功能鸡蛋"。商家宣称应该多吃"功能鸡蛋"，它们能够有效补充人体缺乏的各种微量元素，对人体健康有很大帮助。以下哪项表述如果为真，最能够削弱商家的观点？（ C ）

A．营养医师雷敏认为，"功能鸡蛋"都是人为制造的，它们在某些维度并不比天然鸡蛋更有营养。

B．"功能鸡蛋"中所含的营养元素并不是每个人都缺乏的。

C．人体对微量元素的摄取量是有标准的，盲目摄入有可能导致中毒。

D．没有实际证据证明商家说的"功能鸡蛋"确实具有营养优势。

E．人们对"功能鸡蛋"的了解甚少。

【建议】求职者要认真审题，找到题干中的关键点，排除干扰信息，迅速对应正确选项。在选项中往往会有一些看似合理但实际上与题干要求不符的信息，这些信息就是干扰信息。求职者需要运用自己的逻辑思维和辨别能力，将这些干扰信息排除掉。

5. 张冠李戴陷阱

张冠李戴陷阱常表现为用人单位在选项中故意将不同主体、不同概念或不同情境的信息混淆，误导求职者选择错误答案。这种陷阱常见于阅读理解、逻辑推理和材料分析题中，求职者如果不仔细区分，很容易掉入陷阱。

【示例】一道选择题题干是"某公司规定，员工 A 负责市场推广，员工 B 负责产品研发。员工 A 的绩效与市场推广效果挂钩，员工 B 的绩效与产品研发进度挂钩。"选项设置中有"员工 A 的绩效与产品研发进度挂钩"，这个选项将员工 A 的绩效影响因素与员工 B 的工作内容混淆，属于典型的张冠李戴。原文中明确指出员工 A 的绩效与市场推广效果挂钩，而不是产品研发进度。

【建议】求职者首先要仔细审题，认真阅读题目和选项，确保理解每个主体、概念和情境的具体内容。然后要对比原文，将选项与原文进行逐字逐句对比，确保选项中的信息与原文一致。最后还要注意主体和概念，在答题时，特别注意不同主体和概念之间的区别，避免混淆。

---

6. 无中生有陷阱

无中生有陷阱常表现为用人单位在选项中故意设置一些在原文中没有提及或无法推断出的信息，以此来迷惑求职者。这种陷阱常见于阅读理解题、逻辑推理题等题型中。

【示例】在一道选择题中，原文描述了网络媒体的发展及其在信息传播中的作用："网络媒体是一个新兴的传播工具，发展势头非常迅猛。网络可以反映各个群体在不同领域、不同层次的需求和看法。"然而其中一个选项中却出现了这样的表述："作为一个新兴的传播工具，网络媒体有着独特的优势，其发展速度远远超过了其他媒体的发展速度"。这个选项中"其发展速度远远超过了其他媒体的发展速度"的说法在原文中并未提及，属于无中生有。

【建议】求职者答题时要仔细阅读原文和题干，核实选项所给的内容是否能在原文中查找到。可以边读边做标记，如标记关键词、句子等，以便后续快速定位信息。在核实选项内容时，要严格按照原文信息来判断。不要凭借自己的主观臆断或经验来推测选项的正确性，而是要以原文为依据，确保选项内容能在原文中找到明确的支持或反驳依据。

---

7. 以偏概全陷阱

以偏概全陷阱常表现为用人单位通过更改主语、混淆部分与整体的关系或扩大范围等方式，设置错误选项，从而误导求职者。这种陷阱常见于阅读理解题中，求职者容易因忽略修饰词或限定词而误选。

【示例】材料提到："在某项研究中，部分参与者表示在使用某款产品后感到满意。"选项中却出现："使用该产品的所有用户都感到满意。"这种选项明显扩大了范围，将"部分参与者"偷换为"所有用户"，属于典型的以偏概全。再如，材料中提到："在某些特定情况下，A 方法比 B 方法更有效。"但选项却表述为："A 方法总是比 B 方法更有效"。这种表述忽略了"特定情况"的限定，将局部情况推广到所有情况，也是以偏概全的体现。

【建议】在阅读题目时，一定要特别注意重要词语前面的修饰词和限定词，如"有些""少数""某个""几乎""全部"等，见到这些词语时，用笔加以标记。这些词语往往决定了答案的涵盖范围和准确程度，对于理解原文和答题至关重要。

8. 偷换概念陷阱

偷换概念陷阱常表现为用人单位在选项中故意将题干中的词语偷换成一些相似的词语，从而改变概念的修饰语、适用范围、所指对象等具体内涵，将一个概念替换为另一个看似相似但实际不同的概念，从而误导求职者选择错误答案。此类陷阱多在解释概念或转述文意的题目中出现。

【示例】质数是指大于 1 的自然数，且只能被 1 和它本身整除。根据质数的定义，判断以下哪些表述是正确的？

A. 9 是质数，因为它能被 1 和它本身整除。

B. 9 不是质数，因为它能被 3 整除。

C. 所有质数都不能被 3 整除。

D. 9 是合数，因为它有多个因数。

选项 A 存在偷换概念陷阱，选项 A 说 "9 是质数，因为它能被 1 和它本身整除"，这偷换了概念。质数的定义要求 "只能" 被 1 和它本身整除（即没有其他因数），但选项 A 忽略了 "只能" 这个关键点，只强调 "能被 1 和它本身整除"，却故意不提 9 还能被 3 整除的事实。这相当于改变了质数定义的核心含义，制造了一个看似合理实则错误的结论。如果不仔细检查定义，容易掉入这个陷阱。

【建议】在阅读原文和题干时，求职者一定要关注叙述的对象及其具体的行为。在做题时，应注意看选项中是否存在信息错误对接的现象，尤其要看选项的主语、谓语与原文是否一致。也可以在做题过程中做一些标记，如标记关键词、有关概念等，以便在答题时快速定位相关信息和避免掉入陷阱。

（三）笔试陷阱规避方法

在笔试的考场上，每一个细节都可能决定成败，求职者必须对藏在笔试中的各种陷阱保持高度警惕，并采取有效的方法来应对。如 "品案例" 中的王强，他在笔试的过程中掉入多个陷阱，这些陷阱不仅考验了他的专业知识和应变能力，也暴露了他在细心程度、审题能力和时间管理上的不足。他没有掌握规避的方法，这些陷阱使他笔试失败了。

1. 精准掌握：题型与时间巧分配

在正式答题前，对笔试的题型结构等进行浏览，了解每种题型的数量、难度和预计答题的时间，做到心中有数。答题时，合理分配时间，遇到难题先标记跳过，确保其他题目有足够时间作答。

2. 耐心审题：避免误解掉陷阱

做题时要耐心、仔细地阅读题干，确保全面、准确地理解题意。对题干中的关键词、条件、限制和要求进行标记，以防因疏忽或误解而失分。对于复杂或含糊的题干，可以尝试用自己的话重新表述，以确认理解无误。

3. 谨慎猜测：有理有据不盲目

面对暂时无法确定答案的题目时，先排除明显错误的选项，再基于剩余选项进行合理推测。可以利用排除法、代入法、对比法等答题技巧进行辅助判断，避免盲目猜测导致失分。

4. 关注细节：决定成败不忽视

高度重视考试中题干的细节信息，特别是条件限制、特殊要求、计量单位等，确保答题时准确无误。对于需要计算的题目，要注意单位的换算和计算的准确性。

5. 调整情绪:保持冷静迎挑战

陷阱题可能设计得复杂或令人困惑,目的是测试求职者的抗压能力。求职者需要保持冷静,调整心态。不要因为一道难题或一次失误而影响整个考试的情绪和状态。深呼吸、正念冥想等放松技巧可以帮助求职者缓解紧张情绪。

6. 实战模拟:提升应变能力练真功

求职者可通过大量模拟练习,熟悉笔试的形式、题型和难度,提高应对突发情况和意外问题的能力。在模拟练习时,要尽量模拟真实的考试环境(涉及考试时间、考场氛围等),以适应考试节奏和压力。

总之,笔试之路虽充满挑战,但求职者只要掌握方法、细致审题、沉着应考,就一定能够跨越重重障碍,迈向成功的彼岸。

四、谈观点

如果你在笔试时遇到了有关道德与公司利益相悖的题目,你会怎么办?

_____

_____

_____

五、践行动

通过访谈或网络,搜集至少4道不同笔试陷阱类型的题目,并给出解题思路或参考答案(见表5-3)。

表 5-3　不同陷阱类型的笔试题目

序号	陷阱类型	题目	解题思路或参考答案
1	题目布局陷阱		
2	定式思维陷阱		
3	法律道德陷阱		
4	干扰信息陷阱		
5	张冠李戴陷阱		
6	无中生有陷阱		
7	以偏概全陷阱		
8	偷换概念陷阱		

六、测能力

请扫描二维码查看对应试题,判断这些说法是否正确。

📄 通关话题

你觉得怎样才能顺利通过笔试?

📄 通关测验

请扫描二维码,完成通关测验,检测学习情况。

通关第十式
测能力

第五关 通关测验

06

第六关：博弈面试——掌握面试策略

通关寄语

　　面试是用人单位通过考查面试者的仪表仪态、语言表达、知识储备、职业素养、心理素质等，选拔符合用人单位要求的人才的环节，同时也是应聘者展示自身能力和特点的重要渠道。对于应聘者来说，面试是求职过程中至关重要的一环，应聘者可以通过面试向面试官展示自己的专业知识、技能和经验，让面试官了解自己的优势和潜力。应聘者在面试前要做好充分的准备，在面试过程中要清晰地表达自己的想法、展示自己的优势和能力，给面试官留下良好的印象，增加获得工作的概率。

通关攻略

通关第十一式：面试类型

通关目标

知识目标
1. 了解面试的类型
2. 了解面试的特点
3. 掌握面试准备的内容

能力目标
1. 提升判断面试类型的能力
2. 提升面试准备的能力
3. 提升团队合作能力、创新能力

素质目标
1. 养成自信、积极、诚恳的面试态度
2. 增强承受挫折的心理素质

一、品案例

案例呈现　　　　**落选的应聘者们**

一家公司向社会公开招聘电工技师，薪资很高，还有不错的福利，吸引了不少人前去应聘。

在招聘的面试环节，招聘人员要求所有应聘者到公司大会议室集中。

上午9点，一个自称是人事部主管的人走进会议室说："今天参加面试的有28人，但我们只能选3人，如果你们对自己的技术没有把握，现在可以离场。"

结果有4名应聘者离开了。

人事部主管继续说："这次招聘的条件是必须具有技师及以上职称。"结果又出去了16人，只留下了8人。

主管看着这8人，说："你们都是具有技师及以上职称的人才，是去还是留由公司副总来决定，你们稍等。"说完，他离开了会议室。

这8个人坐在会议室里，等待着公司副总的出现。突然，灯熄灭了，楼道里有人在说："又停电了。"会议室的空调停止了运转，室内闷热起来，这8个人又不能离开会议室，只能坐在那儿。

此时有个电工模样的人走进会议室，这儿看看，那儿瞧瞧，又看了看那坐着的8个人。

电工把工具箱放在地上，又到接线盒的地方鼓捣了一会儿，自言自语："怪了。"然后走出会议室。半小时过去了，电还是没来。

这时人事部主管再次出现了，他对这8个人说："因为停电原因不明，副总上工地检查线路去了，你们明天再来。"

这8个人没办法，只能离开，一起走出了会议室。快出公司大门的时候，人事部主管追上来说："你们都没有被录取，明天就别来了。"

这8个人面面相觑，不明所以。人事部主管叹了一口气："停电是一道考题，作为电工技师，你们竟然干坐着等了半个小时。"

案例思考：

最终这8名技师为什么没有被录取？案例中的面试属于哪种类型的面试？

_____

_____

_____

二、做任务

请在课前或课中学习的基础上，按照任务单的要求，完成通关任务（见表6-1）。

表6-1　通关任务11

通关任务名称	情景剧《我们来面试》	
通关任务描述	以小组为单位，设置一个面试情景，完成时间不超过8分钟的情景剧《我们来面试》，主要展现一种典型的面试类型	
通关任务评价标准	围绕主题呈现内容，展现一种典型的面试类型；表达清晰；组织到位；团队协作好；有创意；现场效果好；时间把控得当	任务单6-11

三、习新知

面试是一种经过组织者精心策划的招聘活动。在特定场景下，面试以面试官与应聘者交谈为主要手段，由表及里考查面试者的知识、能力、经验和综合素质等有关素养。

（一）面试的类型

面试的类型有很多种，可以根据面试标准化程度、面试内容设计的重点、面试的风格、面试的对象、面试的途径等进行分类，每种类型都有其特点。

1. 根据面试标准化程度分类

根据面试标准化程度，面试可分为结构化面试、非结构化面试、半结构化面试等。

（1）结构化面试

结构化面试遵循固定的程序，使用专门的题库、评价标准和评价方法。面试官与应聘者面对面交流，评估其是否符合岗位要求。

① 结构化面试的优点

公平：所有应聘者面对相同的题目和评分标准，面试官经过了统一培训，减少了人为因素的干扰，确保选拔过程的公平性。

高效便捷：面试流程标准化，可以在规定时间内快速考查多位应聘者的多种能力，组织管理有序，人力与时间成本低。

系统全面：面试题目提前设计，可以从多个维度出发全面评估应聘者的知识储备、思维能力和职业素养。

稳定性强：面试形式和内容相对固定，既有利于应聘者保持稳定发挥，也方便组织方安排实施。

便于比较：统一的测评要素和评分标准使得应聘者之间的成绩具有可比性，能精准筛选出综合表现更优者。

② 结构化面试的缺点

灵活性欠缺：面试题目提前设计好，面试官难以根据应聘者的独特回答灵活追问，难以深入挖掘特殊才能与潜力。

深度有限：由于时间限制，应聘者可能只是进行表面性回答，面试官难以深入、全面地考察应聘者。

易套路化：固定题型容易催生培训套路，应聘者按模板作答，缺乏真实个性与创新思维，影响面试官对其真实能力的判断。

题目局限：预设题目难以涵盖所有岗位所需能力与复杂情况，对专业性强或新兴领域岗位适配性不足。

（2）非结构化面试

非结构化面试没有固定的框架，面试官可以根据自己的兴趣和需要自由提问，形式更加灵活。非结构化面试适用于需要深入了解应聘者个性化特点的场景，如创意岗位或需要高度个性化沟通的职位。非结构化面试在实施时需要面试官具备良好的专业素养和较强的沟通能力，以确保面试过程的有效性和公平性。

① 非结构化面试的优点

过程自然：面试过程自然，应聘者感觉更随意和放松，更容易敞开心扉。

灵活性强：面试官可以根据应聘者的具体情况提出不同的问题，面试简单灵活，能够全方位考核应聘者。

防御心理弱：由于问题灵活多变，应聘者的防御心理较弱，能够提供更多的信息。

② 非结构化面试的缺点

缺乏一致性：由于面试内容灵活多变，缺乏一致的判断标准，容易产生偏差，难以量化。

可比性差：由于每位应聘者的问题不同，不利于应聘者之间的横向比较，影响面试的信度和效度。

依赖度高：对面试官的依赖度高，面试结果容易受到面试官个人主观因素与能力的影响。

（3）半结构化面试

半结构化面试是介于结构化面试和非结构化面试之间的面试，同时结合了结构化和非结构化面试的特点，对面试的部分因素有统一要求，既保证了公平性，又给予了面试官一定的灵活性。

① 半结构化面试的优点

灵活性强：半结构化面试结合了结构化面试的有序性和非结构化面试的自由性，面试官可以根据应聘者的实际情况灵活调整问题的顺序和深度，这使得面试较为个性化，能够深入了解应聘者的能力和潜力。

双向沟通性强：面试官和应聘者可以进行较多的互动，获取较丰富、完整和深入的信息。

针对性强：半结构化面试可以根据职位需求和行业特点进行个性化设计，确保面试内容与职位要求高度相关。

② 半结构化面试的缺点

主观性较强：由于面试官可以根据应聘者的回答灵活调整问题，所以容易导致面试过程缺乏明确的标准和一致性。

效果较差：与结构化面试相比，半结构化面试的效果可能较差，因为其依赖于面试官的主观判断，容易受到面试官个人偏见的影响。

组织难度较大：半结构化面试既要准备部分固定的面试内容，又可以由面试官在面试时自由提问，随意性比较大，导致组织难度较大。

2. 根据面试内容设计的重点分类

根据面试内容设计的重点，面试可分为常规面试、情境面试、综合性面试等。

（1）常规面试

常规面试是面试官和应聘者面对面以问答形式为主的面试。

① 常规面试的优点

便于直观判断：在面对面交流的过程中，面试官能够直观地观察应聘者在面试中的表现，如判断其语言组织能力、沟通能力、问题解决能力等。

有效筛选人才：通过与应聘者的面对面交流，面试官可以准确地了解应聘者的专业技能、工作经验、性格特点等，从而挑选出最符合岗位需求的人才。

② 常规面试的缺点

主观性较强：在面试过程中仅仅是面对面的语言交流，通过应聘者的语言表达来判断其具备的知识、能力、素质等，面试结果很容易受面试官的背景、经验、喜好等因素的影响。

难以全面评估：面试过程中，尽管面试官会尽可能地考查应聘者的各项能力，但仅通过语言交流难以全面评估一个人的综合素质。

（2）情境面试

情境面试是通过模拟一个情境来评估应聘者的实际工作能力和应对压力的能力的面试。有的情境是让应聘者事前知道的，如无领导小组讨论、公文处理、角色扮演、演讲、答辩、案例分析等情境，其中无领导小组讨论是由一组应聘者组成一个临时工作小组，讨论给定的问题并做出决策。小组是临时拼凑的，不指定谁是负责人，目的是考查应聘者的表现，尤其是看谁会从中脱颖而出。这种面试方法不指定应聘者坐的位置，让应聘者自行安排组织，面试官通过观察判断应聘者的组织协调能力、口头表达能力、辩论的说服能力等各方面的能力和素质是否达到拟任岗位的要求。有的情境是应聘者不知道的，目的是在他们不知情的情况下考查他们最真实的表现，如对"品案例"中的

8 位技师来说，"停电"就是用人单位设置的情境，在不知情的情况下，他们干坐着等了半个小时，也不上去积极主动地查找问题，导致最终都没有被录取。

① 情境面试的优点

更具真实性：情境面试通过模拟实际场景，能够让应聘者在特定的情境中展示其能力和行为，从而能够更真实地反映其实际能力。

更有针对性：通过设计具体的情境问题，面试官可以有针对性地了解应聘者的技能、知识和应对压力的能力，从而做出更准确的评估。

② 情境面试的缺点

标准化难度大：由于每个应聘者的背景和经验不同，设计标准化的情境问题难度较大，难以确保评分标准的一致性和公正性。

效率较低：设计和实施情境面试需要较多的时间和资源，主观性较强，效率较低。

（3）综合性面试

综合性面试是一种通过多种方式综合考查应聘者多方面才能的面试，兼有常规面试和情境面试的特点，面试官通过应聘者的自我介绍、回答问题、小组讨论、角色扮演等，来全面评估应聘者的个人素质、专业技能和职业适应能力。

① 综合性面试的优点

准确性强：综合性面试通过多种形式的评估，如技能测试、情境模拟等，能够全面了解应聘者的能力、性格和潜力，从而做出更准确的判断。

考查范围广：综合性面试不仅考查应聘者的专业技能，还通过团队合作、问题解决、沟通等环节多维度评估其综合素质。

② 综合性面试的缺点

成本较高：综合性面试需要较多的时间和资源投入，包括面试官的培训、评估工具的开发、情境的设计等，成本相对较高。

流程复杂：综合性面试涉及多个环节和评估工具，流程较为复杂，需要精心设计和执行，否则可能会影响面试效果。

3. 根据面试的风格分类

根据面试的风格，面试可分为压力性面试、无压力性面试等。

（1）压力性面试

压力性面试是指将应聘者置于一种紧张气氛中，或是面试官提出一些具有挑战性的问题，通过施加压力来评估应聘者应对压力的能力，以考查应聘者的应变能力、抗压能力、情绪稳定性等的面试。

① 压力性面试的优点

更易评估承压状态：通过对应聘者施加一定的压力和挑战，应聘者的稳定性和适应性得到更充分的展现，有助于判断其是否适合高压工作环境。

差异化评估：压力性面试能够在应聘者之间创造同样的环境，通过观察他们在同等压力下的表现来选出最佳应聘者。

② 压力性面试的缺点

造成压力过大：压力性面试可能给应聘者带来过大的压力，导致应聘者紧张、表现不佳，无法充分展示自己的能力。

无法全面评估应聘者：压力性面试通常只能评估应聘者在压力环境下的表现，无法全面了解其在其他情境下的能力和素质。

（2）无压力性面试

无压力性面试是在没有压力的情境下考查应聘者有关方面的素质的面试。

① 无压力性面试的优点

具有轻松的氛围：无压力性面试通常在较为轻松的环境中进行，应聘者不会感到紧张或有压力，这有助于他们更好地展示自己的能力和潜力。

表现真实：在轻松的氛围中，应聘者更容易表现出真实的自我，面试官也能更准确地评估应聘者的性格、沟通能力和综合素质。

② 无压力性面试的缺点

缺乏挑战性：在轻松的氛围中进行面试，交谈内容自然随意，对应聘者来说缺少一定的挑战性，对面试官来说不容易挑选优秀的应聘者。

难以评估抗压能力：由于是没有压力情境的测试，面试官可能无法准确评估应聘者在高压环境下的表现和应对策略。

4. 根据面试的对象分类

根据面试的对象，面试可分为小组面试、单独面试等。

（1）小组面试

小组面试又叫集体面试，指多位应聘者同时面对面试官的面试。

① 小组面试的优点

提高招聘效率：小组面试同时面试多位应聘者，有助于节约招聘时间，提高效率。

增强竞争意识：在小组面试中，应聘者可以直接看到竞争对手的表现，这会增强他们的竞争意识，使他们努力展示自己的优势。

② 小组面试的缺点

缺乏个性化评估：在小组面试中由于时间有限，每位应聘者的个性特点很难得到充分展示和评估。

不易开展深度了解：由于小组面试人数多，面试官无法对每位应聘者进行深入的了解，可能导致一些潜在的优秀应聘者被错过。

（2）单独面试

单独面试是指面试官与一位应聘者进行单独面试的面试。面试官既可以是一位，也可以是多位。

① 单独面试的优点

专注度高：在单独面试中，面试官的注意力集中在一位应聘者身上，双方能够更深入地交流和沟通。

沟通效率高：若只有一位面试官和一位应聘者，沟通更加直接和高效，问题可以深入探讨，面试官可以更好地了解应聘者的详细背景和经历。

个性化交流：面试官可以根据应聘者的回答进行更深入的探讨，发现其潜在的能力和特质。

② 单独面试的缺点

压力增大：一位应聘者面对一位或多位面试官会感到很大的压力，这可能会影响其表现。

问题不连续：有多位面试官时，不同面试官问的问题可能缺乏连续性，导致应聘者难以跟上节奏。

考查不全面：只有一位面试官时，可能难以全面评估应聘者的能力。

5. 根据面试的途径分类

根据面试的途径，面试可分为电话面试、视频面试、现场面试等。

（1）电话面试

电话面试是指以电话交流为途径的面试。

① 电话面试的优点

灵活方便：电话面试不需要特定地点，非常灵活方便。

节省时间：电话面试不需要应聘者到公司进行面对面的面试，节约了应聘者往返面试地点的时间。

② 电话面试的缺点

无法全方位观察应聘者：在电话面试中，面试官无法看到应聘者，无法观察应聘者的面部表情、肢体语言等非语言信息，主要依靠应聘者的语言表达了解应聘者，导致面试官无法全方位观察应聘者。

易受通信质量的影响：电话面试可能会受到通信质量的影响，如可能存在信号不稳定、声音不清晰等问题。

（2）视频面试

视频面试是通过视频交流的方式对应聘者进行的面试。

① 视频面试的优点

效率高：视频面试可以让面试官在较短时间内面试较多的应聘者，节省双方的时间和精力。

成本低：无论是时间成本、交通成本还是其他隐性成本，视频面试都能显著降低。

灵活便捷：视频面试对时间、地点的选择较为灵活，增加了面试的便利性。

② 视频面试的缺点

易出现技术问题：网络连接不稳定或设备故障可能会影响面试的流畅性。

缺乏亲和力：视频面试中，双方无法真实感受到对方的气场和亲和力，可能会影响彼此对对方的印象。

环境和设备要求高：对双方所在的环境、设备、网络信号等都要求较高，环境嘈杂、网络卡顿都会影响面试效果。

（3）现场面试

现场面试是指面试官与应聘者面对面直接交流沟通的面试。

① 现场面试的优点

全面评估应聘者：现场面试中，面试官能够直观地全面评估应聘者的整体形象、沟通表达能力、观察能力和临场反应能力，面试官可以直观地观察到应聘者的肢体语言、表情神态等非语言信息，从而更准确地判断其适应性和潜力。

增强沟通效果：现场面试提供了面对面的交流机会，沟通更加即时和直接，面试官和应聘者可以迅速互动，解决疑问或进行深入讨论。

② 现场面试的缺点

易造成紧张和压力：现场面试时，面试官与应聘者近距离接触，应聘者可能会因为紧张和有压力而表现不佳，这种紧张状态可能会影响他们的思维清晰度和表达能力，从而让他们无法充分展示自己的优势。

时间和地点易受限：现场面试需要安排好时间和地点，对于招聘方来说，需要花费较多时间和资源来安排面试，而对于应聘者来说，需要花费时间到现场参加面试。

（二）面试的特点

面试作为招聘过程中至关重要的一环，具有显著的特点。了解面试的特点，有助于应聘者更好地理解和应对面试。

1. 综合性

面试是一种综合性考试，可以考查应聘者的方方面面。通过集中交谈，面试官能够对应聘者的应变能力、实际操作能力、沟通协调能力、解决问题能力、创新思维能力、为人处世能力以及举止仪态、气质风度、兴趣爱好、性格特点、道德品质等做出多方位的考查评定。

2. 实效性

面试可以克服笔试选出"高分低能"人员的问题，通过集中交流直接考查应聘者的技术能力和专业水平，提高人才选拔的质量和效果；同时，面试还可以根据不同的应聘者有针对性地提出各种不同的问题，进行深入、灵活的考查，提高人员选拔的有效性，以便使考查更科学合理，避免人才选聘中的盲目性。

3. 直观性

面试是一个双向沟通的过程，面试官和应聘者之间通过提问和回答进行互动。面试官可以通过观察和谈话来评价应聘者，能够直接获取关于应聘者的真实信息；应聘者也可以通过面试官的行为来判断其价值判断标准、态度偏好等。

4. 主观性

面试过程中面试官的判断具有一定的主观性，面试官可能会根据个人的经验和偏好对应聘者进行评价，这种评价可能不完全基于客观的标准或事实；面试官的情感状态和情绪波动可能会影响其对应聘者的判断，例如过度激动或疲劳可能导致判断失误；面试官可能会根据应聘者的外貌、气质、言谈举止等形成主观印象，这些印象可能会影响最终的评估结果。

5. 灵活性

面试的类型多种多样，面试的形式、内容、时间可以根据招聘岗位、考查重点、单位偏好、企业文化进行灵活的设计，也可以在面试过程中根据应聘者的个人经历、现场表现等随时进行调整，以便进一步深入地了解应聘者。

（三）面试的准备

面试是求职过程中的重要一环，面试前一定要明确3个基本要素——时间（When）、地点（Where）、联系人（Who），否则就很容易出错，不是弄错时间、地点，就是去了却不知道找谁，到处乱问，影响面试的心情。一般情况下，招聘单位会采取电话通知的方式，求职者万一没听清，要赶紧问明白，并复述一遍让对方确认。求职者要想在面试中有出色的表现，就不要打无准备之仗，要做好以下几个方面的准备。

1. 面试心理的准备

做好面试前的心理准备就是要正视自身，既要肯定自己的优点，也要认清自身存在的不足，尤其是针对应聘岗位分析自己的优势，做到心中有数。如果自视过低，会使用人单位感到你没有才能；如果自视过高，表现不够谦虚谨慎，会使用人单位反感，认为你不可信赖。因此，应聘者既要热情、有诚意，又要保持不卑不亢的从容态度，给用人单位带来一种好印象，进而促使其认真考虑对应聘者的取舍。

2. 面试资料的准备

知己知彼，百战不殆。应聘者在面试之前要广泛地收集有关用人单位和应聘岗位的信息资料，还要准备好个人的必要材料，做到心中有数。收集的资料越充分可靠，对自己的面试越有利。

（1）单位资料，如单位的性质、隶属关系、机构设置、经营或事务范围、管理体制和管理状况、人员组成状况、业务发展前景、用人机制和策略等。

（2）岗位资料，如岗位职责、工作内容、工作环境、工作要求、发展空间等。

（3）个人资料，如简历和其他有关材料。不要认为已经投递过简历，就不需要这些资料了。面试时可随身携带笔和笔记本，也许有一些东西需要记录下来。

3. 面试答案的准备

一般说来，面试官向应聘者提出的问题可能是多方面的，很难做到尽在预料之中。但是，只要有所准备，就可以将面试常见的问题适当归类，做到应对自如。

在面试前，要做好以下几个方面的准备，以便面试时轻松作答。

（1）基本情况，如自我介绍、优势、劣势、爱好、特长等。

（2）学习情况，如学习成绩、所学专业或课程、技能训练、所获奖学金、参与的各项活动、所获证书等。

（3）社会经历，如社会实践等。

（4）职业方向，如职业规划，对应聘单位、应聘岗位的了解等。

（5）人际交往，如怎样和领导、同事融洽相处等。

4. 面试服饰的准备

一般说来，衣着整洁、仪表端庄、举止稳重的人，给人的印象是做事较有规律、注意自我约束、责任心较强，所以应聘者在面试前要做好服饰的准备。

5. 面试行程的准备

守时是面试的基本要求，应聘者要保证提前到达不迟到。出门前，要注意检查仪表，收拾材料，放松心情。

（1）在用人单位面试。如果路程不是太远，在面试之前可以先去一趟。这样在面试当日不需要花时间找地方，增加焦虑；也能够较准确地预测行程所需要的时间，做到游刃有余；还可以熟悉环境，了解场地，如向接待处或服务台询问一些基本的问题，索取单位有关资料，观察工作人员的着装和工作作风。这些都可以增加面试时的信心。应聘者一般要提前半小时抵达，稍做休息，待安定心神之后再进入面试单位。面试之前，应该提前 15 分钟向有关人员报到。

（2）在学校面试。应聘者应根据学校通知的时间提前到达面试场所，不要因为是在校内面试就匆匆忙忙，卡着时间到。

6. 面试等待的准备

应聘者一般要提前到达面试场地，要做好面试等待的准备。

（1）指定区域等待。到达面试场地后，到指定区域落座，不要随意离开，若需要离开应及时告知工作人员，以免突然要入场却让人找不到人。如果此时分发一些材料，应该仔细阅读。

（2）安静耐心等待。如果等待时间比较长，可以阅读一些自带的书刊和资料。不要来回走动、东张西望，显得焦躁不安，也不要与别的面试者聊天，更不要大声地接打电话、玩游戏等。

（3）保持文明礼貌。对待工作人员或是同行的应聘者都要保持行为与语言的文明礼貌，尽管还未进入面试考场，但很可能面试已经开始了。

四、谈观点

面试有不同的类型，请谈谈针对不同的面试类型，你会如何做好相应的面试准备。

_____

_____

_____

五、践行动

通过网络或影视作品等搜集一个面试故事或面试情境，并分析其属于哪种面试类型。

面试故事或面试情境简介：

_____

_____

_____

属于哪种面试类型：

_____

_____

_____

对你的启示：

_____

_____

_____

六、测能力

请扫描二维码查看对应试题，判断这些说法是否正确。

通关第十一式
测能力

通关第十二式：面试仪表

通关目标

知识目标
> 1. 了解面试仪表的原则
> 2. 掌握女士面试仪表之"八要"
> 3. 掌握男士面试仪表之"八要"

能力目标
> 1. 提升面试仪表整理能力
> 2. 提升团队合作能力、创新能力

素质目标
> 1. 养成自信、积极的面试态度
> 2. 增强承受挫折的心理素质

一、品案例

案例呈现 | **电影《当幸福来敲门》中经典的面试片段**

电影《当幸福来敲门》中的主人公克里斯在面试的前一天，为了抵房租替房东粉刷房子，却因为未处理停车罚单，被抓到警局待了一夜。等到结束这倒霉的一切，他只能穿着刷墙的工作服，风尘仆仆地跑到面试现场。进入面试场所打招呼后，克里斯首先说的是："我坐在那儿半个多小时，一直想编出个故事来解释我为什么穿着这身衣服到这里，我想编出个故事来证明我拥有你们期待的品质，比如诚实、勤奋、有团队精神等。"之后面试官问同事见过克里斯几次，且他曾经这样穿过吗。面试官同事回答说："没有，都是西服领带。"最后面试官问克里斯："假设有个人不穿正装就跑过来面试，然后我却录用了他，你会怎么评价？"场面极度尴尬，可克里斯只用一句话就缓解了所有尴尬。他说："那他的裤子一定很不错。"最后，克里斯在一众面试官的笑声中被当场录用。

案例思考：

克里斯一进入面试场所就解释为什么穿着刷墙的工作服来面试。面试官问同事见过克里斯几次以及克里斯曾经的穿着，且最后一个问题还是关于着装的，这是为什么？

_____

_____

_____

二、做任务

请在课前或课中学习的基础上，按照任务单的要求，完成通关任务（见表6-2）。

表6-2　通关任务12

通关任务名称	情景剧《面试我最帅、我最美》	
通关任务描述	以小组为单位，设置一个面试情景，完成时间不超过8分钟的情景剧《面试我最帅、我最美》的表演，主要展现不同面试者的仪表	
通关任务评价标准	围绕主题呈现内容，展现不同面试者的仪表；表达清晰；组织到位；团队协作好；有创意；现场效果好；时间把控得当	任务单6-12

三、习新知

在日常交往过程中，人的仪表影响着人的感觉、情绪乃至交往的质量和结果。初次会面，45秒就能形成第一印象，主要包括容貌、衣着、姿势和面部表情等影响因素。人际的初次交往，仪表是最能引人注意的因素之一。仪表既是一个人精神面貌的外化，也是形成良好形象的基本要素，注重仪表不仅是自尊、自重、自爱的表现，也是对他人的尊重，更是个人修身、立业之源。

（一）面试仪表的总体原则

人的仪表是指对一个人在外观上所展现出来的形象的一种总结和评价。在面试中，恰当的仪表能够给面试官留下良好的第一印象，有助于面试的顺利开展。应聘者要注意面试时的仪表应与职业特点相适应，力求做到整洁美观、自然得体。面试的仪表可以参考以下4个原则。

1. TPO原则

TPO原则是有关服饰礼仪的基本原则之一，主要是要求人们在选择服装、考虑其具体款式时，应当兼顾时间（Time，T）、地点（Place，P）、场合（Occasion，O），并应力求使自己的着装及其具体款式与着装的时间、地点、场合协调一致，较为和谐。

（1）时间原则。在不同的时间，着装的类别、式样、造型应有所变化。例如，冬天要穿保暖的冬装，夏天要穿透气的夏装。白天穿的衣服需要面对他人，应当合身、得体；晚上穿的衣服不为外人所见，应当宽大、舒服。

（2）地点原则。在不同的地点，着装的款式理当有所不同。例如，在家中可以穿休闲服；但在正式场合，如面试、公务拜访时，着装应体现职业性；外出时要顾及当地的传统和风俗习惯。

（3）场合原则。在不同的场合，着装应适应自己扮演的社会角色。例如，工作场合需要着工作装，社交场合穿正装。着装应与场合协调，如与顾客会谈、参加正式会议时等，着装应庄重考究；而在朋友聚会、郊游等场合，着装应轻便舒适。

2. 协调原则

着装要注意色彩的搭配，遵循"三色原则"，即全身上下应当保持在 3 种色彩之内。服装要与肤色、形体、年龄相协调，同时服装、妆容、饰品等要协调统一，以衬托人的内在气质，形成和谐的整体美。

3. 个性原则

仪表要考虑个人的性格、年龄、身材、爱好、职业等要素，力求反映一个人的个性特征。同样可以参考 TPO 原则，其重点在于扬长避短，展现个人魅力。

4. 整洁原则

在任何情况下，仪表都应该是整洁、美观的，如衣服不能有褶皱、沾有污渍，不能开线，更不能有破洞。衣领和袖口处尤其要注意干净、整洁。

（二）女士面试仪表之"八要"

女士在面试中的仪表要做到以下"八要"。

1. 着装要得体

应聘者的着装可以根据所应聘单位的具体岗位来定，其中在面试传统行业的岗位时，女士一般以职业套装为宜，这是通用、稳妥的着装。一套剪裁合体的职业套装会使应聘者看起来优雅而自信，给面试官留下良好的印象。女士职业套装的下装既可以是裤装，也可以是裙装。

（1）大小合身。服装首先就是要合身，无论价格多昂贵，质地多好，只要不合身，都是不适合的。

（2）颜色适宜。着装颜色遵循"三色原则"，女士套装较男士西装在颜色上有更多的选择，尽量选择单色，不要过于花哨，搭配起来整体效果好。

（3）款式恰当。款式应当简洁，不要有夸张的图案。女士服装款式的选择较为自由，裙子要以窄裙为主，不宜过短，应体现应聘者的典雅、端庄和稳重。

要注意女士的面试着装不能选择过于暴露或休闲的吊带衣、超短裙、露脐装、透明衫等。

2. 鞋袜要相配

鞋袜的颜色、款式、材质均要与服装相配，保持协调。

（1）颜色。鞋子的颜色应以黑色、杏色、白色等颜色为主，这些颜色不仅经典百搭，还能体现职业女性的专业和稳重。袜子通常以肉色或黑色为宜。

（2）款式。鞋袜均以简洁款式为宜。鞋子要前不漏脚尖，后不漏脚跟。鞋头不能过尖，鞋面避免有过多花哨装饰。鞋跟不能太高，鞋跟过高会显得步态不稳，也易给人造成压迫感。丝袜不可带有图案、花纹，可随身携带一双备用的丝袜，以防丝袜拉丝。

（3）材质。鞋子最好选择皮质，穿裙子时搭配的丝袜要不易脱丝。

3. 发型要干练

女士不管长发还是短发，一定要洗干净、梳整齐，显得干练大方。

（1）颜色。最好选择自然发色，避免过于鲜艳或夸张的颜色。

（2）发型。可以根据脸型、服装来搭配发型，发型不要夸张、怪异，长发最好扎起来。避免过于夸张或前卫的发型，头发不要遮住眼睛或耳朵。

（3）发饰。发饰既要简洁，也要符合自己的年龄、服装、场合及所应聘岗位，也可以不戴任何发饰。

4. 面部要精致

女士面试时适宜化精致自然的淡妆，避免浓妆艳抹。淡妆可以提升气色，让自己看起来更加干练。面试妆容应显得专业、有精气神，整体要干净利索、自信舒展。

（1）底妆。底妆要自然清透，选择质地轻薄的粉底液，避免使用过于厚重的底妆产品，以免妆感重。痘痘、斑点、黑眼圈等小瑕疵可以遮盖，以提升精气神。

（2）眼妆。眼妆要简约不夸张，显得有精神，避免使用珠光亮片或过于夸张的眼妆元素。

（3）眉妆。眉毛要自然，不要画得过平或过挑。

（4）唇妆。唇妆要提升气色，避免使用过于鲜艳或浓重的口红颜色。

女士根据不同的岗位，对面试妆容也可以有所调整。有的岗位通过妆容增强气场，有的岗位通过妆容来提升亲和力，但无论哪种岗位，整体妆容干净、自然、有精气神都是最重要的原则。

5. 牙齿要干净

明眸皓齿总是能留给面试官良好的印象，应聘者的牙齿要干净整齐、颜色自然。

（1）干净整齐。牙齿要保持干净整齐，尤其吃过饭后要刷牙或漱口，不要把食物的残渣留在齿缝里，且避免有异味。

（2）颜色自然。牙齿保持自然色，避免出现黄色或黑色的污渍。

6. 手部要整洁

女士在面试时应保持手部整洁、健康。

（1）指甲。指甲应修剪好，不宜过长，缝隙不能有异物，也不要涂艳丽的指甲油或做造型复杂的美甲，可以涂透明的指甲油。

（2）手部皮肤。保持手部皮肤健康，避免粗糙、开裂以及手癣、湿疹等，在秋冬季及时使用护手霜。

7. 饰品要简单

女士在面试时佩戴的饰品应简洁、大方，避免过于夸张或花哨。选择简洁大方的饰品，可以在面试中展现出专业和自信的形象，给面试官留下良好的印象。

（1）保持整洁。确保所有饰品干净、整洁，没有损坏或污渍。

（2）搭配协调。饰品的颜色和风格应与服装相协调，避免突兀的搭配。

（3）饰品简洁。女士在面试时可以选择设计简洁的项链、小巧的耳钉或简单的耳环、设计简约的手链或精致的手镯、精致的胸针；还可以佩戴样式简洁的手表，这样会让人觉得应聘者有时间观念，但不要戴卡通的或夸张的手表。不要佩戴过多的饰品，选择一两样即可，保持整体的简洁和大方。

8. 香水要适当

女士面试时可以适当地选用香水，给人以神清气爽的感觉。

（1）清新自然的香气。尽量选择有清新自然香气的香水，这样能够让人感到舒适和放松。

（2）有良好的持久度。确保在面试过程中能够持续保持香气，以提升整体形象。

（三）男士面试仪表之"八要"

男士在面试中的仪表要做到以下"八要"。

1. 着装要恰当

应聘者的着装可以根据所应聘单位的具体岗位来定。男士在面试传统行业的岗位时，一般以西装为宜。西装通常是企业职工、商务场合男士着装的首选。西装的主要特点是外观挺括、线条流畅、穿着舒适，配上领带后，则更显得高雅。一套剪裁合体的西装会使应聘者看起来得体而自信，给面试官留下良好的印象。如果面试时天气炎热，男士上身也可以只穿长袖衬衫或短袖衬衫。

（1）大小合身。选择西装首先就是要大小合身，不要过于修身或肥大。大学生应聘者由于平时很少穿西装，所以在面试前临时去买、租或借，但应保证大小合身。

（2）颜色适宜。着装颜色遵循"三色原则"，其中深色西装是首选，如黑色、深蓝色、藏青色、深灰色等，这些颜色能很好地展现沉稳、专业的形象，给面试官一种信任感。

（3）款式简洁。应选择简洁大方的商务款，避免过于花哨的设计。

（4）搭配合理。①与西装搭配的衬衫必须为长袖，而不能是短袖；衬衫最好选择浅色、纯色，如白色、浅灰、浅蓝等颜色，衬衫和西装在色调上要有鲜明的对比；穿西装打领带时，不管是衣扣、领扣还是袖口的扣子，都要一一系好，若不系领带，衬衫的领口应敞开；衬衫袖应比西装袖长出 1～2 厘米，衬衫领应高出西装领 1 厘米左右；穿长袖衬衫时，无论是否穿外衣，均须将其下摆均匀掖进裤腰之内。②领带的颜色要与西装相配，在职场上，蓝色、灰色、棕色、黑色、紫红色等单色领带都是十分理想的选择；领带的面料、图案也要与西装协调；领带的长度以领带的尖端恰好触及皮带扣为宜。③皮带颜色的选择应与整体着装色调相搭配，选择简单大方的款式，皮带上的标识不宜过大。

（5）其他注意事项。①一定要拆掉西装上的吊牌。②每次穿着之前，将西装熨烫平整。③穿西装时不能将西装上衣的袖口挽上去。④口袋少装或尽量不装东西。西装上衣口袋只作装饰，可以装折花式的手帕，而不装其他东西。裤子口袋也尽量不装东西。有些小东西可以装在西装上衣的内侧口袋中。⑤站立时要扣好上衣纽扣，坐下时解开上衣纽扣，以保持衣服平整。站立时若西装上衣是双排扣，则全部都要扣上；若西装上衣只有 1 粒扣子，则只扣这 1 粒；若西装上衣有 2 粒扣子，则只扣上面的 1 粒扣子；若西装上衣有 3 粒扣子，既可以只扣中间那粒扣子，也可以扣上面的第 1 粒与第 2 粒扣子。

2. 鞋袜要配套

穿西装时，男士所穿的鞋子与袜子均应与西装配套。保持皮鞋的清洁和光亮，让整体穿搭看起来得体和专业。

（1）颜色。黑色和棕色是十分百搭且有气场的鞋袜颜色，其中以黑色居多。与西装、皮鞋相配套的袜子以单色为宜，并与西装、皮鞋的色系保持一致。黑色皮鞋应选择深色系袜子，如黑色、褐色、灰色等，避免黑皮鞋配白袜子。

（2）款式。鞋袜的款式都要简单。鞋子方头或圆头均可，避免尖头皮鞋。袜子不能太短，避免坐下时露出脚踝。

（3）材质。正式场合与西装配套的鞋子一般选择皮鞋。袜子以棉质为宜。

3. 头发要干净

男士在面试时应保持头发干净利落，定期修剪，避免头发油腻、干枯或乱糟糟，面试前可洗头，让头发看起来干净整齐。

（1）颜色。头发保持自然的黑色或深色较为稳妥，避免染色过于鲜艳或夸张。

（2）发型。男士以短发或中短发为宜。头发长度应适中，前发不应覆额，侧发不应掩耳，后发不应超过衣领。面试传统行业的岗位时，不留长发、不剃光头，避免过于潮流或夸张的发型。

4. 面部要清爽

男士面试时不需要化妆，除非应聘的职位是演员等特殊岗位，但是要保证刮胡子。满脸油光很容易给人邋遢的感觉，所以在求职前有必要护理好自己的面部。

（1）面部要保持干净整洁，避免脸上起皮。

（2）鼻毛不外露。

5. 牙齿要整洁

男士的牙齿要干净整齐、颜色自然。

（1）干净整齐。牙齿要保持干净整齐，尤其吃过饭后要刷牙或漱口，不要把食物的残渣留在齿缝里，且避免有异味。

（2）颜色自然。牙齿保持自然色，注意烟垢会使牙齿变黄影响整体形象。

6. 手部要清洁

男士在面试时应保持手部清洁。

（1）指甲。指甲要修剪干净，不可过长，指甲缝里不能有污垢。

（2）手部皮肤。保持手部皮肤健康，避免粗糙、开裂以及手癣、湿疹等，在秋冬季及时使用护手霜。

7. 配饰要简约

手表是男士面试时可以选择的饰物。除手表或戒指外，男士在面试时不宜佩戴其他饰物。

（1）手表款式。选择朴素皮质手表或金属手表，款式简洁大方，能够展现稳重和专业的形象。

（2）手表颜色。手表颜色应与服装相协调，避免突兀的颜色。

8. 气味要清新

天气炎热时，出汗体味重的男士需勤洗澡，可以少量使用一些专门为男士设计的香水。

（1）用量控制。香水的用量要少，避免过于浓郁的气味在密闭空间造成不适。

（2）气味清新。选择清新、洁净的香水，避免过于厚重或刺激的气味。

四、谈观点

面试的仪表非常重要，你觉得在面试前需要花大价钱来包装自己吗？为什么？

_____

_____

_____

_____

五、践行动

根据以上所学的关于面试仪表的相关知识，以及你拟应聘的岗位和个人特点，为自己准备适合的面试仪表，并拍好照片，邀请至少3位同学对你的面试仪表进行评价。

你的自我评价：_____

_____

同学_____的评价：_____

_____

同学_____的评价：_____

_____

同学_____的评价：_____

_____

你的改进措施：_____

_____

六、测能力

请扫描二维码查看对应试题，判断这些说法是否正确。

通关第十二式
测能力

通关第十三式：面试举止

通关目标

知识目标

> 1. 掌握面试举止礼仪之"八要"
> 2. 了解面试中常见的错误举止

能力目标

> 1. 培养得体、优雅的面试举止
> 2. 提升团队合作能力、创新能力

素质目标

> 1. 养成自信、大方的面试态度
> 2. 增强承受挫折的心理素质

一、品案例

案例呈现 ｜ **兴奋的应聘者**

　　小李是一位名牌大学毕业的研究生，他学习成绩优异，专业基础扎实，学历高，口才好，个人形象佳。这次应聘一家公司的行政助理岗位，这个岗位对学历的要求是本科及以上，小李一路过关斩将，顺利进入最后一关。在最后一关的面试中，为了展现自己的与众不同和自信，小李一进入面试场所，就自来熟地与面试官握手，放松地将背靠在椅背上，不自觉地二郎腿也跷了起来。整个面试过程很顺利，小李侃侃而谈，说到兴奋之处不禁手势频繁，他觉得自己胜券在握，但最终的结果却是他落选了。

案例思考：

小李一路过关斩将，在最后一关面试时却落选了，你觉得小李为什么落选？

_____

_____

_____

_____

二、做任务

请在课前或课中学习的基础上，按照任务单的要求，完成通关任务（见表 6-3）。

表 6-3　通关任务 13

通关任务名称	情景剧《面试我最强》
通关任务描述	以小组为单位，设置一个面试情景，完成时间不超过 8 分钟的情景剧《面试我最强》的表演，主要展现不同应聘者的举止礼仪
通关任务评价标准	围绕主题呈现内容，能够展现不同应聘者的举止礼仪；表达清晰；组织到位；团队协作好；有创意；现场效果好；时间把控得当

任务单 6-13

三、习新知

美国著名心理学家艾伯特·梅拉比安曾提出一个公式：信息交流的效果 =7% 的语言 +38% 的语调语速 +55% 的表情和动作。可见，一个人的举止是非常重要的。在面试中，每位应聘者都应该注意自己的举止，使自己成为得体、优雅的人。

面试举止礼仪之"八要"

（一）面试举止礼仪之"八要"

面试中的举止礼仪是面试官考查应聘者的主要细节之一，也是无声的语言。面试官通过观察应聘者的行为举止，就能有效获知一些可能通过有声语言得不到的信息，以考查应聘者是否符合应聘的岗位要求。面试中需要注意的举止礼仪主要包括以下内容。

1. 入场要得体

（1）敲门进入。进入面试房间前，应先敲门。无论门是开是关，均应轻叩房门 3 下，得到应允后才可进入，并关门。敲门时力度要适中，以免打扰到其他人。若有工作人员引导则不必如此。

（2）问好鞠躬。进入面试房间后，走到距离面试官前合适的位置站定，沉着冷静地向所有面试官问好，行鞠躬礼，建立良好的第一印象。

2. 走姿要大方

（1）身体姿态。走路时，身体应保持挺直，双目平视前方，微收下颌，面带微笑。双肩平稳，挺胸收腹，重心稍前倾。

（2）手臂摆动。手臂应自然下垂，随步伐前、后自然摆动。摆动的幅度适中，手指自然弯曲，摆动时要以肩关节为轴，上臂带动前臂摆动。

（3）步伐和步幅。步伐应均匀，步幅适度。

（4）速度和节奏。走路时速度不快不慢，步伐稳健自然。避免短而急的步伐或拖沓的步伐，保持节奏感。

男士的走姿应步履稳健有力，展现阳刚之美。女士走姿应步履轻快优雅，展现柔和之美。

3. 递物要礼貌

（1）双手递物。双手递物是礼貌的方式，且应直接交到对方手中，避免将物品直接放下。

（2）方便对方。对于名片、文件等带有文字的物品，应将正面朝向对方，方便他人阅读。

（3）礼貌用语。在递物时，目视对方，且应配合礼貌用语，以示尊重。

4. 站姿要稳重

（1）躯干。躯干应挺胸、立腰、肩平、收腹。

（2）四肢。男女的站姿应呈不同的形象，男士可呈立正姿势；也可双腿微打开，右手叠放于左手上，放在腹前；或左手握右手手腕，放于背后。男士站姿如图 6-1 所示。女士可呈立正姿势；也可双脚呈"V"字形，将右脚脚跟靠于左脚内侧，右手放在左手之上，交叉叠放于腹前。女士站姿如图 6-2 所示。

图 6-1　男士站姿

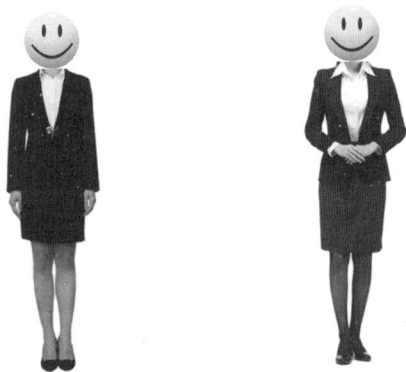

图 6-2　女士站姿

5. 坐姿要端庄

（1）身体姿态。坐姿应端庄稳重，坐椅子的 2/3，上身自然挺直，身体不可前倾、后仰或歪向一侧。上身与大腿、大腿与小腿应成直角，小腿垂直于地面。

（2）腿部与双手。男士与女士的坐姿略有不同。男士坐下时，双腿微打开但不超过肩宽，双手放在双腿上，如图 6-3 所示；女士双腿并拢，双腿正放或侧放，两手叠放在腿上，腿不宜前伸或抖动，双手不应有多余的动作，如图 6-4 所示。

（3）入座和起身。入座和起身要得体、自然。入座时要轻而缓，不应发出嘈杂的声音。起身时要沉着稳重，不可弄响座椅。

图6-3 男士坐姿

图6-4 女士坐姿

6. 目光要合适

（1）眼神交流。交谈时应与面试官有眼神的交流，专注倾听并适当点头或微笑表示认可。与多位面试官交流时，要照顾到每一位面试官的感受，适当地与所有面试官做眼神交流，避免眼神僵硬地盯着某一位面试官。

（2）诚恳坚定。目光要诚恳、柔和、亲切，将自己的所想所感通过眼神传递出去。与面试官对视时，目光要坚定，不怯场、躲闪。为避免过度注视而导致的不安，可把目光放在面试官脸部两眼至额头中部的三角区。

7. 微笑要真诚

（1）真诚自然。面试时真诚、自然地微笑，能使面试官感到面试者的友善、自然、自信。

（2）发自内心。微笑要发自内心，笑得自然、亲切、美好、得体，也要恰到好处，避免没有节制地笑。

8. 离开要恰当

（1）起身致谢。面试结束后起身离开时安静、自然，鞠躬行礼表示感谢。

（2）座椅归位。若挪动过座椅，双手将座椅轻轻移回原位。

（3）关门离开。离开过程中的姿势和动作要自然流畅，出面试房间后将门轻轻关上。

（二）面试中常见的错误举止

面试举止礼仪在面试过程中起着至关重要的作用，它不仅体现了应聘者的职业素养，还能给面试官留下良好的第一印象。应聘者在面试过程中可以放松、自然、充满自信，但是不能忽略基本的举止礼仪。如"品案例"中的小李没有注意举止礼仪，给面试官留下了趾高气扬、自视过高的不佳印象，导致面试没有成功。下面列举一些面试中常见的错误举止，应聘者在面试中一定要注意不要出现。

1. 错误地闯入

（1）在需要敲门入场情况下，却忘记敲门，鲁莽闯入。

（2）敲门声过大或过小。

（3）关门声音过大。

2. 错误的走姿

（1）内八字或外八字走姿。

（2）低头含胸，弯腰驼背，歪肩晃膀。

（3）走路时大甩手，扭腰摆臀，大摇大摆。

（4）双腿过于弯曲或走曲线。

（5）步幅太大或太小。

3. 错误地递物

（1）单手递物。

（2）文字物品反面朝向面试官。

（3）直接将物品扔在面试官面前。

4. 错误的站姿

（1）身体抖晃、东歪西靠。

（2）双腿弯曲、叉开很大。

（3）双手叉腰、双臂抱在胸前、双手插在口袋里。

5. 错误的坐姿

（1）前倾后仰，歪歪扭扭，背部弯曲。

（2）双腿过于叉开或长长地伸出去，萎靡不振地瘫坐在椅子上。

（3）坐下后随意挪动座椅。

（4）不停地抖腿。

（5）跷二郎腿。

6. 错误的目光

（1）左顾右盼。

（2）死死地盯住一位面试官。

（3）始终低着头或者头高高抬起。

（4）频繁眨眼或翻白眼。

7. 错误地微笑

（1）假笑或强颜欢笑。

（2）夸张地微笑。

（3）不合时宜地笑。

8. 错误地离开

（1）面试结束离开时不打招呼或表现得非常匆忙。

（2）挪动过的座椅没有归位。

（3）出门不关门。

除了以上这些错误的面试举止，应聘者在面试过程中也不宜出现挠头、抓痒、搓手、摸鼻、捂嘴、伸舌头、咬嘴唇，以及摆弄衣服、头发、资料等小动作。

（三）面试举止礼仪练习

自然、大方的行为举止，生动、友善的面部表情会给人以文雅稳重、自然大方的美感。举止的细节可以体现应聘者良好的专业素养和内涵修养，有助于提升整体形象和面试效果。但养成优雅的举止不是一蹴而就的，需要平时的积累与锻炼。所以，从现在开始就要注意自己的举止。

1. 静态练习

针对日常行为举止中存在的一些习惯性问题，如走姿弯腰驼背、坐姿前倾后仰、不敢与面试官有眼神交流等，通过对镜的静态练习的强化训练，可以改善仪态，提升气质。

2. 动态练习

在面试前可以进行面试情境模拟，并将这个过程录下来，看看自己哪些地方需要改善，并通过多次的练习改变一些不佳的行为举止。

四、谈观点

真诚、自然的微笑能使面试官感到应聘者友善、自然、自信。但是在面试时，很多人都会觉得紧张，如何做到真诚、自然地微笑呢?

_____

_____

_____

_____

五、践行动

根据面试中的举止礼仪规范，按照面试候场、面试入场、面试就座、面试离场的顺序尝试展示面试中的得体举止，并请同学全程录像，然后通过录像，找出自己在面试举止中存在的问题并思考对应的改进措施。

存在的问题:_____

_____

_____

进一步改进措施:_____

_____

_____

六、测能力

请扫描二维码查看对应试题，判断这些说法是否正确。

通关第十三式
测能力

通关第十四式: 面试问题

通关目标

知识目标

1. 掌握八类面试问题回答技巧
2. 了解面试问题回答的原则
3. 掌握面试自我介绍的技巧

能力目标

1. 提升面试问题回答与应变能力
2. 提升面试自我介绍能力
3. 提升团队合作能力、创新能力

素质目标

1. 养成自信、积极、诚恳的面试态度
2. 增强承受挫折的心理素质

一、品案例

案例呈现　　**电视剧《玫瑰的故事》中经典的面试片段**

在电视剧《玫瑰的故事》中，主人公黄亦玫要面试的是一家国际学校的美术老师，以下是她的面试片段（有删改）。

面试官（问题1）："你这个简历挺有意思啊，本科读的是美术史，研究生读的心理学，中间工作过一段时间，还做过策展人。能不能给我们介绍一下，中间的跳跃性为什么这么大呢？"

黄亦玫："本科呢，其实是从兴趣出发，毕业之后做的其实也是相关的工作。但在一次公益画展上，我接触到了患有孤独症的儿童，就对心理学产生了兴趣，报考了相关专业。"

面试官（问题2）："那你毕业后，是在出版社做了一段时间？"

黄亦玫："对对对，因为那个时候我还没想好要怎么去运用学到的专业知识，我就在我们导师的推荐下去了出版社，做一些心理学书籍的编辑工作。"

面试官（问题3）："我看到只工作了一年多，之后呢，又空了3年，这期间你做了什么？"

黄亦玫："生孩子。"

面试官（问题4）："你这次应聘的是美术老师，虽然你的教育背景很好，但是，是不是没有相关经验？"

黄亦玫："这个，这是我这3年考的一些资格证，我其实一直在想，怎么把我之前学到的一些东西和工作中的经验运用到实际场景里面。现在我有一个想法，我想通过绘画给学生们做心理疏导。"

面试官（问题5）："这个可以仔细说说，具体是什么？"

黄亦玫："有点类似西方的艺术疗愈课程，但是我们针对的是青少年，这是我做的一个方案。"

案例思考：

黄亦玫作为应聘者，能够游刃有余地回答好每一个问题，你认为她在回答问题时哪些方面做得比较好？

_____

_____

_____

二、做任务

请在课前或课中学习的基础上，按照任务单的要求，完成通关任务（见表6-4）。

表6-4　通关任务14

通关任务名称	情景剧《面试我会说》	
通关任务描述	以小组为单位，设置一个面试情景，完成时间不超过8分钟的情景剧《面试我会说》的表演，主要展现不同应聘者回答面试问题的风格	
通关任务评价标准	围绕主题呈现内容，能够展现不同应聘者回答面试问题的风格；表达清晰；组织到位；团队协作好；有创意；现场效果好；时间把控得当	任务单6-14

三、习新知

面试时面试官会向应聘者发问，而应聘者的回答将成为能否通过面试的重要依据，应聘者要掌握好回答问题的原则，恰当地回答。

（一）八类面试问题回答技巧

面试是一个非常重要的过程，关系着应聘者能否成功获得工作。在面试过程中，应聘者要认真对待并回答好每一个问题。面试问题可以分成不同的类型，不同类型问题的回答技巧有所不同。

八类面试问题回答技巧

1. 封闭型问题

封闭型问题是指那些答案具有确定性和唯一性的问题，通常只需要应聘者用"是"或"否"来回答，或者直接提供一个特定的答案。这类问题通常用于核实应聘者的基本信息、经历或技能是否与简历一致，或者用于测试应聘者的诚实度和对基本事实的了解程度，或者用于了解应聘者是否具备某些基本技能或知识。

> 【问题举例】
> - 你的身高是多少？
> - 你是哪里人？
>
> 【问题分析】
> 这类问题的答案具有确定性和唯一性。
>
> 【回答技巧】
> 首先是确认理解，确保理解了问题的具体含义，特别是当问题涉及具体的事实或数据时。其次是回答简洁明了，直接回答"是"或"否"，或者提供一个具体的答案，不需要过多解释。最后是诚实作答，如实回答，避免夸大或虚构信息，保持回答与简历的一致性。

2. 开放型问题

开放型问题的答案范围不固定，需要应聘者进行解释和说明。这类问题旨在深入了解应聘者的个人背景、学习能力、解决问题的能力以及他们对未来职业的规划和期望。通过开放型问题，面试官可以更好地评估应聘者的综合素质和适应能力，从而做出全面的判断。

> 【问题举例】
> - 你平时有什么爱好？
> - 你为什么要应聘这个岗位？
>
> 【问题分析】
> 这类问题具有灵活性，答案不具有唯一性。
>
> 【回答技巧】
> 面对开放型问题不能简单地用一个词或数字来回答，需要围绕关键词展开描述。应聘者可以根据自己的实际情况做出较为自由的回答，回答时最好针对所应聘的岗位充分地展示自己。

3. 假设型问题

假设型问题是指面试官提出的针对假设情况的问题，要求应聘者根据这个假设的问题进行回答。这类问题旨在评估应聘者的决策能力、应变能力和问题解决能力。

> 【问题举例】
> - 如果在工作中你的领导给你布置了一项任务，但是你不会做，你会怎么办？

● 假如你在工作中被别人投诉了，你会怎么办？

【问题分析】

这类问题是假设的情况，面试官期待应聘者能给出恰当的解决方法。

【回答技巧】

如果应聘者经历过类似的情况且处理得当，可以直接回答；如果应聘者未经历过类似的情况，就把自己置于假设的情境中，对问题的关键点进行详细分析，根据自身经验与能力，提出切实可行的解决方法。

---

4. 控制型问题

控制型问题是指面试官针对用人单位和岗位需要所提出的问题，在答案上有明显的倾向性。这类问题旨在了解应聘者与岗位的适配性。

【问题举例】

● 你所应聘的这个岗位需要经常出差，你能接受吗？
● 你所应聘的这个岗位需要值夜班，你能适应吗？

【问题分析】

这类问题具有一定的控制性，面试官对问题的答案有明显的倾向性。

【回答技巧】

回答这种类型的问题时，如果应聘者期望得到这个职位，就需要站在用人单位和岗位的角度来考虑问题，给出面试官较为满意且明确的回答。

---

5. 压力型问题

压力型问题主要是为了考查应聘者在面对压力和不确定性时的情绪控制和应对能力。这类问题通常以有挑战性的方式提出，旨在观察应聘者在压力下的表现，了解应聘者的心理素质、应变能力和解决问题的能力。

【问题举例】

● 我们所招聘的这个岗位人员最好有工作经验，而你是应届毕业生，你怎么看？
● 从你的简历来看，我们认为你不太适合这个岗位，你还有什么想说的吗？

【问题分析】

这类问题使应聘者产生压力陷入困境。

【回答技巧】

面对这种类型的问题，应聘者首先要表达出自信，然后再努力扭转不利的局面。回答时需要保持冷静、自信，并且能够逻辑清晰地表达自己的观点，切记不要气愤地回击，甚至拂袖而去。

---

6. 连续型问题

连续型问题主要是指面试官同时提出多个问题，或者一个问题结束后接着提出更深入的问题。这类问题旨在考查应聘者的条理性、反应能力、瞬时记忆力、分析判断力、综合概括力等。

【问题举例】

● 我想问你几个问题。第一，你为什么应聘我们单位？第二，到我们单位后有何打算？第三，你工作一段时间后发现实际情况与你原来想的不一致，你会怎么办？
● 你喜欢读书吗？最近读了什么书？书中哪些地方让你印象深刻？

【问题分析】

面试官试图通过一系列的问题，深入了解应聘者某一方面的情况。

【回答技巧】

面对这类问题，应聘者一定要按顺序逐个回答，并在表述中根据应聘岗位着重表现自己的优势。

7. 选择型问题

选择型问题通常要求应聘者在多个选项中选择一个或多个答案，以展示其判断力、决策能力和对问题的理解深度。这类问题旨在考查应聘者的逻辑思维、问题解决能力和对工作相关知识的掌握程度。

【问题举例】

- 如果你可以成为一种动物，你希望是哪一种？猫、马、大象、猴子、狗、狮子？
- 你未来希望在哪个城市生活？北京、上海、广州、深圳、长沙、昆明？

【问题说明】

由于可选择的答案较多，不要被单个选项的表面吸引力所迷惑，要综合考虑所有选项的优缺点。

【回答技巧】

面对这类问题，首先要仔细思考题干，确保理解问题的背景和核心要求，避免被选项本身误导。其次要全面考虑，在选择时不仅要考虑选项的直接相关性，还要考虑其背后的逻辑和影响。最后是做好选择，同时阐述自己选择的理由。

8. 举例型问题

举例型问题是指要求应聘者提供具体的经历或例子，以展示其技能、经验和个性的问题。这类问题旨在使面试官更好地了解应聘者的实际工作能力和态度，还能通过具体的例子来评估应聘者的思考方式和解决问题的能力。

【问题举例】

- 谈谈你大学期间最难忘的一件事。
- 谈谈你大学期间所经历的一件成功的事情。

【问题分析】

提出这类问题的面试官是要通过具体事例深入了解应聘者的能力、素质等情况。

【回答技巧】

面对这类问题，首先在案例选取上要把握好关键词，不要跑题；其次要注意选取针对所应聘的岗位，能够展示自身能力、素质的例子；最后是在案例的描述上，要阐述所采取的行动和取得的结果，尽量使用具体的数据和可量化的成果来支撑例子。

（二）面试问题回答的原则

很多时候，面试问题不是以某一种类型单独出现的，可能是几种类型问题的集合形式，既可能是开放型问题，也可能是压力型问题。因此，除了掌握以上八类面试问题的回答技巧，应聘者在回答面试问题时还要遵守以下原则。

1. 把握重点、条理清楚

回答面试官问题时先将自己的中心意思表达清晰，然后再做叙述和论证。长篇大论会让人不得要领。面试时间有限，紧张会导致多余的话太多，容易跑题，会将主题冲淡或漏掉。如"品案例"中应聘者黄亦玫针对面试官问的第一个问题，即对她教育背景的跳跃性和工作经历的质疑，条理清楚地解释了为什么本科读美术史、研究生读心理学。她的回答合情合理、游刃有余，既解释了她从学习美术史到学习心理学的原因，也突出表现了自身的学习能力很强，很有自己的想法和规划。

2. 讲清原委、避免抽象

面试官提问是想了解一些应试者的具体情况，切不可简单地以"是"或"否"作答，有的需要解释原因，有的需要说明程度。不讲清原委、抽象地回答，往往不会给面试官留下具体的印象。如"品案例"中应聘者黄亦玫针对面试官问的第 4 个问题，即对她没有相关工作经验的质疑，没有简单地回答"是"或"否"，而直接拿出这 3 年考取的资格证书来证明，虽然离开职场 3 年，但她一直保持学习，不断提升自己的能力。同时，她还提出了让面试官感兴趣的话题——"想通过绘画给学生们做心理疏导"，引导面试官朝着她擅长的领域发问，从而掌握面试中的主动权。

3. 见解独到、有理有据

在一场面试中面试官接待应聘者若干名，相同的问题要问若干遍，类似的回答也要听若干遍，会有乏味、枯燥之感。具有独到的个人见解和个人特色的回答，会引起面试官的兴趣和注意。回答问题时还要注意要有理有据，举出具体例子来说明更有说服力。如"品案例"中面试者黄亦玫针对面试官问的第 5 个问题，她不只是简单地嘴上说说而已，而是做了非常充分的准备，写好了具体的实施方案，完全就是有备而来、有理有据，这样的应聘者很难不给面试官留下深刻的印象。

4. 实事求是、诚恳坦率

面试时遇到自己不知、不懂、不会的问题时，回避、闪烁其词、默不作声、牵强附会、不懂装懂等做法均不可取。实事求是地回答，甚至诚恳坦率地承认自己的不足之处，可能会赢得面试官的信任和好感。如"品案例"中面试者黄亦玫针对面试官问的第 3 个问题，她并没有回避因为生孩子而放弃工作这个话题，而是坦诚相告。

总之，应聘者在面试过程中什么样的问题都有可能遇到，这就需要应聘者在面试前做好充足的准备，在面试过程中时刻保持冷静，运用所学游刃有余地回答好每一个问题，这样方能赢得面试官的青睐。

（三）面试自我介绍

在面试最开始，面试官常常要求应聘者做自我介绍，一段短短的自我介绍有助于双方更深入地进行交谈。有的面试官会规定自我介绍的时间，例如"做 1 分钟的自我介绍"，若没有提出时间要求，一般情况下自我介绍不超过 3 分钟。面试官通过应聘者的自我介绍可以考查其逻辑思维能力、语言表达能力、概括总结能力和现场把控能力等。

1. 面试自我介绍的基本结构和要点

（1）基本信息。首先，简要介绍自己的姓名、毕业院校、专业以及应聘的职位。例如："尊敬的面试官，您好！我叫张××，毕业于 ×× 大学 ×× 专业，今天应聘的是 ×× 职位。"

（2）核心能力。接下来，突出自己的核心能力和技能。例如："在学校期间，我掌握了 ×× 技能，并在多个项目中展现了出色的团队协作和项目管理能力。"

（3）匹配经历。然后，选择与应聘职位最匹配的经历进行重点描述。例如："在 ×× 项目中，我负责 ×× 工作，通过有效的沟通和协调，我们团队成功完成了项目，取得了 ×× 成果。"

（4）求职意愿。最后，表达自己的求职意愿和职业规划。例如："我对这个职位非常感兴趣，希望能够加入贵公司，为公司的发展贡献自己的力量。"

（5）结束语。礼貌地结束自我介绍，并表示愿意回答面试官的进一步提问。例如："因为时间关系，这是我简单的自我介绍。如果您对我的经历想了解更多，我可以详细回答您的问题。"

2. 面试自我介绍的技巧

（1）简明突出。自我介绍要开门见山、简明扼要，突出自己的优点，切勿滔滔不绝，但也不要惜字如金，不能只介绍基本信息。

（2）针对岗位。自我介绍要针对所应聘的岗位，突出长处。要善于用具体生动的事例来证明自己、说明问题，不要泛泛而谈，要表达出自己的知识结构和能力水平与职位相匹配。

（3）实事求是。表述各项内容一定要实事求是、真实可信，不可过分谦虚，或者自吹自擂、夸大其词。

（4）把控时间。如果面试官规定了时间，不要超时，如果没有规定具体时间，最好不要超过3分钟。

四、谈观点

面试是一个非常重要的过程，关系着应聘者能否成功获得一份工作。你会为了突出自己，在回答问题时会夸大其词吗？为什么？

_____

_____

五、践行动

在面试中，有些问题会经常出现，这些问题被称为面试常见问题，应聘者可以多去了解一些面试中的常见问题，提前做好准备。下面是面试中的常见问题，应聘者可以根据所学的专业，预设一个岗位，来回答一下这些问题。

1. 请你介绍一下你自己。

_____

_____

2. 你为什么选择我们单位？

_____

_____

3. 你认为你有什么能力胜任这个岗位吗？

_____

_____

4. 你在班上担任什么班委？

_____

_____

5. 你的学习成绩怎么样？

_____

_____

6. 你的兴趣爱好有哪些？

_____

_____

7. 你的动手能力怎么样？

_____

_____

8. 你最喜欢的课程是什么？

_____

_____

9. 大学期间你考过什么证书吗？

_____

_____

10. 你大学期间考试成绩的最低分是多少？

_____

_____

11. 与其他同学相比你的亮点是什么？

_____

_____

12. 你的班级排名是多少？

_____

_____

13. 你有哪些特长？

_____

_____

14. 你的优点与缺点是什么？

_____

_____

15. 你对所应聘的岗位怎么看？

_____

_____

16. 你是怎样的性格？

_____

_____

17. 你有哪些优势？

_____

_____

18. 谈谈你的家庭情况。

_____

_____

19. 你都获得过什么荣誉？

_____

_____

20. 你对加班怎么看？

_____

_____

21. 你觉得你可以适应这个工作吗？

_____

_____

22. 还有什么问题要问吗？

_____

_____

六、测能力

请扫描二维码查看对应试题，判断这些说法是否正确。

通关第十四式
测能力

通关第十五式：面试语言

通关目标

知识目标

1. 掌握面试语言的"八忌八要"
2. 了解面试语言的表达技巧

能力目标

1. 提升面试语言能力
2. 提升团队合作能力、创新能力

素质目标

1. 养成自信、诚恳的面试态度
2. 增强承受挫折的心理素质

一、品案例

案例呈现 | **抓紧时间的应聘者们**

一家公司发布招聘启事后，报名者众多，经过筛选后，仍有很多人得到面试机会。在面试时，应聘者一个个走进招聘办公室，只见面试官身后的墙壁上贴着一张告示，上书："为了节约面试时间，您务必在进来 5 分钟后自觉退到室外，请您合理支配时间！"

为了心仪的工作，许多应聘者一进屋便抓住有限的时间，向面试官滔滔不绝地介绍起自己，有的面试者更是为了抓紧时间而语速极快，其间即使面试官的办公电话响起，也不愿轻易中断介绍。往往是，直到面试官拿起电话，他们的介绍才被迫尴尬中止。5 分钟时间到了，有些应聘者认为面试被面试官接电话占去了大半时间，希望面试官再宽限一些时间，可是他们同样被面试官要求退到室外。

案例思考：

每位应聘者都希望在有限的时间内充分地展示自己，你认为上述案例中应聘者的做法恰当吗？为什么？

_____

_____

_____

_____

二、做任务

请在课前或课中学习的基础上，按照任务单的要求，完成通关任务（见表 6-5）。

表 6-5　通关任务 15

通关任务名称	情景剧《面试好好说话》	
通关任务描述	以小组为单位，设置一个面试情景，完成时间不超过 8 分钟的情景剧《面试好好说话》的表演，展现不同求职者的语言风格	
通关任务评价标准	围绕主题呈现内容，能够展现不同求职者的语言风格；表达清晰；组织到位；团队协作好；有创意；现场效果好；时间把控得当	任务单 6-15

三、习新知

面试是每个人走向职场的必经阶段，如果说外部形象是面试的第一张名片，那么语言就是第二张名片，面试语言不仅能够客观反映一个人的文化素质和内涵修养，还影响着面试问题回答的效果。

（一）面试语言的"八忌八要"

面试的最终目的是找到一份适合自己的工作，应聘者所有的语言沟通就是为了验证和表达自己与面试工作的匹配程度。在短短的面试时间内，用一席有利的语言打动面试官，这就要注意面试中的语言表达，避免面试中的错误语言。

面试语言的"八忌八要"

1. 忌言语失礼，要礼貌用语

（1）忌言语失礼

应聘者在面试过程中用语文明与使用礼节性语言尤为重要，体现着个人自身的素质。在面试过程中对语言的使用要认真细致，不要使用不文明的口头语。

（2）要礼貌用语

在面试中应聘者一定要使用礼貌用语，如"您好""谢谢""打扰了""再见"等。这些看似简单的礼貌用语，实际上也是影响面试成绩的重要因素。

2. 忌使用方言，要用普通话

（1）忌使用方言

面试中为了拉近与面试官的距离，有的应聘者喜欢用方言来进行对话。使用方言既不正式，同时又由于很多地方的方言语速比较快，很容易因为表达不规范而造成误会。

（2）要用普通话

相比于地方方言，讲普通话更容易让人了解语句中的含义，更加便于人与人之间的交流。虽然很多单位对应聘者的语言没有明确要求，但在面试过程中说一口标准的普通话，能给面试官留下良好的印象，这也是应聘者表达能力、沟通能力的体现。

3. 忌抢话插话，要恰当表达

（1）忌抢话插话

面试官在提问时，应聘者要注意倾听，抓住面试官提问的要点，同时合理组织自己的语言。面试官未说完，绝不能抢话插话，否则既显得不礼貌，也不利于全面理解面试官的意图，要静待面试官说完后再从容不迫地发言。

（2）要恰当表达

在面试中恰当的语言表达是展现专业素养与个人特质的关键，面试官在提问时，应聘者要注意倾听，抓住面试官提问的要点，同时组织自己的语言。回答问题时既要注意用词恰当，尽量使用规范的语言，也要注意条理性，分点作答，逻辑清晰。

4. 忌滔滔不绝，要简明突出

（1）忌滔滔不绝

由于面试时间有限，有的应聘者为了表现自己，没完没了地说着自己的经历。面试中，滔滔不绝可能导致听者抓不住重点，而起到反作用。

（2）要简明突出

在面试中，要避免使用冗长和复杂的句子，清晰、简洁的语言可以帮助面试官快速理解应聘者的观点和意图。优秀的应聘者往往能抓住面试官最想知道的信息，针对性地进行阐述，并注意语言的简明扼要，突出重点，体现较强的逻辑性思维，这样方能得到面试官的青睐。

5. 忌语言呆板，要富有激情

（1）忌语言呆板

在面试中，"沉默是金"的态度不可取，面试是用人单位对应聘者能力的考查，木讷、迟钝甚至不言，无法让用人单位相信应聘者会是一个称职的员工。同时应聘者的语言呆板、缺乏生气，也会显得其不够自信。

（2）要富有激情

应聘者在面试中一定要大胆地表达自己的想法，用灵活的头脑、镇定的心态、生动的语言打动面试官。同时应聘者在回答问题时富有激情的语言，会让人感觉到应聘者的自信与活力，也可以缓解自己的紧张情况，甚至能展现自己从容的风度，从而更易打动面试官。

6. 忌多口头语，要精练流畅

（1）忌多口头语

常说口头语是很多人日常说话中的一个习惯，如频繁说"嗯""啊""哦""这个""那个"等。平时不会觉得这是一个严重的问题，但在面试这个正式而严肃的场景中，每一个口头语都显得刺耳。

（2）要精练流畅

不少应聘者在回答问题时追求完美，总怕答不全、遗漏要点，同一个意思反复表达，这样反而会起到不好的作用。应聘者在回答问题时语言一定要精练流畅、简洁有力，千万不要拖泥带水，或是表现出迟疑的态度。

7. 忌音量过大或过小，要音量适中

（1）忌音量过大或过小

与人交谈时，音量过大令人厌烦，有咄咄逼人之势；音量过小则别人难以听清，且喃喃低语是没有自信的表现。因此，应聘者在面试过程中要避免音量过大或过小。

（2）要音量适中

面试过程中应聘者音量的大小要根据面试现场空间的大小和面试官人数而定。双方面谈且距离较近时音量不宜过大，群体面试而且场地开阔时音量不宜过小，以每位面试官都能听清应聘者的讲话为宜。音调不高不低，不失自我，不仅听起来真切自然，而且也有利于缓解紧张情绪。

8. 忌语速过快或过慢，要语速适宜

（1）忌语速过快或过慢

应聘者在回答问题时要避免语速过快或过慢。语速过快别人很难听清表达的内容，也容易造成口误，增加个人心理的紧张；语速过慢则影响语言的流畅，也容易让考场气氛沉闷。如"品案例"

中的应聘者，为了抓紧时间而语速极快，反而没有达到好的效果。

（2）要语速适宜

面试时，很多人都会紧张，从而影响语速。因此，要注意控制说话的速度，过快或过慢都会影响表达的效果。面试时语速要适宜、自然、流畅，一般情况下每分钟 180 ~ 200 字为宜。面试中交谈的时间，语速对意思的表达有着比较大的影响，交谈中陈述意见时要尽量做到语速平稳，不要为了节约时间而过度加快语速。对于比较特别的内容，可以通过改变语速来引起对方的注意，加强表达的效果。

（二）面试语言的表达技巧

应聘者的语言表达不仅传达着自己的想法，还展示着自身的综合素养。对于应聘者来说，掌握语言表达的技巧无疑是非常重要的。在面试过程中，可以采用以下的表达方式。

1. 坚定自信的表达方式

应聘者在面试过程中要敢于表达自己的观点，不要被担心、顾虑、紧张等不良情绪所束缚。在回答问题时，眼神要自信，语气要坚定，语调要平稳，表达要准确，避免使用模棱两可的词语。

2. 条理清晰的表达方式

应聘者在回答问题时要先思考再回答，使用简洁明了的语言。在表达观点时，尽量使用短句和陈述句，避免使用疑问句和语气词。表达内容要有条理，逻辑清晰，避免口语化的表达。

3. 热情真诚的表达方式

真诚是人与人之间交流的基础，面试过程中只有短暂的时间让面试官了解应聘者。应聘者要用真诚的语气表达想法和感受，保持微笑，真诚的态度能够让面试官更好地评估应聘者的能力和动机。

4. 机智灵活的表达方式

应聘者在回答问题时要根据面试官的反应灵活调整回答，在适当的时候可以使用幽默的语言营造轻松愉快的气氛，尤其是当遇到难以回答的问题时，机智幽默的语言会有助于化险为夷，给面试官留下良好的印象。

5. 倾听回应的表达方式

应聘者要注意倾听面试官的问题，适当回应展现关注和尊重。即使对熟悉的话题也要保持耐心，不要心不在焉，面试过程中要始终保持专注，用眼神和肢体语言（如点头）表明自己对谈话内容的兴趣。

（三）面试语言练习

在面试过程中紧张等因素容易引发表达不流畅、缺乏逻辑等问题。语言能力不是一蹴而就的，需要平时的注意、积累与练习。

1. 开口练习，训练肌肉记忆和表达力

反复答题可以增强自身语言能力。"看题百遍不如答题一遍"，面试与笔试不同，需要通过反复答题增强自身语言能力。在开口练习初期，表达较困难的应聘者可先尝试模仿他人的话语，并在此基础上融入自身语言体系进行训练，旨在提高表达的肌肉记忆和语感。积极开口练习，在跟读、模仿的基础上，敢于用自身表达习惯输出，这是个人表达得以突破的第一步。

2. 对镜练习，提升表达气场和感染力

在镜子面前练习，纠正表达错误，提升表达的气场和感染力。通过照镜子的练习，应聘者既能一目了然地看到自身的表达神态，也能时刻纠正表达错误。如在镜中发现表达音量较小导致气场不足，表达过程神情呆滞、缺乏感染力等问题，可对镜重复练习，提升表达气场和感染力，直到满意为止。

3. 视频练习，提升表达流畅性

录制答题视频并反复打磨表达内容，让表达更简洁、流畅。面试过程中回答问题的时间有限，对应聘者的表达能力要求较高，而录制答题视频并依托视频反复打磨表达内容，能让表达更简洁。在每次录制视频结束后可及时复盘答题内容，对表达的顺序和内容进行实时调整和纠正，坚持依托视频纠正表达存在的问题，能让表达更简洁、突出。

4. 逻辑练习，提升表达逻辑性

增强表达的逻辑性，可以使表达更清晰、有条理。在具备基本的表达能力的基础上，需要增强表达的逻辑性，让表达更清晰。表达逻辑主要包括外逻辑和内逻辑。常见的外逻辑有"第一、第二、第三""首先、其次、再次"等，内逻辑主要强调内容之间的衔接性和层次性。因此，应聘者需要结合自身语言习惯将内容按照一定的逻辑表达出来，使语言表达逻辑清晰。

四、谈观点

语言能力的形成不是一蹴而就的，需要平时的注意、积累与锻炼。你觉得应该如何在平时锻炼、提高自己的语言表达能力呢？

_____

_____

_____

_____

五、践行动

通过网络搜集一个面试故事或面试情境，分析应聘者语言的优、缺点。

面试故事或面试情境简介：

_____

_____

应聘者语言的优点：

_____

_____

应聘者语言的缺点：

_____

_____

六、测能力

请扫描二维码查看对应试题，判断这些说法是否正确。

通关第十五式
测能力

通关第十六式：线上面试

通关目标

知识目标
1. 了解线上面试的优势与要求
2. 掌握线上面试之"六要"
3. 了解线上面试的常见问题及预防措施

能力目标
1. 提升线上面试能力
2. 提升应变能力

素质目标
1. 养成自信、积极的面试态度
2. 增强承受挫折的心理素质

一、品案例

案例呈现 | **被迫中断的面试**

刘同学在毕业季向心仪很久的公司投递了个人简历，终于等来了公司的面试通知，只是面试是线上远程面试。面试前刘同学自认为做了充足的准备，他已跟同学们讲好，面试时同宿舍的同学都会出去，让他一个人安静地在宿舍面试。面试时他穿好西装，精神十足地坐在计算机前。面试进行得很顺利，刘同学心里暗暗高兴，觉得这次面试胜券在握。突然宿舍停电了，他赶紧去查找原因。原来是宿舍的电费不够了，情急之下手机也无法登录面试软件，他只能赶紧充电费。但等宿舍来电了，面试也结束了……

案例思考：

线上面试有很高的自由度，刘同学自认为做了充足的准备，但仍然存在疏忽。你认为线上面试要做好哪些方面的准备？

_____

_____

_____

_____

_____

二、做任务

请在课前或课中学习的基础上，按照任务单的要求，完成通关任务（见表6-6）。

表6-6 通关任务16

通关任务名称	情景剧《线上面试啦》	
通关任务描述	以小组为单位，设置一个线上面试的情景，完成时间不超过8分钟的情景剧《线上面试啦》的表演，展现不同应聘者线上面试的情况	
通关任务评价标准	围绕主题呈现内容，能够展现不同应聘者线上面试的情况；表达清晰；组织到位；团队协作好；有创意；现场效果好；时间把控得当	任务单6-16

三、习新知

在当今的信息时代，线上面试作为一种新型的面试方式，通过互联网进行远程的面对面交流，可以在任何时间、任何地点进行，不受地理位置限制。

（一）线上面试的优势与要求

线上面试是相对线下面试而产生的名词，是指用人单位与应聘者利用连通互联网的计算机等终端，通过视频摄像头、屏幕、耳麦等载体，进行即时沟通交流的招聘面试行为。从面试类型来看，线上面试可以分为线上视频面试、线上语音面试、线上文字面试等，其中线上视频面试居多。虽然线上面试和线下面试的目的、内容、流程基本一致，但线上面试具有其特点，如：突破空间和时间的限制；更加直接，直奔主题；拉近面试官与应聘者之间的距离，在高清镜头下，面试官更能捕捉到应聘者的面部表情。

1. 线上面试的优势

（1）方便快捷。线上面试无须较多的场地准备，企业和应聘者可以在家中或其他适合的地方进行面试，面试的时间安排也较自由。

（2）效率高。面试官可以同时对多个应聘者进行面试，提高招聘效率。

（3）节省成本。对于企业来说，减少了差旅费用；对于应聘者来说，减少了交通和时间成本。

2. 线上面试的要求

（1）技术要求。需要应聘者具备一定的技术操作能力，如使用视频会议软件。

（2）设备要求。需要网络连接稳定，设备电量充足，摄像头和话筒工作正常。

（3）环境要求。面试时的背景和环境可能会影响面试效果，选择一个安静、光线充足且背景整洁的环境。

（二）线上面试之"六要"

线上面试与线下面试的流程相似，要注意语言、举止礼仪，认真回答好面试问题，当面试结束后，不要急于下线，而是等面试官先结束下线。线上面试与线下面试存在一定的差异，要想取得线上面试的成功，要做好以下6个方面。

线上面试之"六要"

1. 硬件要稳定：选择最佳设备

线上面试最重要的基础条件就是信号发出和接收设备。设备的选择顺序一般为：笔记本计算机＞台式计算机＞平板电脑＞手机。其中手机界面最小、干扰最多，容易在面试过程有电话打进；平板电脑的界面不够大；台式计算机一旦断电无法工作；笔记本计算机最稳定。不管选择哪种设备，都必须保证设备能稳定运行，不会卡机，更不会死机。

音频设备的选择顺序一般为：入耳式耳机 > 蓝牙耳机 > 头戴式耳机 > 音箱。音箱有回声且杂声较多；头戴式耳机影响形象；蓝牙耳机容易中断；建议使用入耳式耳机。

2. 网络要通畅：保证一直在线

网络通畅是和面试官在一个界面中进行面对面交流的重要保障。面试前，一定要检查自己所处环境的网络状态。网络的选择顺序一般为：有线网络 > 手机流量 > Wi-Fi，其中有线网络是最稳定的，尤其不建议使用公共 Wi-Fi。

3. 软件要会用：熟悉面试软件

线上面试很大的不确定性源于使用什么软件进行面试，每个单位线上面试所使用的软件会有所不同，应聘者无法选择通过什么软件与面试官进行对话。面试用的软件一般有 4 种：一是常用社交软件，比如微信、QQ 等；二是常用会议软件，如腾讯会议等；三是招聘网站，比如智联招聘等；四是专业视频面试软件，比如 AI 招聘管理系统、谷露视频面试等。当然，有的公司可能会开发专门的线上会议系统。

当应聘者接到正式面试通知后，不管使用哪种软件，都要尽快做到两点：一是熟悉指定的软件，自己先进行下载、注册、使用，摸索相关的功能，尤其是怎么进入、怎么暂停、怎么退出、界面怎么调节、头像与声音的设置等；二是找自己的朋友或家人进行模拟面试，充分了解面试过程中可能遇到的各种问题。

4. 准备要充分：事先做好调试

同线下面试一样，线上面试也要提前在线等待，要保证不迟到，同时也要在仪表、面试技巧、软硬件设备等方面做好充分的准备。如果有专门的面试软件，要提前 10 ～ 15 分钟打开会议链接，做好视频、声音的调试后耐心等待；如果是常用的社交软件，要提前在线等待，保证面试官发起视频时能够及时接通。

若使用平板电脑或手机，要关闭平板电脑或手机的蓝牙、语音助手等功能，确保平板电脑或手机屏幕常亮，音量调到最大。摄像头和话筒要提前调试好，确保画面和声音清晰。

5. 环境要安静：选择合适环境

线上面试的自由度在于面试场景的选择，应聘者可以选择在家里，也可以选择在室外，甚至选择自己喜欢的一个地方。但环境的选择顺序一般为：家 > 图书馆 > 宿舍 > 室外。在室外受干扰的因素较多，宿舍狭小不易布置背景且容易受到室友的干扰，图书馆人多容易受到他人干扰，家中最安静且易布置背景。

虽然面试场地可以自主选择，但也不能随便选择，场地的选择要把握 3 个关键点。一是考虑是否安静。要选择环境安静、背景简单的室内场地。最好选择书房，不要在嘈杂的室外或者面朝马路、临近厨房、卫生间的地方。卧室虽然安静、温馨，但不适合面试。二是考虑光线。面试场地采光要好，不要选择强光场地。面试的时候要面向光源，不要背向光源。如果室内光线不好可以放一盏台灯，能起到补光效果，人看起来会更精神。三是考虑专业特点。可以结合自己面试的岗位，专门布置一下面试的背景。比如，参加工艺设计类面试，把收藏品橱柜当背景是个不错的选择；参加教师类面试，以挂着世界地图或中国地图的白墙为背景也不错。总之，独立安静、干净整洁的环境是必不可少的，确保给对方看到的场景是干净、整洁、井然有序的。面试前提前告知家人或朋友，避免他们在面试的时候出现，确保自己的面试过程不被其他人扰乱。在线上面试的时候，切忌出现噪声。

6. 角度要恰当：呈现最好一面

相比于线下面试，线上面试时脸部表情更加清晰，应聘者要根据摄像头的位置选择合适的角度。摄像头的位置最好在与眼睛齐平的高度，保证在面试时自己是与面试官平视的。低头看着摄像头的样子会让面试官感觉到应聘者在俯视，不够尊重；仰头看着摄像头的样子会让面试官感觉到应聘者在仰视，不够严肃。如果使用手机面试，尤其要注意把手机预先固定好位置，建议使用手机支架，把手机固定在合适的位置，不能让画面晃动。最好在面试前先找人连线调试好角度。

线上面试时最好坐着，挺直上身，双肩放松，说话时身体微微前倾。通过调节合适的角度，保证自己以适中的大小完整地呈现在屏幕上。要确保自己的形象、声音都能够在面试视频中呈现出最好状态。面试前要练习自己的面部表情，当自己在表述观点的时候，无论对方给出什么样的反应，都要自信、大方地注视着摄像头。

（三）线上面试的常见问题及预防措施

有的应聘者由于紧张或是疏忽，在线上面试过程中很容易出现话筒未开，家人、朋友甚至是家中的宠物突然入镜等情况，这些都对应聘者有一定的影响。应聘者要了解一些线上面试的常见问题及预防措施，以防出现像"品案例"中刘同学一样，因为宿舍电费不足导致突然停电而影响面试的情况。

1. 常见问题及处理

（1）声音问题及处理

① 设备没声音。检查音频设备，确认设备是否正确连接，重新启动设备或软件。如果是网络波动导致，稍做等待即可。

② 听不到面试官的声音。确认设备音量和话筒设置，尝试重新连接或请求面试官重新提问。

③ 听不到应聘者的声音。检查设备音量和话筒设置，或退出后重新进入面试软件，确保设备正常工作。

（2）画面问题及处理

① 画面不稳定或中断。检查摄像头，检查网络连接，确保网络通畅。

② 画面不清晰。调整摄像头设置，确保摄像头清晰，必要时调整光线或更换设备。

（3）网络问题及处理

网络不稳定或中断。检查网络连接，如果使用 Wi-Fi，可以尝试切换到有线网络或使用手机热点。

（4）其他问题及处理

① 设备黑屏。关机重启，尝试重新连接或调整设备设置。

② 系统响应慢。检查系统资源使用情况，关闭不必要的后台程序，清理系统缓存。

③ 停电。迅速转移到有电的场地，或是更换不需要电源即可使用的设备。

2. 预防措施

为了避免线上面试出现故障，在面试前要做好相关准备工作。

（1）测试设备。在面试前进行设备测试，确保所有设备正常工作。

（2）备份设备。准备备用的设备，如笔记本计算机、手机等，以防主设备出现故障。

（3）测试网络。提前测试网络连接，确保网络稳定且速度足够。

（4）做好应急预案。制定详细的应急预案，包括设备故障、网络故障、停电等情况的处理方法。

四、谈观点

假设在参加线上面试的过程中突然信号不好，你会怎么办?

_____

_____

_____

_____

五、践行动

两人一组，一人扮演应聘者，另一人扮演面试官，借助线上平台，如腾讯会议、钉钉、QQ、微信等，开展模拟面试。

面试官：_____

应聘者：_____

线上面试过程简述：_____

_____

_____

_____

_____

线上面试存在问题分析：_____

_____

_____

_____

_____

改进措施：_____

_____

_____

_____

_____

六、测能力

请扫描二维码查看对应试题，判断这些说法是否正确。

通关第十六式
测能力

通关话题

你觉得如何在面试中充分地展现自己？

通关测验

请扫描二维码，完成通关测验，检测学习情况。

第六关 通关测验

07

第七关：恰当选择——做好择业决策

通关寄语

从个人角度和社会角度来看，正确选择职业可以最大化个人长处，提高个人的生命质量，增强个人经济实力和稳定性，同时也有助于社会各个领域的发展。大学生在平时要养成自我选择、自我负责的习惯，以便在择业决策时能够不追求热门、不随大流、分清主次，根据个人的志向和自身特点，结合国家和社会需求，自主、积极、理性地做出决策。

通关攻略

通关第十七式：择业决策

通关目标

知识目标
1. 了解决策的内涵与分类
2. 掌握择业决策的六种风格
3. 掌握择业决策的常用方法

能力目标
1. 提升择业决策能力
2. 提升团队合作能力、创新能力

素质目标
1. 养成理性决策的态度
2. 树立积极的择业观念

一、品案例

案例呈现 | **苏格拉底的麦田哲学**

古希腊哲学家苏格拉底的 3 个弟子曾求教于老师，怎样才能找到理想的伴侣。苏格拉底没有直接回答，却让他们走向麦田，只许前进，且仅给一次机会选摘一支最大的麦穗。

第一个弟子没走几步就看见一支又大又漂亮的麦穗，高兴地摘下了。但是他继续前进时，发现前面有许多比他摘的那支大，只得遗憾地走完了全程。

第二个弟子吸取了教训。每当他要摘时，他总是提醒自己后面还有更好的。当他快到终点时才发现机会全错过了。

第三个弟子吸取了前两个的教训。当他走到 1/3 时，他即分出大、中、小 3 类，再走 1/3 时验证是否正确，等到最后 1/3 时，他选择了属于大类中的一支麦穗。

案例思考：

在做决策时，你像这 3 个弟子中的哪一个呢？苏格拉底的麦田哲学对你有什么启示？

_____

_____

_____

_____

二、做任务

请在课前或课中学习的基础上，按照任务单的要求，完成通关任务（见表 7-1）。

表 7-1　通关任务 17

通关任务名称	情景剧《你是怎么选的》	
通关任务描述	以小组为单位，设置一个大学生做择业决策的情景，完成时间不超过 8 分钟的情景剧《你是怎么选的》的表演，展现不同人的决策风格	
通关任务评价标准	围绕主题呈现内容，展现不同人的决策风格；表达清晰；组织到位；团队协作好；有创意；现场效果好；时间把控得当	任务单 7-17

三、习新知

人生就是不断做出决策的过程。每个人在生活的各个阶段都会面临各种选择，这些选择构成了我们的人生轨迹。决策不仅影响我们的日常生活，还决定了我们的成长和发展。决策风格受人格特点的影响，但是决策风格并非恒定不变，而是可以通过训练和实践加以转变。对于择业这种人生重要的决策，要结合当下实际与未来发展综合考虑，做出理性的决策。这样可以在一定程度上实现决策从被动转向主动，从盲目转向理性，从依赖转向独立，从片面转向系统。

（一）决策的内涵与分类

1. 决策的内涵

决策是指决定的策略或办法。它是为了实现特定的目标，根据客观的可能性，在占有一定信息和经验的基础上，借助一定的工具、技巧和方法，对影响目标实现的诸因素进行分析、计算和判断选优后，对未来行动做出决定。

决策既是人们在政治、经济、技术和日常生活中普遍存在的一种行为，也是管理中经常发生的一种活动。一般情况下，决策的过程包括以下部分。

（1）问题识别。认清事件的全过程，确立问题所在，提出决策目标。

（2）问题诊断。研究一般原则，分析和拟定各种可以采取的行动方案，预测可能发生的问题并提出对策。

（3）行动选择。从各种方案中筛选出最优方案，并建立相应的反馈系统。

2. 决策的分类

决策可以根据不同的标准进行多种分类，主要包括以下几种类型。

（1）按决策范围分为战略决策、战术决策、业务决策。战略决策影响整体、全局，是决策中最高层次的决策，涉及组织的长远发展目标；战术决策是在战略决策指导下，为实施战略决策而做出的有关局部的、近期的行动决策；业务决策是日常工作中为提高生产效率、工作效率而做出的决策，涉及范围较窄，只对组织局部产生影响。

（2）按决策性质分为程序化决策、非程序化决策。程序化决策是按预先规定的程序、处理方法和标准来解决管理中经常重复出现的问题的决策；非程序化决策是针对新颖、无先例可循的例外问题的非规范化决策。

（3）按决策主体分为个人决策、群体决策。个人决策是由个人独立做出的决策；群体决策是由多人共同参与和讨论后做出的决策。

（4）按决策问题的可控程度分为确定型决策、不确定型决策、风险型决策。确定型决策是在稳定或可预测的环境下做出的决策，可以准确预测未来结果；不确定型决策是在不稳定或不可预测的环境下做出的决策，未来结果不确定；风险型决策是在结果有一定风险的情况下做出的决策，未来结果具有风险性。

（5）按决策对象时间长短分为长期决策、短期决策。长期决策是涉及组织今后发展方向的长远性、全局性的重大决策；短期决策是为实现长期决策目标而采取的短期策略手段。

（6）按决策的方法分为经验决策、科学决策。经验决策是根据个人的知识、能力和经验做出的决策；科学决策是根据科学理论、程序、方法做出的决策。

总之，大多数决策都是有风险的，当我们面临决策时，应先尽可能充分地搜集信息，并对信息进行分析，以降低风险。

（二）择业决策的六种风格

面对生活中的选择，人们做决策的风格各有不同。有的人非常快，总是在第一时间就做出决定，但常常事后又会为自己的选择感到后悔；有的人比较犹豫，总是想了又想犹豫不决，不到最后一刻，很难下决心做出选择；有的人喜欢参考别人的选择，总觉得大多数人的选择就是对的；有的人一贯冷静思考，在充分比较、分析相关信息之后，能够独立地做出自己的决定。这些表现反映了不同的决策风格。在大学生的择业决策过程中，主要有以下六种风格。

择业决策的六种风格

1. 冲动型

冲动型的人做决策容易一时冲动，几乎不会去系统地收集与分析相关信息，主要基于当时自己强烈的感受和情绪反应。这类人最显著的特点是决策快，先决定、再考虑，但是决策之后也容易后悔。如"品案例"中的第一个弟子进入麦田没走几步就做出了决策，继续前进时发现了更大的麦穗，却只能留下遗憾。有的人在择业时看到有单位招聘，冲动之下报名面试，面试成功之后签约，但签约之后冷静下来又觉得后悔。

2. 犹豫型

犹豫型的人知道需要做出决策，但是对决策的结果感到恐惧，经常处于犹豫不决的状态，迟迟做不出决策。这类人最显著的特点是犹豫不决，唯恐自己选错了。如"品案例"中的第二个弟子总是犹豫，最终导致机会全错过了。犹豫型的人花很多的时间和精力反复比较，常常会说"我就是拿不定主意"。有的人在择业中有多个单位可选择时，总是表现得很痛苦，不知道自己真正要的是什么。

3. 拖延型

拖延型的人将对问题的思考和行动一再往后推迟，总觉得还有大把的时间，能拖多久就拖多久，直到最后一刻才做决策。这类人最显著的特点是拖着不做，常常会说"再等等，不着急"。有的人在择业时一点都不着急，总觉得"车到山前必有路，船到桥头自然直。"但当身边的同学陆陆续续签约后，他们又开始着急。

4. 依赖型

依赖型的人通常依靠他人帮自己做出决策，他们对自己的决策能力和结果缺乏信心，总觉得别人说的是对的。这类人最显著的特点是按照别人说的做。有的人在择业时把主动权完全交给父母或亲戚，自己无想法、不行动、不决策，只听从别人的安排。

5. 从众型

从众型的人往往缺乏主见，总认为大多数人的选择就是对的，通常是大家怎么选自己就怎么选。这类人最显著的特点是别人怎么做自己就怎么做。有的人在择业时看同学去应聘哪个单位，自己也去应聘哪个单位，而没有自己的职业生涯规划和思考。

6. 理性型

理性型的人做决策时会倾听自己内在的声音，也会考虑外在环境的要求，最终做出符合自身需求的决策。这类人最显著的特点是合理分析后自己做主。有的人在择业时能够广泛收集信息，根据自己的实际情况与未来发展需求做出自己的择业决策。如"品案例"中的第 3 个弟子就做出合理的分析后再决策，在走到麦田的第一个 1/3 时观察，在第二个 1/3 时验证，在最后的 1/3 时决策。

以上几种常见的择业决策风格中最为理想的是理性型。拥有这种风格的人，既能充分地收集、分析相关信息，又不会被过多的信息所干扰；既能果断地做出决策，又不会过于冲动；既能广泛参考别人的意见，又不会盲目从众失去自我；既能坚定地为自己的选择负责，又不会不顾条件的变化而一意孤行。在面对择业这种人生重要选择的时候，尤其需要这种决策风格。

（三）择业决策的常用方法

常用的择业决策方法主要有以下几种。

1. SWOT 分析法

择业决策中的 SWOT 分析法是一种基于内外部竞争环境和条件的分析工具，通过列出相关的各种因素，包括内部的优势和劣势，以及外部的机会和威胁，然后按照矩阵形式排列并进行系统分析，最终得出有决策价值的结论。这种方法可以帮助个人在择业时厘清思路，做出明智的选择。SWOT 分析法的具体应用如下（见表 7-2）。

（1）识别优势。列出个人的专业技能、独特视角、人际关系网等强项。

（2）识别劣势。诚实地评估自己的不足，如个人工作经验、沟通技巧等方面的问题。

（3）识别机会。关注行业趋势，寻找个人发展的风口和机会。

（4）识别威胁。识别潜在的障碍和挑战，提前准备应对策略。

表 7-2 择业决策 SWOT 分析法

内部个人因素	优势：	劣势：
外部环境因素	机会：	威胁：

2. 决策平衡单法

决策平衡单法通过列出可能的职业选项，评估每个选项的利弊得失，并进行量化评分，最终确定最优选项。决策平衡单法在职业决策中应用广泛，通过系统的分析帮助个人或组织全面审视每个潜在的职业选项，其优点在于能够帮助决策者全面考虑各种因素，确保选择的职业道路符合个人的长期利益和职业规划。然而，决策平衡单法的缺点是对各项指标打分是主观的，可能受到个人价值观和偏好的影响，因此在使用时需要保持客观和理性。决策平衡单法的具体应用如下（见表 7-3）。

（1）列出可能的职业选项。首先需在决策平衡单中列出有待深入评价的潜在的几个职业选项。

（2）确定考虑因素。确定与决策相关的考虑因素，包括个人和他人情况、物质和精神层面等。

（3）分析各个职业选项的利弊得失。深入思考并判断每个职业选项在个人物质、他人物质、个人精神和他人精神等方面的利弊得失，考虑每个因素的得失程度，从 -5 至 5 分计分。

（4）加权计分。在各个方面的利弊得失之间，会因身处不同情境而有不同的考量，因此还需要进行加权计分。给每个考虑因素按照自己的情况设置权重，1 至 5 分，1 分表示不看重，5 分表示最看重。

（5）计算各个职业选项的得分。对各个职业选项进行加权计算，得出每个职业在"得"和"失"方面的得分总和。

（6）比较选择。依据各个职业选项在总分上的高低，排定优先次序，选择得分最高的职业。

表 7-3 决策平衡单法

择业决策考虑因素		权重	职业选项 1		职业选项 2		职业选项 3	
		1～5 分	得（＋）	失（－）	得（＋）	失（－）	得（＋）	失（－）
个人物质方面	个人收入							
	未来发展							
	休闲时间							
	对健康的影响							
	……							
他人物质方面	家庭收入							
	家庭时间							
	……							
个人精神方面	自由独立							
	适合兴趣							
	有创造性							
	……							

续表

择业决策考虑因素		权重	职业选项 1		职业选项 2		职业选项 3	
		1～5分	得（+）	失（－）	得（+）	失（－）	得（+）	失（－）
他人精神方面	父亲							
	母亲							
	恋人							
	……							
总分								

3. 决策平衡轮法

决策平衡轮法是一种帮助个人决策时考虑多个因素并找到平衡点的工具，当决策者有很多选择无法做出决策时，可以使用决策平衡轮法（见图7-1）。决策平衡轮法的使用有助于决策者全面考虑各种因素，找到决策的平衡点，提高决策的质量和可执行性。决策平衡轮法的具体应用如下。

（1）确定决策目标。明确需要做出决策的目标或问题，以便后续分析时聚焦。

（2）确定决策因素。列出影响决策的所有重要因素，这些因素通常包括个人价值观、利益需求、资源限制等。

（3）绘制平衡轮。在一张纸上画一个大圆，将圆分成若干等份，每一份代表一个决策因素。等份的数量根据实际情况而定，通常为4到8个。

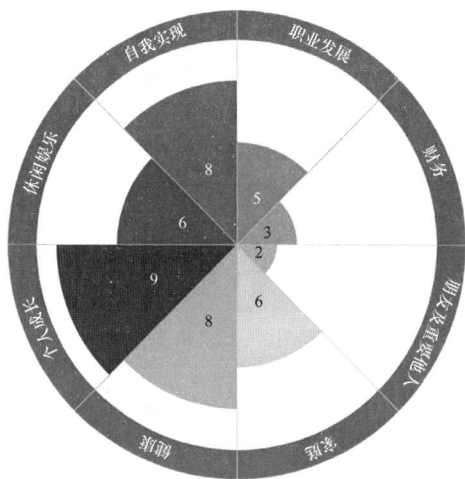

图7-1 决策平衡轮法

（4）为每个因素设定权重。根据每个因素对决策的重要性，为其分配权重。权重可以是百分比，也可以是1到10分的分值。

（5）评估各因素。在每个因素对应的扇形区域内，根据当前情况对该因素进行评分。

（6）绘制雷达图。以圆心为中心，根据每个因素的评分向外画出扇形，形成雷达图。扇形越大，表示该因素在当前情况下的表现越好。

（7）分析平衡轮。观察雷达图，找出评分较低的区域，这些区域表示需要改进或关注的方面。同时分析各因素之间的平衡情况，确定是否需要调整权重或评分。

（8）制定决策方案。根据平衡轮的分析结果，制定一个或多个决策方案。方案应考虑如何在各因素之间找到平衡点。

（9）实施并监测。选择最佳方案实施，并在实施过程中监测各因素的变化，必要时进行调整。

（10）反馈与调整。实施一段时间后，收集反馈信息，重新评估各因素，对平衡轮进行调整，以优化决策效果。

4. "三个圈"方法

"三个圈"方法（见图7-2）是一种帮助个人在职业选择中平

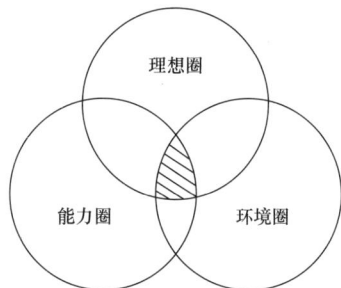

图7-2 择业决策的"三个圈"方法

衡市场需求、个人能力和个人需求的方法。这种方法强调在市场需求、个人能力和个人需求之间找到动态平衡点。该方法通过绘制三个圈——理想圈、能力圈和环境圈，来找到理想的职业机会。"三个圈"方法的具体应用如下。

（1）理想圈，代表所有你想做并且认为有价值的事情。这个圈帮助你确定自己的职业兴趣和价值观，确保选择的职业能够满足个人的心理和情感需求。

（2）能力圈，代表所有你有能力处理的事情。这个圈评估你的技能和经验，确保选择的职业能够在你的能力范围内，从而保证个人能够高效优质地完成工作。

（3）环境圈，代表现实社会中的需求，包括市场趋势、行业机会和危机等因素。这个圈帮助你识别外部环境，确保选择的职业有实际的发展机会和前景。

当这三个圈出现交集时，就找到了你想做、有能力做并且有机会和前景的理想职业。这种方法可以帮助你在市场需求、个人能力和个人需求之间找到平衡点，从而做出明智的职业选择。

四、谈观点

对于择业这种人生重要的事项，你会怎样做出决策呢？

_____

_____

_____

_____

五、践行动

父子俩牵着驴进城，半路上有人笑他们：真笨，有驴子不骑！

父亲便叫儿子骑上驴。走了不久，又有人说：真是不孝的儿子，竟然让自己的父亲走着！

父亲赶快叫儿子下来，自己骑到驴背上。又有人说：真是狠心的父亲，不怕把孩子累死！

父亲连忙叫儿子也骑上驴背。谁知又有人说：两个人骑在驴背上，不怕把那瘦驴压死！

父子俩赶快溜下驴背，把驴子4只脚绑起来，用棍子扛着。经过一座桥时，驴子因为不舒服，挣扎了下来，结果掉到河里淹死了。

在父子与驴的故事中，父亲的决策风格是哪种呢？你从中得到了什么启示？

父亲的决策风格：_____

对你的启示：

_____

_____

_____

六、测能力

请扫描二维码查看对应试题，判断这些说法是否正确。

通关第十七式
测能力

通关第十八式：企业选择

通关目标

知识目标
> 1. 了解企业的特征与类型
> 2. 掌握了解企业的常用方法
> 3. 掌握企业选择之"四要"

能力目标
> 1. 提升了解企业能力
> 2. 提升团队合作能力、创新能力

素质目标
> 1. 养成理性选择企业的态度
> 2. 树立积极的择业观念

一、品案例

案例呈现	裁员的刀落在应届生身上

张露在大学期间成绩优异，又是班干部，对于就业她非常自信。在大学生活的最后一年，当同学们不是准备升本就是着手找工作时，她一点儿也不着急，她觉得凭着自己的条件，找工作非常容易。学校里举办的招聘会张露只去过一两次，觉得没有自己心仪的企业后来也就不去了。很快就到了6月毕业季，身边的同学大部分去向已定，她匆匆忙忙地向一些企业投了简历。很快就有一家企业有了回音，经过面试张露很顺利地被录用了。张露很开心，觉得自己到底还是很优秀的，在未对公司做过多了解的情况下就去公司入职了。正当她对未来充满期望工作一个多月后，张露却因为公司业务缩减导致的部门调整而被裁员了，且她没有得到合理的裁员补偿，拿到的只有一张写着"不符合公司该岗位录用条件"的解聘通知书。

案例思考：

张露才入职一个多月就被裁员了，你觉得是为什么？

_____

_____

_____

_____

二、做任务

请在课前或课中学习的基础上，按照任务单的要求，完成通关任务（见表 7-4）。

表 7-4　通关任务 18

通关任务名称	大、中、小型企业调查报告	
通关任务描述	以小组为单位，在大、中、小型企业中各选择一个，对企业的基本情况、业务范围、企业规模、企业文化、发展前景，以及大学毕业生选择它的优势、劣势等进行分析，形成一份不少于 1000 字的调查报告，并制作汇报时间不超过 8 分钟的汇报 PPT	任务单 7-18
通关任务评价标准	围绕主题呈现内容，完成一份不少于 1000 字的调查报告；调查报告内容翔实、分析到位；团队协作好；汇报流畅；PPT 制作精美；现场效果好；汇报时间把控得当	

三、习新知

在进入职场的过程中，每个人都避免不了对用人单位的选择。用人单位根据性质可以分为企业（也称公司）、事业单位、国家行政机关等。其中企业包括国有企业、集体企业、股份合作企业、联营企业等；事业单位包括医院、学校等；国家行政机关包括税务局、民政局、环保局等。大学生如果要进入企业就业，应该全方位地了解企业，以便做出恰当的择业决策。

（一）企业的特征与类型

企业是指依法设立的以营利为目的，从事生产经营活动的经济组织。企业是市场经济活动的主要参与者，是国民经济的细胞，通过提供产品或服务来获取收入，并实现投资人、客户、员工和社会大众的利益最大化。

1. 企业的特征

企业在依法登记的范围内从事经营活动，享有商品生产经营者的全部权利，同时必须守法经营、公平竞争、诚信守约，承担社会责任和讲求社会效益。企业具有如下特征。

（1）拥有一定的资源。资源包括人力、物力、财力和科技实力，以及相应的管理组织机构。

（2）独立的市场主体。企业是独立的市场主体和市场竞争的主体，拥有商品生产经营者应有的全部权利，并承担相应责任。

（3）自主经营、自负盈亏。企业不受任何个人和组织的非法行政干预，能够独立自主地进行经营活动，实行独立核算，自负盈亏。

（4）具有法人资格。企业作为一种人格化的、具有独立的法律地位的经营组织，享有在依法登记的范围内从事经营活动并取得盈利的权利，同时要对其盈亏承担经济责任。

2. 企业的类型

企业类型是依据法律对不同类别企业的具体要求，如设立的条件、设立的程序、内部组织机构、登记注册类型等来划分。以工商行政管理部门对企业登记注册的类型为依据，将企业登记注册类型主要分为以下几种。

（1）**国有企业**。该类企业是指由国有投资主体设立或以国有投资主体为主，联合其他投资者共同设立，自主经营、自负盈亏、独立核算、以营利为目的的经济组织。

（2）**集体企业**。该类企业是指生产资料属于劳动群众集体所有，实行共同劳动，在分配方式上以按劳分配为主体的、独立自主、自负盈亏的经济组织。

（3）**股份合作企业**。该类企业是指以合作制为基础，由企业职工共同出资入股，吸收一定比例的社会资产投资组建，实行自主经营、自负盈亏、共同劳动、民主管理，按劳分配与按股分红相结合的一种集体经济组织。

（4）联营企业。该类企业是指两个及两个以上相同或不同所有制性质的企业法人或事业单位法人，按自愿、平等、互利的原则，共同投资组成的经济组织。

（5）有限责任公司。该类企业是指根据《中华人民共和国公司登记管理条例》规定登记注册，由 50 个以下的股东共同出资，每个股东以其所认缴的出资额对公司承担有限责任，公司以其全部资产对其债务承担责任的经济组织。有限责任公司包括国有独资公司以及其他有限责任公司。

（6）股份有限公司。该类企业是根据《中华人民共和国公司登记管理条例》规定登记注册，其全部注册资本由等额股份构成并通过发行股票筹集资本，股东以其认购的股份对公司承担有限责任，公司以其全部资产对其债务承担责任的经济组织。

（7）私营企业。该类企业是指由自然人投资设立或由自然人控股，以雇佣劳动为基础的营利性经济组织。包括按照《公司法》《合伙企业法》《私营企业暂行条例》规定登记注册的私营有限责任公司、私营股份有限公司、私营合伙企业和私营独资企业。

（8）其他企业。该类企业是指上述第（1）至第（7）之外的其他内资经济组织。

（9）中外合资经营企业。该类企业是指中国的公司、企业或其他经济组织同外国的公司、企业和其他经济组织或个人，按照双方平等互利的原则，经中国政府批准，在中华人民共和国境内共同投资设立的股权式合营企业。

（10）中外合作经营企业。该类企业是指中国的公司、企业或其他经济组织同外国的公司、企业和其他经济组织或个人，按照双方平等互利的原则，经中国政府批准，依据共同签订的合同所规定的权利和义务，在中华人民共和国境内设立的契约式合营企业。

（11）外资企业。该类企业是指依照中国法律并经中国政府批准在中国境内开设的、全部资本由外国投资者投资的企业。不包括外国的企业和其他经济组织在中国境内的分支机构，也不同于中外合资经营企业和中外合作经营企业。又称外商独资企业。

（二）了解企业的常用方法

大学生在投简历前充分了解企业，可以避免在不适合自己的企业上浪费时间；在面试前充分了解企业，可以增加面试成功的概率；在签订就业协议前充分了解企业，可以使自己做出正确的决策。了解企业的方法主要如下。

1. 从企业内部了解

（1）企业官网。企业官网通常会有详细的企业介绍，包括发展历程、组织架构、业务板块、产品或服务的种类、市场定位，以及发展动态等。此外，企业发布的招股说明书、年度报告也是了解其业务的关键资料，这些资料会详细阐述企业的主营业务、收入构成、市场份额等重要信息。

（2）企业宣讲会。一般情况下企业开展大规模的校园招聘时，都会到学校举行企业宣讲会，宣讲会一般会介绍企业文化、核心业务、薪酬福利、招聘岗位需求等。

（3）社交媒体和职场平台。领英、脉脉等平台，可能有某企业员工或前员工的分享和评价。

（4）亲戚和朋友。通过在企业工作的亲戚和朋友了解企业的基本情况。

2. 从企业外部了解

（1）行业报告。专业的行业研究机构会对各个行业的企业进行深入分析，包括业务范围、所占市场份额等。通过阅读这些报告，可以快速了解企业在行业中的地位和业务特点。

（2）新闻媒体。企业的重大业务拓展、合作项目、新产品发布等信息，往往会通过新闻媒体或证券交易所的公告发布。这些信息能够帮助大学生及时了解企业的重大事件、业务动态和市场评价等。

（3）第三方查询平台。天眼查、企查查等平台，可以提供企业的基本信息、高管信息、股东信息、对外投资信息、法律诉讼信息等，这些平台是获取企业背景信息的有效途径。

（4）招聘网站。通常招聘网站上的企业介绍会写明工作地点、员工人数、发展概况等信息，大学生可通过招聘网站了解企业的发展战略和招聘计划。

（三）企业选择之"四要"

要做出决策，就要搜集大量的信息。大学生在选择企业时，要对企业进行全方位的了解，至少要了解以下4个方面的内容。

1. 企业规模

大学生可以通过互联网平台查询企业的规模，通过天眼查、企查查这类第三方机构，着重了解企业的成立时间、注册资本、企业规模等关键信息。

（1）成立时间。相比较而言，企业成立越久、人员规模越大，企业的抗风险能力就会越强。

（2）注册资本。一般情况下，注册资本是企业股东愿为企业承担责任的上限，通常注册资本越高，企业的实力和家底就会越雄厚。

（3）企业规模。企业规模越大，意味着体系越健全、制度越完善，平台越好。但是企业规模越大，各部门、人员越多，分工越细，刚入职的大学生不易做出较大的创新，很容易扮演流水线的固定角色；企业规模较小，需要重点关注企业的创始人、领导班子，往往小规模企业领导人的风格对企业整体的影响较大。相较于大企业，规模较小的企业能够使人涉足的环节更多，得到更多的锻炼；但企业的抗风险能力一般较弱，使人在视野和机会上的锻炼较少。

2. 企业所处行业

企业所在行业的发展前景也决定着企业的未来发展前景，尽量去选择国家鼓励的行业、增速快的行业，行业未来的发展趋势决定行业中人员未来职场发展的情况。多关注企业主营业务是否与国家政策、行业发展相契合。未来是一个万物互联的时代，必须放眼全世界了解整个行业的发展趋势。大学生平时要多关注国策、行业趋势，从而更加清晰地为自己将来的发展进行规划。

3. 企业的发展形势

可以通过宣讲会、企业公众号、企业官网等各种渠道，了解企业的发展形势，例如企业近几年的盈利情况，盈利是否保增长。选择一个盈利良好的企业，是大学生稳定就业非常关键的一点。如"品案例"中的张露，未对企业的发展形势进行了解，才参加工作一个多月，就因为公司业务缩减导致的部门调整而被裁员，浪费了自己的宝贵时间。

4. 企业的人才培养模式

除了要了解企业本身，大学生还需要了解企业的人才培养模式，如企业对员工培养是否重视，对优秀人才是否重视，员工是否有职业发展通道，等等。这些信息一般都会展示在企业的各类信息平台上，需要用心收集。

总之，选择一家企业是需要多方面考量的，要尽可能多地去收集相关信息；得到信息后，要综合考虑，因为没有一家企业是十全十美的。锚定目标，就不要轻易动摇。

四、谈观点

择业时你会选择大企业还是小企业？为什么？

_____

_____

_____

五、践行动

访谈至少 3 位本专业已毕业的校友，了解他们最初选择就业单位时主要关注的因素。

校友 1

姓名：_____ 原班级：_____

工作单位：_____ 岗位：_____

择业时的关注点：_____

校友 2

姓名：_____ 原班级：_____

工作单位：_____ 岗位：_____

择业时的关注点：_____

校友 3

姓名：_____ 原班级：_____

工作单位：_____ 岗位：_____

择业时的关注点：_____

对你的启示：

六、测能力

请扫描二维码查看对应试题，判断这些说法是否正确。

通关第十八式
测能力

通关话题

如何在决策中平衡个人期望与现实需要?

通关测验

请扫描二维码，完成通关测验，检测学习情况。

第七关 通关测验

08

第八关： 权益保护——学会保护自己

通关寄语

当前，大学生就业形势越来越严峻，就业环境越来越复杂。一些不法分子或无良用人单位可能会利用大学生求职心切的心理，以高薪、要职为诱饵制造就业陷阱，以满足自己的不法需求。大学生要想避开这些陷阱，在求职时一定要擦亮眼睛，洞察各类就业陷阱。在进入职场前，要充分了解就业保障的基本权益，维护自己的合法权利。在进入职场后，还要不断提高安全意识、切实增强契约精神和善于运用法律武器，做好职场中的自我保护。

通关攻略

通关第十九式：就业权益

通关目标

知识目标

1. 了解大学生就业权益相关的法律法规和政策文件
2. 掌握大学生就业的八项基本权益
3. 掌握大学生维护就业权益的方法

能力目标

1. 提升适应职场和社会的能力
2. 提升就业过程中权益维护与争议处理的能力

素质目标

1. 增强法律意识与维权意识
2. 增强社会责任感和维护社会公平正义的意识

一、品案例

| 案例呈现 | 小张的维权之路 |

大学生小张在招聘网站上看到一则招聘信息，某企业正在招聘员工，每天工作八小时，月薪合理，且工作环境舒适。心动之下，小张立即投了简历并很快收到了面试通知。面试过程中，雇主再次强调了工作的轻松与待遇的优厚，小张便欣然接受了这份工作。

然而，小张大学毕业正式上岗后才发现实际情况与招聘时的描述大相径庭。不仅工作时间被随意延长，而且工作环境也远非雇主所描述的那样舒适。雇主将下班时间推迟，每天至少加班 3 小时，加班还没有加班费。小张无法接受，争执无果后他愤然辞职。然而，由于入职时规定工资月结，他中途离职非但没有拿到一分钱工资，反而还倒贴了 400 元入职时的工作服装费和交通费。

面对这样的遭遇，小张感到既气愤又无助。他试图与雇主沟通，但得到的却是敷衍和推诿。小张开始意识到自己的权益可能受到了侵害。然而，由于缺乏相关的法律知识和维权经验，他一时之间不知所措。当朋友建议他向劳动监察部门投诉，或向法律援助部门求助时，他却打起了退堂鼓。"其实，工资也没多少，干的时间也不长，那帮人都在社会上混的，入职时我的电话、住址之类的个人资料都给他们了，还是不要惹麻烦吧，只当自己倒霉吃哑巴亏了。"小张沮丧地说。

在朋友的强烈建议下，小张决定向当地的劳动保障部门寻求帮助。他拨通了劳动保障咨询服务热线，并详细了解了相关的法律法规和维权流程。在得知自己的权益确实受到侵害后，小张鼓起勇气向劳动保障部门提交了投诉材料，并积极配合调查工作。

经过一段时间的调查和调解，小张的投诉最终得到了妥善解决。雇主不仅退还了克扣的工资，还向小张道歉并承诺将改善工作环境和待遇。虽然小张的维权之路充满了曲折，但最终他成功地维护了自己的合法权益。

案例思考：

小张的维权之路给你带来了哪些启发？

_____

_____

_____

二、做任务

请在课前或课中学习的基础上，按照任务单的要求，完成通关任务（见表 8-1）。

表 8-1　通关任务 19

通关任务名称	就业权益案例分析	
通关任务描述	每个人搜集一个近年来大学生就业权益受侵害的典型案例，并进行案例分析；推选出一位最优者代表小组进行汇报，并制作汇报时间不超过 8 分钟的汇报 PPT	
通关任务评价标准	案例信息全面，涵盖涉及的关键人物与机构、具体事件经过及最终结果等；案例分析过程完整、结论准确；PPT 汇报内容完整，条理清晰；汇报语言流畅、精练，时间控制得当	任务单 8-19

三、习新知

为了保护自己的合法权益、获得更好的职业发展，大学生在进入职场前需要充分了解就业保障的基本内容。

（一）大学生就业权利和义务的有关规定

目前虽然没有专门对大学生就业的权利和义务进行立法，但《中华人民共和国劳动法》《中华人民共和国就业促进法》《中华人民共和国劳动合同法》等法律法规对劳动者就业的权利和义务的相关规定同样适用大学生就业，这些规定的主要内容如下。

1. 大学生就业权利相关规定

（1）《中华人民共和国劳动法》

① 关于各项权利。第三条中指出"劳动者享有平等就业和选择职业的权利、取得劳动报酬的权利、休息休假的权利、获得劳动安全卫生保护的权利、接受职业技能培训的权利、享受社会保险和福利的权利、提请劳动争议处理的权利以及法律规定的其他劳动权利。"

② 关于平等就业权。第十二条中指出"劳动者就业，不因民族、种族、性别、宗教信仰不同而受歧视。"第十三条中指出"妇女享有与男子平等的就业权利。在录用职工时，除国家规定的不适合妇女的工种或者岗位外，不得以性别为由拒绝录用妇女或者提高对妇女的录用标准。"

③ 关于自主选择权。第三条中指出"劳动者享有平等就业和选择职业的权利"。

④ 关于公平待遇权。第四十六条中指出"工资分配应当遵循按劳分配原则，实行同工同酬。"

（2）《中华人民共和国就业促进法》

① 关于平等就业权。第三条中指出"劳动者依法享有平等就业和自主择业的权利。劳动者就业，不因民族、种族、性别、宗教信仰等不同而受歧视。"第二十六条中指出"用人单位招用人员、职业中介机构从事职业中介活动，应当向劳动者提供平等的就业机会和公平的就业条件，不得实施就业歧视。"

② 关于自主择业权。第二条中指出"国家把扩大就业放在经济社会发展的突出位置，实施积极的就业政策，坚持劳动者自主择业、市场调节就业、政府促进就业的方针，多渠道扩大就业。"第七条中指出"国家倡导劳动者树立正确的择业观念，提高就业能力和创业能力；鼓励劳动者自主择业、自谋职业。各级人民政府和有关部门应当简化程序，提高效率，为劳动者自主择业、自谋职业提供便利。"

（3）《中华人民共和国劳动合同法》

① 关于知情权。第八条中指出"用人单位招用劳动者时，应当如实告知劳动者工作内容、工作条件、工作地点、职业危害、安全生产状况、劳动报酬，以及劳动者要求了解的其他情况；用人单位有权了解劳动者与劳动合同直接相关的基本情况，劳动者应当如实说明。"

② 关于违约求偿权。该法律中虽未直接提及"违约求偿权"，但合同中通常会有关于违约责任的条款，且《中华人民共和国劳动合同法》《中华人民共和国民法典》等法律规定了违约方应承担的责任。

③ 关于劳动保障权。第三条中指出"订立劳动合同，应当遵循合法、公平、平等自愿、协商一致、诚实信用的原则。"第四条中指出"用人单位应当依法建立和完善劳动规章制度，保障劳动者享有劳动权利、履行劳动义务。"

2. 大学生就业义务相关规定

（1）《中华人民共和国劳动法》

① 关于遵守法律法规和职业道德。第三条中指出"劳动者应当完成劳动任务，提高职业技能，

执行劳动安全卫生规程，遵守劳动纪律和职业道德。"

② 关于遵守用人单位规章制度。该法律中虽未直接提及，但劳动合同中通常会约定劳动者应遵守用人单位的规章制度。

（2）《中华人民共和国劳动合同法》

关于履行劳动合同，第二十九条规定"用人单位与劳动者应当按照劳动合同的约定，全面履行各自的义务。"第三十条规定"用人单位应当按照劳动合同约定和国家规定，向劳动者及时足额支付劳动报酬。"此条款主要规定了用人单位的义务，同理，劳动者也有遵守劳动合同约定、完成工作任务以获取劳动报酬的义务。

（3）《就业服务与就业管理规定》

虽然该规定更多是关于就业服务和管理的具体规定，但其中隐含了劳动者在就业过程中应遵守的一些基本义务，如配合就业服务机构进行就业登记、提供真实有效的个人信息等。

以上列举的条款和权利、义务类型基于对法律条文的解读和归纳，并不涵盖所有与大学毕业生就业相关的权利和义务。此外，随着法律的不断修订和完善，相关条款和规定也可能有所变化。在实际应用中，应结合具体情境和相关法律法规的最新版本进行综合判断。大学毕业生就业权利和义务的具体规定，还可能涉及其他法律法规和政策文件，如《中华人民共和国社会保险法》《工伤保险条例》等，这些法律法规和政策文件共同构成了大学毕业生就业权益的法律保障体系。

（二）大学生就业的八项基本权益

大学生就业的基本权益是指大学生在求职、就业过程中，依法享有的各项权利和利益保障。这些权益旨在保护大学毕业生的合法权益，确保大学毕业生在就业市场上得到公平、公正的对待。

1. 平等就业权

大学毕业生的平等就业权基于宪法和法律的规定，确保所有大学毕业生在就业市场上享有平等的竞争机会和公正的待遇。这一权利旨在消除就业歧视，促进就业公平，保障大学毕业生的合法权益，确保大学毕业生在求职过程中不受性别、民族、种族、宗教信仰、残疾、年龄及婚姻状况等因素的歧视。这意味着招聘单位在招聘过程中必须遵循公平、公正的原则，为所有大学毕业生提供平等的竞争机会。

这里的平等就业权可从两个层面理解：一方面在应聘某一职位时，任何人都需平等地参与竞争，任何人不得享有特权，也不得对任何人予以歧视；另一方面平等不等于同等，平等是指对于符合要求、符合特殊职位条件的人，应给予他们平等的机会，而非不论条件如何都同等对待。同时，劳动者拥有选择自己感兴趣的职业类型的自由。

在职场中，大学毕业生的平等就业与择业权容易遭到侵犯。其中，最常见的就是性别歧视，一些用人单位在招聘中不招收女生或提高同一岗位对女生的学历、技能等方面的要求，变相对女生设置就业障碍。还有一些用人单位以大学毕业生没有工作经验为由，完全不录取应届大学毕业生或降低录取比例。此外，还有形象歧视、身高歧视等。若大学毕业生遇到此类情况，可通过法律手段维护自己的平等就业权益。

2. 信息知情权

大学毕业生的信息知情权是指大学毕业生在求职过程中，有权及时、全面地获取各种应公开的就业信息。这些信息包括但不限于招聘单位的基本信息、岗位职责和任职要求、招聘流程和待遇等。大学毕业生有权了解与就业相关的各类信息，包括招聘单位的基本情况、招聘岗位的工作性质、工作内容、工作地点、薪酬待遇、工作时间以及社会保险等福利待遇，这些信息是大学毕业生做出就业选择的重要依据。

大学毕业生的信息知情权涵盖了多个方面。第一，基本信息了解权。大学毕业生有权了解招聘单位的详细信息，如单位的名称、性质、规模、主营业务、工作地点和联系方式等。这些信息有助于大学毕业生对用人单位进行初步筛选，判断其是否符合自己的职业规划。第二，岗位职责和任职要求了解权。大学毕业生有权知晓招聘岗位的具体职责、工作内容以及任职要求，如学历、专业、工作经验和技能等。这些信息是大学毕业生判断自己是否适合该岗位、能否胜任工作的重要依据。第三，招聘流程和待遇了解权。大学毕业生有权了解招聘的流程，包括简历筛选、面试安排和录用标准等。同时，还有权了解岗位的薪酬待遇、福利制度、工作时间和休假规定等。这些信息有助于大学毕业生全面了解用人单位的招聘政策，从而做出更明智的职业决策。

3. 自主选择权

大学毕业生的自主选择权是指大学毕业生在求职过程中，具有根据自身条件、兴趣、能力和职业规划，自主选择适合自己的工作岗位和用人单位的权利。这一权利保障了大学毕业生的个人意愿和选择权。

大学毕业生的自主选择权主要体现在以下几个方面。第一，选择就业或升学的权利。大学毕业生可以根据自己的职业规划和个人意愿，选择直接就业或继续深造升学。第二，选择及时就业或延迟就业的权利。大学毕业生有权根据自己的实际情况，决定是立即就业还是暂时不就业，比如选择创业、旅行或进一步学习等。第三，选择固定职业或自由职业的权利。大学毕业生可以根据自己的兴趣和专长，选择成为固定职业的从业者，如企业员工，或者选择成为自由职业者，如作家、艺术家等。第四，选择进入不同行业或单位的权利。大学毕业生可以在符合国家就业方针、政策的前提下，根据自己的意愿和市场需求，选择进入国家机关、企事业单位、社会团体等不同性质的单位工作。

自主选择权是大学毕业生作为独立个体，在求职过程中体现自身主体性和自主性的重要权利。它允许大学毕业生根据自己的意愿和条件做出最适合自己的选择，而不是被外界因素所左右，有助于大学毕业生找到与自己兴趣、专长和职业规划相匹配的工作岗位和用人单位，这样的匹配度更高，有利于大学毕业生在工作中发挥更大的潜力，实现个人职业发展。

4. 薪酬待遇权

大学毕业生的薪酬待遇权是指大学毕业生在完成工作后，有权按照劳动合同或法律规定获得合理的薪酬和福利待遇。大学生在就业后，有权获得与劳动付出相匹配的劳动报酬和福利待遇，包括基本工资、奖金、津贴、补贴以及社会保险、住房公积金等。招聘单位应按照国家法律法规和劳动合同约定，按时足额支付大学毕业生的劳动报酬和提供福利待遇。

大学毕业生的薪酬待遇权主要包括以下几个方面。第一，获得合理薪酬的权利。大学毕业生有权要求用人单位按照劳动合同或法律规定支付合理的工资、奖金等劳动报酬。这些报酬应当公平合理，不得低于当地最低工资标准。第二，享受福利待遇的权利。除了劳动报酬外，大学毕业生还有权享受用人单位提供的各种福利待遇，如社会保险、住房公积金、带薪休假、节日福利等。第三，薪酬支付方式和时间的约定权。大学毕业生有权与用人单位约定薪酬的支付方式和时间，确保薪酬能够按时足额获得。

5. 安全卫生权

大学毕业生的安全卫生权是指大学毕业生在劳动过程中享有必要的劳动保护和职业健康条件，以确保其人身安全和健康不受损害的权利。

大学毕业生的安全卫生权主要包括以下几个方面。第一，获得安全卫生环境条件的权利。大学毕业生有权在安全和卫生的工作环境中从事劳动，这包括工作场所的物理环境（如温度、湿度、照明、通风等）和化学环境（如有毒有害物质的浓度、噪声水平等）都应符合国家安全卫生标准。第二，取得劳动保护用品的权利。用人单位应为大学毕业生提供符合规定的劳动保护用品，如安全帽、防护眼镜、防护服等，以保障他们在劳动过程中的安全。第三，获得法律规定的休息时间的权利。大学毕业生有权获得合理的休息时间和休假待遇，以保持身心健康。这有助于防止因过度劳累而导致的安全事故和健康问题。第四，定期健康检查的权利。用人单位应定期组织大学毕业生进行健康检查，及时发现和处理职业病或其他健康问题。

安全卫生权是大学毕业生最基本的权利之一，它直接关系到大学毕业生的生命安全。用人单位提供安全和卫生的工作环境，可以有效降低安全事故和职业病的发生率，保障大学毕业生的生命安全。大学毕业生在劳动过程中获得必要的劳动保护和职业健康条件，有助于减少因工作环境恶劣而导致的健康问题，以维护自己的健康权益。

6. 休息休假权

大学毕业生的休息休假权是指大学毕业生在劳动过程中，根据法律规定享有的休息和休假的权利。这一权利旨在保障大学毕业生的身心健康，提高工作效率，并促进大学毕业生的全面发展。大学毕业生有权按照国家规定和劳动合同约定享受休息和休假的权利，包括法定节假日、带薪年假等。

大学毕业生的休息休假权主要包括以下几个方面。第一，日常休息时间。大学毕业生有权在每日工作时间内获得合理的休息时间，以缓解工作带来的疲劳。《中华人民共和国劳动法》规定，劳动者每日工作时间不超过 8 小时。用人单位应确保大学毕业生有适当的休息。第二，周休息日。大学毕业生有权在每周至少休息一天，这是保障其身心健康、提高工作效率的重要措施。用人单位应遵守这一规定，合理安排大学毕业生的工作时间和休假制度。第三，法定节假日。大学毕业生有权在法定节假日期间获得休假。这些节日包括元旦、春节、清明节、劳动节、端午节、中秋节和国庆节等。用人单位应依法安排大学毕业生在这些节日期间休假，并确保其享有相应的福利待遇。第四，带薪年休假。大学毕业生在连续工作满一年后，有权享受带薪年休假。这一权利有助于大学毕业生在紧张的工作之余得到充分的休息和放松，以更好地投入后续的工作中。

7. 社会保障权

大学毕业生的社会保障权是基于宪法和劳动法等相关法律法规的规定，确保大学毕业生在面临年老、疾病、失业、工伤、生育等社会风险时，能够从国家和社会获得必要的物质保障和服务，以维持其基本生活水平并促进个人全面发展。大学生在就业后，有权享受社会保险和福利待遇，包括养老保险、医疗保险、失业保险、工伤保险和生育保险等社会保险，以及单位提供的各种福利待遇。

大学毕业生的社会保障权主要体现为我们通常所说的"五险一金"，主要包括以下几个方面。第一，养老保险。大学毕业生有权参加基本养老保险，以确保在达到法定退休年龄后，能够按月领取基本养老金，保障晚年生活的基本需求。第二，医疗保险。大学毕业生有权参加基本医疗保险，以在生病或受伤时享受医疗费用的报销待遇，减轻经济负担。第三，失业保险。大学毕业生在失业时，有权享受失业保险待遇，包括经济援助、职业培训、职业介绍等，以帮助他们更快地找到新的工作机会。第四，工伤保险。大学毕业生在工作中遭受意外伤害时，有权获得工伤保险提供的医疗救治、经济补偿等保障。第五，生育保险。女性毕业生在生育期间，有权享受生育保险待遇，包括生育医疗费用报销、产假津贴等。第六，住房公积金。大学毕业生有权参加住房公积金，以在购房或租房时获得资金支持，减轻住房压力。

社会保障制度为大学毕业生提供了基本生活保障，确保他们在面临社会风险时能够维持基本生活水平；也为大学毕业生提供了经济支持和各种服务，有助于他们更好地规划职业生涯和个人发展；同时有利于减少社会矛盾和冲突，维护社会和谐稳定。

8. 违约求偿权

大学毕业生的违约求偿权是指大学毕业生在与用人单位签订就业协议或劳动合同后，如对方违反合同约定，给大学毕业生造成损失，大学毕业生有权要求对方承担违约责任并进行赔偿的权利。

大学毕业生的违约求偿权主要包括以下几个方面。第一，要求继续履行合同。当用人单位违反就业协议或劳动合同时，大学毕业生有权要求对方继续履行合同，即按照协议或合同约定的内容继续提供工作和相关待遇。第二，要求赔偿损失。如用人单位的违约行为给大学毕业生造成了经济损失或其他损害，大学毕业生有权要求对方进行赔偿。赔偿的范围通常包括直接经济损失、预期利益损失以及因违约行为导致的精神损害等。第三，要求支付违约金。在就业协议或劳动合同中，双方可以约定违约金条款，当一方违反约定时，另一方有权要求对方按照约定的金额支付违约金。

以上的八项权益共同构成了大学毕业生就业的基本权益的完整体系，为大学毕业生的职业发展提供了有力保障。大学毕业生应充分了解自己的权益内容，积极维护自己的合法权益，为未来的职业发展奠定坚实基础。同时，招聘单位也应严格遵守相关法律法规，切实保障大学毕业生的合法权益，营造一个公平、公正、和谐的就业环境。

（三）大学生维护就业权益的方法

大学毕业生维护自己的就业权益可以保障个人权益、促进就业公平、推动社会和谐、提升法律意识、促进个人成长。如"品案例"中的小张，其实像小张这样的大学毕业生不在少数，绝大部分大学毕业生在自身权益受到侵害时，都由于工作时间短、涉及资金少、怕惹麻烦等原因最终选择了沉默，自认倒霉，也有一部分大学毕业生不知道应该向哪里投诉。还好小张在朋友的建议下，向当地的劳动保障部门寻求了帮助，最后雇主不仅退还了克扣的工资，还向小张道歉并承诺将改善工作环境和待遇。大学毕业生要维护自己的就业权益，可以从以下几个方面努力。

1. 提升自身竞争力与建立正确就业观念

一方面要提升自身竞争力。通过不断学习和实践，提升自己的专业技能和综合素质，增强就业竞争力。另一方面要建立正确就业观念。不要盲目追求高薪或热门职位，而是要根据自己的兴趣和能力选择适合自己的工作。同时，还要保持积极的心态，面对就业过程中的挫折和困难时能够及时调整心态，积极寻求解决方案。

2. 增强法律意识与风险防范能力

一方面要积极学习相关法律法规。要主动学习《中华人民共和国劳动法》《中华人民共和国劳动合同法》等相关法律法规，了解自己在劳动关系中的权利和义务，如劳动报酬、休息休假、劳动安全卫生保护等。通过深入了解这些法律法规，大学毕业生能够明确自己在就业过程中的权益边界，为后续的就业维权打下坚实的基础。另一方面要积极参加就业指导与安全教育活动。提高识别就业陷阱和违法违规行为的能力，不要轻信所谓的"求职捷径"，尤其是那些承诺高薪却不要求任何投入的工作。

3. 选择正规渠道求职与签订合同

第一，要选择正规渠道。要通过学校招聘会、官方招聘网站等正规渠道获取就业信息，避免掉入非法中介或虚假招聘的陷阱。第二，要仔细审查合同条款。在签订劳动合同时，应仔细阅读合同条款，特别是关于工作内容、工资待遇、工作时间、保险福利等方面的约定，对于不明确或存在疑问的条款，应及时咨询并寻求专业人员的意见。第三，要保存合同副本。签订劳动合同后，应保存好合同副本，以备在维权时作为重要证据使用。

4. 增强信息安全意识与自我保护意识

一方面要保护个人信息。不随意打开陌生网址链接，不轻易泄露个人敏感信息，如身份证号、银行卡号等。另一方面要警惕就业陷阱。了解并警惕黑中介、假兼职、乱收费、扣证件、培训贷和非法传销等常见的求职陷阱，避免上当受骗。

5. 善用正确维权方法与保留证据

一方面要掌握维权途径。了解并熟悉当地的劳动保障监察部门、劳动仲裁委员会等机构的职能和联系方式，以便在需要时迅速采取行动。当就业权益受到侵害时，可以通过与用人单位协商、申请调解、仲裁或诉讼等合法途径来维护自己的权益。另一方面要保留相关证据。在整个就业过程中，要注意保留相关证据，如书面沟通记录、工资条、考勤记录、劳动合同副本等，以支持自己的维权主张。

总之，大学毕业生在维护自己的就业权益时，需要从提升自身竞争力、增强法律意识、选择正规渠道求职、增强信息安全意识、掌握维权途径等多个方面入手，只有这样才能在竞争激烈的就业市场中更好地保护自己的合法权益。

四、谈观点

在竞争激烈的就业市场中，部分用人单位可能会利用大学毕业生求职时的迫切心态，采取压低薪资或构建不合理薪资结构等手段，试图降低人力成本。面对这种潜在的薪资不公现象，你作为即将踏入社会的大学生，应当如何积极应对并捍卫自己的合法权益呢？

_____

_____

_____

_____

五、践行动

搜集一个近年来大学毕业生就业权益得到保护的典型案例，并对案例进行深入分析，探讨其发生的原因、影响及应对措施。

典型案例：

_____

_____

发生原因：

_____

_____

主要影响：

_____

_____

应对措施：

_____

_____

六、测能力

请扫描二维码查看对应试题，判断这些说法是否正确。

通关第十九式
测能力

通关第二十式：就业陷阱

通关目标

知识目标

1. 掌握大学生就业的十大陷阱
2. 掌握识别就业陷阱的方法
3. 了解防范就业陷阱的途径

能力目标

1. 能够准确辨识常见的就业陷阱
2. 能够有效防范常见的就业陷阱

素质目标

1. 增强法律法规意识和维权意识
2. 增强责任意识和诚信意识

一、品案例

案例呈现 | "高薪"馅饼变"霸王"条款

2018 年，某高校计算机专业毕业生在校园招聘会上被一家科技公司以优厚的待遇吸引。该公司口头承诺：月薪 8000 元，年底享有项目奖金；工作满 2 年，提供股权激励；工作满 5 年，更有机会获得海外培训机会。不少毕业生被诱人的条件所吸引，最终有 20 人通过了该公司的面试，他们未加详审便与该公司签订了劳动合同。然而，入职不到一个月，他们就发现自己落入了"合同陷阱"。虽然月薪确实定为 8000 元，但合同中却布满了严苛的罚款条款。例如，项目延期一天罚款 1000 元，迟到早退一次罚款 300 元，甚至在工作群内未及时回复消息也要罚款 50 元。这些罚款使得毕业生们实际到手的工资大打折扣，有些人甚至每月只能拿到一两千元。

毕业生们集体向公司提出抗议，要求调整罚款条款或解除劳动合同。然而，公司却拿出劳动合同，要求他们支付高额的违约金，否则不予解除合同。毕业生们表示，在学校招聘时公司并未提及这些罚款和违约金条款，但公司却回应说，一切以合同为准。毕业生们一时陷入困境，不知所措。

案例思考：

案例中的 20 名高校计算机专业毕业生遇到了哪些陷阱？这对你有何启示？

二、做任务

请在课前或课中学习的基础上，按照任务单的要求，完成通关任务（见表 8-2）。

表 8-2　通关任务 20

通关任务名称	就业陷阱案例分析	
通关任务描述	每个人搜集一个近年来大学毕业生遇到就业陷阱的案例，并进行案例分析；以小组为单位，推选出一位最优者代表小组进行汇报，并制作汇报时间不超过 8 分钟的汇报 PPT	任务单 8-20
通关任务评价标准	案例信息全面，涵盖涉及的关键人物与机构、具体事件经过、最终结果等；案例分析过程完整、结论准确；PPT 汇报内容完整，条理清晰；汇报语言流畅、精练，时间控制得当	

三、习新知

由于职场环境错综复杂、竞争激烈，有一些不法分子或无良用人单位利用大学生求职心切的心理，以高薪、要职为诱饵，制造就业陷阱，以满足自己的不法需求。因此，大学生在求职的过程中，要了解可能存在的就业陷阱，掌握识别就业陷阱的方法和防范就业陷阱的途径。

（一）大学生就业的十大陷阱

大学生就业过程中可能会遇到多种陷阱，这些陷阱往往以不同的形式出现，旨在骗取求职者的钱财、个人信息或劳动力，以下是常见的就业陷阱。

1. 虚假岗位陷阱

该陷阱主要表现为招聘单位发布虚假的招聘信息，如虚假的职位名称、工作内容、薪资待遇等，以吸引求职者。这些虚假信息可能通过招聘网站、社交媒体等渠道广泛传播，一旦求职者应聘，就会发现实际工作与招聘信息完全不符，甚至根本不存在该职位。如一些要求很低、待遇很丰厚、招聘人数非常多、招聘时间特别紧的招聘广告，很多人去面试后才发现，这些看似待遇优渥的岗位实际上就是业务员，且没有底薪、福利，提升业绩才能赚到钱。

2. 培训贷陷阱

该陷阱主要表现为不法机构以高薪就业、保障就业为诱饵，诱导求职者参加培训并签订贷款合同以支付培训费用。然而，培训质量可能无法保证，且求职者可能无法获得承诺的工作机会。此外，贷款合同可能包含高额利息和违约金等不利条款，给求职者带来沉重的经济负担。

3. 传销陷阱

传销组织具有收取入门费、拉人头、金字塔结构的盈利模式等典型特征。传销组织可能会冒充招聘公司或与招聘公司合作，发布虚假的招聘信息，以"高额回报"等为诱饵，吸引求职者应聘。一旦求职者落入圈套，传销组织便会要求缴纳一定费用或购买某种产品，并指派各种推销任务。这类传销活动本身就具有一定迷惑性，又往往通过网络招聘等手段实施，更增加了其隐蔽性。求职者一旦加入传销组织，就可能会被迫从事非法活动，且难以脱身。

4. 试用期陷阱

该陷阱主要表现为用人单位违反法律法规，无故延长试用期或只签订试用期合同。在试用期内，用人单位可能不缴纳社保，只发放较低的实习费用。试用期结束后，用人单位可能以各种理由解聘求职者，且不承担任何责任。对于试用期，需要明确 3 点：一是试用期是用人单位与劳动者约定的；二是试用期也存在劳动关系，需要签订劳动合同；三是试用期不能因用人单位各种理由延长，按法律规定试用期最长不得超过 6 个月。

5. 虚假承诺陷阱

该陷阱主要表现为招聘单位在招聘过程中做出虚假的承诺，如承诺提供高薪、优厚福利、快速晋升、口头录用等。比如，一些用人单位只给出口头录用通知，未出具书面通知；或者有些用人单位虽发出书面录用通知，但后续又反悔；一些用人单位在发布招聘信息时，注明了工作性质为合同制，求职者签订合同时也没认真看，结果签订的是劳务派遣合同。虚假承诺可能无法兑现，甚至与实际情况完全相反。

6. 抵押、乱收费陷阱

求职者要警惕抵押和乱收费陷阱。比如，有的用人单位以查阅证件为由，趁机扣押求职者的证件原件，并以此要挟求职者不能轻易离职；有的用人单位以各种借口扣押求职者的财物，如扣留部分工资、收取押金等，再过一段时间，可能会随便找个理由来辞退求职者，扣下抵押的财物。另外，还存在中介机构还未介绍到工作就以各种名目向求职者收取费用的情况。如中介机构以押金、保证金、办证费、服装费、资料费等名目收费，之后再以各种苛刻的要求迫使求职者自动放弃求职，已交纳的费用借故不退还求职者。

7. 薪资待遇陷阱

薪资是大学生求职择业时最为关注的因素之一。薪资待遇陷阱主要表现为用人单位在招聘时承诺高薪待遇等，但实际上这些待遇可能包含各种扣除项，求职者实际到手的工资可能远低于承诺的薪资水平。在求职时，如果招聘者夸夸其谈，反复强调职位轻松、朝九晚五、月薪随便过万元等不太符合刚入职场大学毕业生薪资实际情况的，就要考虑高薪陷阱的可能性了。如"品案例"中的某高校的 20 名计算机专业毕业生就遭遇了薪资待遇陷阱，用人单位原本承诺的月薪 8000 元，但实际到手的工资大打折扣，有些人甚至每月只能拿到一两千元。

8. 单位资质陷阱

有些用人单位在招聘时对单位的描述不符合实际情况，如夸大单位的资质、荣誉、业绩等。这些虚假信息可能使求职者产生误解，认为该单位具有良好的发展前景和实力，然而实际情况可能完全相反。求职者可能会因此受到经济损失和职业发展上的阻碍。

9. 黑中介陷阱

黑中介通常没有合法的经营资质和固定的经营场所，他们可能会收取高昂的中介费用，但提供的服务质量低下甚至无效。求职者一旦通过黑中介应聘，就可能会掉入虚假招聘、乱收费等陷阱。此外，黑中介还可能泄露求职者的个人信息，给求职者带来安全隐患。

10. 合同陷阱

有的用人单位为了逃避合同责任，想随意解除劳动关系而不承担相应法律责任，就故意拖延或不与劳动者签订劳动合同，或不将签署后的劳动合同交一份给劳动者。有的用人单位在所签订的劳动合同中规定了不少日后可能发生争议情况的处理办法，这些处理办法对于劳动者的权利没有保护，却在惩罚劳动者方面规定严格。如"品案例"中提到的 20 名高校毕业生未加详审便与公司签订了劳动合同，合同中却布满了严苛的罚款条款。毕业生们表示在学校招聘时公司并未提及这些罚款和违约金条款，但公司却回应说"一切以合同为准"，这些毕业生明显是遭遇了合同陷阱。

（二）识别就业陷阱的方法

大学生在求职过程中，会识别就业陷阱是非常重要的能力，以下是一些常用的方法，可以帮助大学生识别就业陷阱。

1. 核实企业信息

一要查看营业执照，通过查看用人单位的营业执照，了解其经营范围是否与招聘岗位相符。正规企业都有合法的营业执照，且经营范围明确。二要查询资质证书，对于一些特殊行业（如金融、教育、医疗等），还需查看企业是否具备相关资质证书。例如，教育培训机构应有办学许可证，金融公司应有金融监管部门的批准文件。三要查询企业信用，通过国家企业信用信息公示系统、中国裁判文书网等平台查询企业的信用记录、经营异常名录、行政处罚记录等信息。如果企业存在频繁的法律纠纷或经营异常，需谨慎考虑。

2. 鉴别招聘渠道

一要选择正规招聘渠道，优先选择官方的招聘网站、学校就业指导中心、政府部门举办的招聘会中发布的招聘信息，这些渠道的信息相对可靠。二要警惕小众平台，对于一些不知名的小众招聘平台或个人发布的招聘信息，要格外小心，尤其是那些声称"内部推荐""独家机会"的信息，更要仔细甄别。

3. 注意面试细节

一要注意面试地点，正规公司的面试地点通常在其办公场所，且办公环境规范。如果面试地点在临时租赁的酒店房间、偏僻的居民楼或写字楼的临时工位，需提高警惕。二要注意面试流程，正规公司通常有规范的面试流程，有的还包括笔试、初试、复试等环节。如果面试过程过于简单，甚至只是简单问几个问题就可以入职，就有可能是陷阱。三要注意面试人员，注意面试人员的言谈举止和专业性。如果面试人员对岗位要求和公司情况含糊不清，或者频繁更换面试地点和人员，需谨慎对待。

4. 警惕收费项目

一要警惕任何收费项目，正规单位不会在招聘过程中收取任何费用，如报名费、押金、培训费、服装费、体检费等。如果遇到要求缴费的情况一定要小心谨慎，且要问清楚收费的依据和用途，并要求开具正规发票。二要提防贷款项目，特别警惕以"培训贷款""入职贷款"等形式诱导求职者办理贷款的行为。这类贷款往往隐藏高额利息和不合理条款，容易让求职者陷入债务困境。

5. 审查合同条款

一要签订书面合同，不要轻信口头承诺。合同中应明确工作内容、工作地点、工作时间、工资待遇、社保福利、试用期期限、合同解除条件等关键条款。二要注意"霸王条款"，仔细审查合同中是否存在不合理或违法的条款，如试用期内离职不结算工资，要求员工几年内不得结婚、生育等。如果发现此类条款，应要求修改或拒绝签订合同。

6. 关注薪资待遇

一要对比市场行情，通过招聘网站、行业报告等渠道，了解类似岗位的市场薪资水平。如果某岗位的薪资远高于市场平均水平，且工作内容看起来非常轻松，很可能是陷阱。二要警惕薪资模糊。如果用人单位对薪资待遇含糊其词，仅以"高薪""待遇优厚"等模糊表述代替具体数字，需保持警惕，并要求其明确薪资构成和发放方式。

7. 明确工作内容

一要明确岗位职责，要求用人单位详细说明岗位职责和工作内容，确保其与招聘信息一致。如果工作内容与招聘时描述不符，或存在不合理的要求（如频繁加班、从事与招聘岗位无关的工作），需谨慎考虑。二要警惕"挂羊头卖狗肉"，有些公司以招聘某岗位为名，实际却让求职者从事其他工作，甚至涉及违法活动。如以招聘客服为名，实际从事网络诈骗。

8. 咨询专业人士

一方面通过询问离职员工了解企业情况，如通过社交媒体、招聘平台等渠道，查找该公司离职员工的评价和反馈。离职员工的亲身经历往往能提供真实的信息。还要关注离职率，如果一家公司的离职率过高，可能说明其工作环境或管理存在问题。另一方面可以咨询律师或学校就业指导中心教师，了解自己的权益和权益受到侵害时的应对方法。

总之，在求职过程中，大学生要提高警惕，通过多种方式核实信息、审查合同、了解工作内容等，避免掉入就业陷阱。如果遇到可疑情况，及时向学校、人社部门或公安机关求助，维护自己的合法权益。

（三）防范就业陷阱的途径

大学生在就业市场上常常面临各种挑战与风险，为了有效防范就业陷阱，需要从增强法律法规意识、增强风险防范意识以及增强信息安全和维权意识 3 条途径来提升自我保护能力。

1. 增强法律法规意识

首先，要积极学习相关法律法规，如主动学习《中华人民共和国劳动法》《中华人民共和国劳动合同法》《中华人民共和国就业促进法》等与就业相关的法律法规，了解自己在就业过程中的权利和义务，以及用人单位的责任。这有助于在遇到问题时，能够迅速识别并依法维护自己的合法权益。其次，要关注政策动态，及时了解国家和地方政府发布的与就业相关的政策和规定，了解最新的就业政策和趋势，以便更好地规划自己的职业发展。最后，要培养法律法规意识，学会用法律武器保护自己。当遇到就业陷阱时，应敢于运用法律手段来维护自己的合法权益。

2. 增强风险防范意识

首先，要谨慎选择用人单位。大学生在求职过程中应仔细了解用人单位的背景、信誉和口碑，避免掉入黑中介或虚假招聘的陷阱。其次，要警惕合同陷阱，大学毕业生在签订劳动合同时，应仔细阅读合同条款，确保合同内容合法、明确、公平。对于模糊不清或存在争议的条款，应要求用人单位进行解释或修改。最后，要保护个人信息，大学生在求职过程中应妥善保管自己的个人信息，避免泄漏给不法分子。应谨慎对待需要填写个人信息的表格和问卷，确保信息的安全性和保密性。

3. 增强信息安全和维权意识

首先，要增强信息安全意识。在数字化时代，信息安全对于大学生来说至关重要，应了解最新的网络防护措施。同时，应使用复杂且独特的密码来保护自己的账户安全。其次，要增强维权意识。为了更有效地维护自己的权益，大学生可以加入相关的维权组织。这些组织可以提供法律咨询、法律援助和维权指导等服务，帮助大学生更好地应对就业陷阱。最后，要学会维护自己的权益。当遇到就业陷阱时，应勇敢地站出来维护自己的权益。可以通过向学校就业指导部门、劳动监察部门或法律机构寻求帮助来解决问题。同时，还可以利用社交媒体等渠道来曝光不法行为，引起社会的关注和支持。

四、谈观点

若你不慎碰到就业陷阱，你会用法律武器维护自己的合法权益吗？

_____

_____

_____

_____

五、践行动

通过网络搜集一个出现就业陷阱的情境，并分析如何避免掉入就业陷阱。

情境简介：

_____

_____

_____

属于哪种就业陷阱：

_____

对你的启示：

_____

_____

六、测能力

请扫描二维码查看对应试题，判断这些说法是否正确。

通关第二十式
测能力

通关第二十一式：自我保护

通关目标

知识目标
1. 了解大学生走进职场面临的风险
2. 了解大学生走进职场应具备的自我保护意识
3. 掌握职场自我保护的四大策略

能力目标
1. 提升风险识别与防范能力
2. 提升职场自我保护能力

素质目标
1. 增强法律意识与维权意识
2. 增强安全意识和自我保护意识

一、品案例

案例呈现 | **成功拿到赔偿的实习生**

在电视剧《生活家》中，李楚宁虽然被解约，但她成功地拿到了赔偿。

李楚宁大学毕业后进入德瑞会计师事务所成了一名实习生。然而，李楚宁最终未能获得正式职位，而是被解雇。李楚宁在得知自己被解雇后并没有选择默默接受，她搜集了相关证据，证明公司在解雇过程中存在不当行为或违约情况，且本人在实习期间付出了大量努力，并因公司的解雇决定而遭受了经济损失和职业发展上的困扰。基于所搜集的证据，李楚宁向公司提出了赔偿要求，并与公司进行了谈判和协商，最终与公司达成了赔偿协议。公司同意支付一定的赔偿金给李楚宁，以解决双方在解雇过程中的争议和纠纷。

案例思考：

你对李楚宁的做法怎么看？这对你有何启示？

_____

_____

_____

二、做任务

请在课前或课中学习的基础上，按照任务单的要求，完成通关任务（见表 8-3）。

表 8-3　通关任务 21

通关任务名称	情景剧《干，还是不干？》	
通关任务描述	以小组为单位，设置一个员工在职场中面临风险的场景，完成时长 5 ～ 8 分钟的情景剧《干，还是不干？》的表演，展现初入职场的大学毕业生所面临的风险，以及如何进行自我保护	
通关任务评价标准	围绕主题呈现内容，展现初入职场的大学毕业生所面临的风险，以及如何进行自我保护；故事情节生动，条理清晰，逻辑严密，组织结构严谨有序；团队协作好，有创意，现场效果好，时间把控得当	任务单 8-21

三、习新知

职场是一个充满竞争和合作的环境，每个人的权益都可能会受到挑战，自我保护能够确保自己的工作成果、薪资、福利和其他合法权益不受侵犯。职场自我保护对维护个人权益、预防职场风险、促进职业发展、维护心理健康以及建立良好职业形象具有重要意义。

（一）大学生走进职场面临的风险

大学生进入职场后可能会遇到多种风险，这些风险主要来自职场环境的复杂性、个人经验的不足以及对职场规则的不熟悉。以下是大学生走进职场可能面临的风险。

1. 劳动合同风险

一是无劳动合同风险，即用人单位可能不签订书面劳动合同，仅口头约定工作内容和待遇，这会给劳动者维权带来困难。二是劳动合同条款简单或缺失风险，即劳动合同中可能缺少工作岗位、工作地点、待遇、期限等法律规定的必备条款，导致劳动者权益无法得到充分保障。三是违约条件风险，即劳动合同中可能设置一些不利于劳动者的违约条款，如要求一定期限内不得结婚、生育、无条件加班，试用期离职无工资等，这些都是侵犯劳动者权益的表现。

2. 工作环境与待遇风险

一是过度加班风险。一些企业可能将加班作为晋升的标准，导致初入职场的大学毕业生长期处于加班状态，影响身心健康。二是待遇不公的风险。一些企业薪酬和晋升标准可能不透明，或者可能承诺空头职位和待遇，实际却没有合理的职业发展路径。三是工作环境恶劣的风险，即面临有污染、安全隐患等恶劣问题的工作环境，对身体健康构成威胁。

3. 人际关系风险

一是职场中被孤立的风险。初入职场的大学毕业生如果忽视与同事的沟通与互动，容易导致在团队中被边缘化，影响个人在公司中的发展。二是职场欺凌的风险。初入职场的大学毕业生可能遭遇来自同事或上级的欺凌行为，如言语攻击、排挤等，对心理健康造成损害。

（二）大学生走进职场应具备的自我保护意识

刚刚走进职场的大学毕业生会面临一系列的风险。为更好地维护个人权益、防范职场风险、促进职业发展、增强自我保护能力以及适应职场变化，大学毕业生应该在学习和实践中不断提升自我保护意识。

1. 法律意识

法律知识与劳动就业密切相关，是大学毕业生保障自身权益的重要因素。大学生应深入了解与就业相关的法律法规，如《中华人民共和国劳动法》《中华人民共和国劳动合同法》《中华人民共和国就业促进法》等，以及各级政府和部门出台的相关政策制度，提高自己的法律意识。在求职过程中，大学生需要做到懂法、守法、用法，运用法治思维审视就业过程中的各种问题，确保自身行为符合法律规范，同时学会在权益受损时依法维权。

2. 维权意识

当自身权益受到侵害时，大学毕业生应具备维权意识，敢于拿起法律的武器积极主张权利。大学毕业生应了解维权的合法途径，如通过学校调解、向劳动监察部门投诉、向劳动仲裁机构申请仲裁、向法院提起诉讼等方式来维护自己的就业权利。如"品案例"中的李楚宁，当受到不公平待遇被解雇时，她勇敢地站了出来，通过合法途径来维护自己的权益。

3. 契约意识

契约意识是大学生就业过程中不可或缺的。如在签订劳动合同时，大学毕业生应充分认识到合同的重要性，仔细阅读合同条款，明确双方的权利与义务，包括工作内容、工作地点、工作时间、薪资待遇、福利待遇、违约责任等关键信息。同时，大学毕业生还应具备严格遵守和履行合同的意识，避免因违约行为给自己和用人单位带来麻烦。

4. 诚信意识

诚信意识是大学生在求职过程中应具备的。大学生在求职时应如实向用人单位介绍自身情况，实事求是。若故意隐瞒自身情况、欺骗单位，可能导致就业协议无效，并要承担相应责任。同时，大学生也要判断用人单位是否诚信，比如判断单位介绍的情况是否真实等。

5. 证据意识

证据意识是大学生在就业过程中保护自身权益时所需要的。这包括收集证据的意识，要求对方出示或者提供相关资料来佐证事实；保存证据的意识，注意保存现有证据以在仲裁或诉讼时支持自己的观点；运用证据的意识，知道什么样的事实需要何种证据证明，以及一定事实的举证责任在对方还是己方。如"品案例"中的李楚宁在维护权益的过程中，注重证据和事实的重要性。只有搜集到充分的证据和事实依据，才能有效地维护自己的权益，争取到合理的赔偿。

6. 信息安全意识

在求职过程中，大学生往往需要提交个人简历、身份证明、学历证书等敏感信息。因此，增强信息安全意识显得尤为重要。大学生应学会保护个人隐私，谨慎选择求职平台，避免在不明来源的网站上泄露个人信息。同时，要警惕就业诈骗，对于要求提供银行卡信息、支付密码等敏感信息的招聘信息，应高度警惕并及时向相关部门举报。

（三）职场自我保护的四大策略

面对错综复杂的职场环境，大学毕业生要学会自我保护，维护自己的合法权益。在职场中，可以通过深入了解职场环境与规则、全面提升职业素养与技能、建立良好的人际关系网络和学会识别与应对职场风险这四大策略，实现自我保护。

1. 深入了解职场环境与规则

第一，要熟悉企业文化与制度。大学毕业生初入职场，首要任务是快速了解企业的组织结构、企业文化、规章制度以及行业规则，这有助于更好地融入团队，避免因不懂规矩而犯错。第二，要关注法律法规。了解《中华人民共和国劳动合同法》《中华人民共和国就业促进法》等与职场密切相关的法律法规，明确用人单位和劳动者之间的权利和义务，为自己的职场权益提供法律保障。

2. 全面提升职业素养与技能

第一，要持续学习专业知识。大学毕业生应不断学习专业知识，提升自己的业务能力，使自己成为团队中不可或缺的一员。这不仅能增强自信心，还能在关键时刻为自己提供保护。第二，要培养良好的职业道德。诚实守信、责任感强、团队合作意识强等品质是职场中不可或缺的，这些品质有助于大学毕业生在职场中赢得尊重与信任，减少冲突和误解。

3. 建立良好的人际关系网络

第一，要学会倾听与尊重。与同事、上级建立良好的人际关系是职场生存的重要法则。大学毕业生应学会倾听他人的意见，尊重他人的观点，积极参与团队活动，展示自己的团队精神和协作能力。第二，要保持适当距离。虽然建立良好的人际关系很重要，但大学毕业生也应与同事保持适当的距离，避免过于依赖或期待同事的理解和支持。

4. 学会识别与应对职场风险

第一，谨慎辨别招聘信息。在寻找工作时，大学生应仔细辨别招聘信息的真实性，避免上当受骗。可以通过多渠道了解单位背景、口碑等信息，确保选择的职位和单位安全可靠。第二，学会维护个人权益。在签订劳动合同时，应仔细阅读合同条款，确保自己的权益能得到保障。在职场中遇到不公平或不当行为时，应勇敢站出来维护自己的权益，必要时可以向上级反映情况或寻求法律援助。第三，做到重要事项留痕。在工作中应养成记录工作进展和成果的习惯，这有助于在关键时刻证明自己的工作成果，避免纠纷。

四、谈观点

在职场中，如果同事将你的工作成果说成是他的成果，你是选择维持职场人际关系，还是保护个人成果？为什么？

_____

_____

_____

五、践行动

通过网络搜集一个职场自我保护的故事，并分析故事的主人公是如何进行自我保护的。

故事简介：

_____

_____

自我保护的策略：

_____

_____

对你的启示：

_____

六、测能力

请扫描二维码查看对应试题，判断这些说法是否正确。

通关第二十一式
测能力

通关话题

你觉得在职场中维护自身权益是一件很难的事吗？为什么？

通关测验

请扫描二维码，完成通关测验，检测学习情况。

第八关 通关测验

09

第九关：适应职场——迅速转换角色

通关寄语

在我们的一生中有多种角色的转换，从学生到职场人的角色转换是我们每个人必须经历的过程，也是一次重要的转折。角色转换是职场成功和发展的关键要素。成为职业人后，在职场上要面对快速的生活节奏、严格的上下班时间、不能迟到早退、经常加班加点、工作任务急且重、可自由支配的时间少、人际关系复杂等一系列问题。对于初入职场的人来说，快速转换自己的角色是第一件需要做的事情。首先要转变观念，然后适应环境，更重要的是不断学习，在工作中不断磨砺自己，与同事相处融洽。

通关攻略

通关第二十二式：角色转换

通关目标

知识目标
1. 了解就业前后的角色差异
2. 了解做好角色转换的准备
3. 掌握角色转换之"六要"

能力目标
1. 提升适应职场的能力
2. 提升沉着应对职场挑战的能力

素质目标
1. 树立良好的职场心态
2. 增强勇于面对职场挑战的态度

一、品案例

| 案例呈现 | 全国五一劳动奖章获得者谢光明 |

谢光明现任中国中车株洲电力机车有限公司机车事业部电气装修工，曾连续 6 年获得公司技术攻关一等奖，先后获得中国中车高铁工匠、中国中车资深技能专家等荣誉，2018 年被授予全国五一劳动奖章。

谢光明说："我最基础的知识都是在学校学习的，尤其是系统知识的延伸学习，对我影响很深。"从学校毕业后他成为一名机车电工。刚进入机车调试岗位时，谢光明对机车设备不熟悉，图纸也看不太明白。但是他很勤奋，更喜欢钻研，于是他每天都拿个小本子，把所有部件画下来反复记，不懂的地方就追着师傅问。很快，他就可以独立画出车间里大大小小的设备，并且熟练掌握了各种类型机车的操作方法及原理。工作之余，他几乎把所有时间都用在了技能提升上。通过不懈努力，他考取了机车电工高级技师职业资格证书，从一名调试"菜鸟"变成一位能处理各种机车疑难杂症的"全科医生"。

案例思考：

谢光明刚走上工作岗位时是一名调试"菜鸟"，他是如何快速转换角色的？这对你有何启示？

_____

_____

_____

_____

二、做任务

请在课前或课中学习的基础上，按照任务单的要求，完成通关任务（见表 9-1）。

表 9-1 通关任务 22

通关任务名称	大学生与职业人角色差异报告	
通关任务描述	以小组为单位，对职业人进行调查，调查人数不少于 5 人，了解他们的工作状态，并结合大学生的基本情况，分析大学生与职业人角色的差别，完成一份调查报告，并制作汇报 PPT	
通关任务评价标准	围绕主题对职业人进行调查，调查人数不少于 5 人，结合大学生的基本情况，完成一份不少于 1000 字的调查报告；调查报告翔实、分析到位；团队协作好；汇报流畅；PPT 制作精美；现场效果好；汇报时间把控得当	任务单 9-22

三、习新知

告别大学校园、步入工作岗位，是大学毕业生社会化过程中至关重要的第一步，如何走好这一步，尽快转换角色是关键。

（一）就业前后的角色差异

大学生就业以后，所扮演的角色从学生转换为职业人。虽然完成变化的时间不长，但角色性质变化非常大，可以说是个人生涯的重大转折。就业前的学生角色与就业后的职业人角色的差异主要体现在以下几个方面。

1. 社会责任不同

学生角色的主要社会责任是学好科学文化知识与专业技能，使自己德智体美劳全面发展，整个角色过程是接受教育、储备知识、锻炼能力的过程。职业人角色的责任是以特定的身份去履行自己的职责，依靠自己的本领或技能完成职业人角色所要求的任务，责任履行得如何，不仅影响个人价值的实现，还会影响单位、行业的声誉。

2. 社会规范不同

职业人角色与学生角色不仅在规范的内容上不同，而且规范所产生的约束力也不一样。社会对学生角色的规范内容，主要反映在国家制定的学生行为准则和各学校制定的学生手册中。因为学生是受教育者，在违反角色规范时，主要以教育帮助为主。从事工作后，社会对职业人角色的规范因职业的不同而不同，但肯定是更严格，违背规范就要承担一定的责任。

3. 社会权利不同

学生角色的权利主要是依法接受教育，并取得经济生活的保证或资助。职业人角色则是依法行使职权、开展工作，并在履行义务的同时取得报酬。

4. 活动方式不同

学生的主要活动是学习，因此，学生角色比较强调对知识的输入、接纳与吸收，对知识的输出与应用强调较少。职业人角色的主要活动是向外界提供服务，因此，职业人角色强调从业者能够输出、应用与创造性地发挥自己的知识和技能，向外界提供专业服务。

5. 生活方式不同

学习生活是一种集体生活，学校实行统一的生活作息制度，对学生提出统一的行为规范。学生按照统一的时间表、同样的要求进行学习和生活。而成为职业人后，单位只在工作时间对员工提出要求，其他时间大多可自行支配。在遵守国家法律法规和社会公德的前提下，职业人在生活上享有较大的自由度。

6. 认识社会的途径不同

学生是受教育者，对社会的认识、了解主要来自书本，来自课堂学习，认识的途径主要是间接的，认识的内容主要是理论性的。职业人则通过亲身实践加深对社会的认识、了解，认识社会的途径是直接的，认识的内容主要是实践性的、具体的。

（二）做好角色转换的准备

胜任新角色，是一个由感性认识到理性认识的过程，要经过进入社会前的准备和进入社会后的观察、实践才能适应，直至得心应手。

1. 入职流程

入职流程是一个涉及多个环节和步骤的过程，每个单位的入职流程可能不同，但基本上包括以下几个步骤。

（1）前期准备与报到

① 接收录用通知。大学毕业生在通过面试等选拔流程后，会收到用人单位的录用通知，通知中一般包含报到时间、地点、所需携带的材料等信息。

② 准备入职材料。大学毕业生根据录用通知的要求准备一系列入职材料，如身份证、学历证书、学位证书、体检报告、照片等，这些材料是办理入职手续的重要依据。

③ 前往单位报到。大学毕业生需要在规定的报到时间内，携带准备好的入职材料前往用人单位报到。报到过程中，一般需要根据用人单位的要求，填写相关表格，办理相关证件。

(2)办理入职手续

① 签订劳动合同。在报到后,用人单位会与大学毕业生签订劳动合同,明确工作内容、工作地点、工作时间、劳动报酬等。

② 确认人事档案。用人单位会确认大学毕业生的人事档案调入时间,并办理相关的人事档案手续。

③ 发放单位资料。有的用人单位为了帮助大学毕业生更好地融入单位和工作环境,会发放介绍单位的相关资料。

(3)入职培训与团队建设

① 入职培训。一般情况下用人单位会组织新员工参加入职培训,内容涵盖公司文化、职业道德、业务技能等方面,这有助于新员工快速了解用人单位情况,提升工作能力和职业素养。

② 团队建设。有的用人单位为了增强团队凝聚力和协作能力,可能会组织新员工参加团建活动,如户外拓展、团队游戏等,这些活动有助于新员工更好地融入团队,建立良好的人际关系。

(4)试用期与转正评估

① 试用期。根据劳动合同的约定,新员工会进入试用期,在试用期内新员工需要适应工作环境,展现自己的工作能力和职业素养。

② 转正评估。试用期结束后,用人单位会对新员工进行转正评估,评估内容主要包括工作表现、业务能力、团队协作等方面,根据评估结果,用人单位会决定是否给予新员工转正。

2. 做好角色转换的准备

职场新人面临的第一个问题就是角色转换问题。为了顺利实现角色转换,大学毕业生在就业前后还要做好以下几个方面的准备。

(1)有充分的心理准备

有充分的心理准备才能主动克服各种惧怕心理,以苦干实干的态度尽快实现角色转换。大学毕业生走上工作岗位,大部分人是初次踏入职场,交往的对象、生活的环境、行为的规范等都发生了根本性变化。有的人怕工作做不好、怕吃苦受累、怕领导与同事难以相处等,这些惧怕心理成了角色转换的重大阻力。只有做好充分的心理准备,克服这些恐惧心理,不怕吃苦、不计较个人得失,努力承担岗位责任,主动适应环境,才能更好、更快地完成角色转换。

(2)全方位做好能力提升

大学生到职业人的转变涉及心理、知识、技能、人际关系、职业素养、时间管理等多方面准备。角色转换的真正实现是在大学生毕业走上社会亲身参加社会实践以后,大学生在学校期间虽然很难形成完美的职业准备状态,但是如果在校期间能对此有所认识,并寻找各种机会做好知识储备,积极参加各种社会实践活动,全方位做好能力提升,注重细节、持续学习、适应变化,并在实践中不断完善自己,毕业后的角色转换就会更加容易。

(3)培养角色意识

不同的职业岗位赋予劳动者不同的职责。大学生由学校步入社会,角色发生了变化,其义务、责任、权利等也随之变化,在进入职业社会后就要确定新的角色意识。由于每个人的素质、生活阅历、适应能力等各不相同,担任角色的能力也有差异,因此,要对自己的业务专长、性格特点、身体状况、处事态度等有较客观的认识。如果原有认识与新角色有差异,则要进行必要的调整和自我训练,以期达到新角色的要求。

(4)明晰角色期望

对于将要担任的角色,除了做好认识上、心理上的充分准备外,还要恰如其分地估计自己对角色的实际担任能力。任何一种职业,都有一定的职业要求和规范。每个人对于自己将从事的职业要有强烈的责任感和事业心,掌握工作岗位对职业角色的期望,做到遵循岗位职责,遵守职业道德,从本岗位做起。

（5）践行角色职责

初入职场要积极主动地了解自己将从事的职业角色，有了对职业角色的主动理解，在工作时才能努力地从精神上和行动上完全地进入新角色。这就要求大学毕业生一进入工作岗位就要快速了解即将从事的职业的传统和现状，尽快厘清自己所承担的角色在工作单位运行过程中的地位、作用及同其他工作的联系，并根据承担角色的性质、地位、作用及人们的期望去领悟新角色，运用所学的知识，积极创造各种有利条件去进入新角色、践行新角色。

（三）角色转换之"六要"

从学生到职业人是一种社会角色的重要转换。大学生与职业人在社会责任、社会规范、社会权利、活动方式、生活方式，以及认识社会的途径等方面均有所不同。在由大学生向职业人的角色转换中，要做好以下"六要"。

角色转换之"六要"

1. 要从宏大的人生理想向现实的职业目标转变

从象牙塔走出来的大学生怀抱的是人生理想，然而现实总是很残酷，导致刚刚走出校门的大学生很容易感到理想与现实之间的落差太大，一时难以接受。先前宏大的理想，很容易在现实面前失去动力，只感到实现人生理想是遥遥无期的事情。因此，初入职场要明确自己在职场中的角色，尽快了解职业发展通道，把理想转化为职业目标。实现职业目标有很多条途径，要结合自己的岗位、特点去选择一条最适合自己的途径，以更快地实现职业目标，从而最终实现人生理想。

2. 要从青涩的学校人向成熟的职业人转变

学生时代因为父母的付出，你可以从家里"要"到；因为老师的付出，你可以从学校里"要"到。但如果要转变成职业人，你必须先"给"。走出校门进入社会后，你就是社会的建设者、社会财富的创造者。将"要"的心态转变成"给"的心态，是成为职业人的关键。

3. 要从单纯的人际沟通向处理复杂的人际关系转变

大学生在校园中多与同学、老师相处，人际沟通较为简单。相对于大学中的同学关系、师生关系，职场中的人际关系要复杂得多。其实复杂的人际关系是社会构成的一部分，在做人方面，要揭掉自我标签，低调做人。在工作中要少说多看，尽快熟悉人际关系，融入环境。将锐气藏于胸，和气浮于脸，才气见于事，义气施于人。

4. 要从系统的理论学习向多方位的实际应用转变

个人在学校中以学习为主，而在工作中以应用为主。学校培养模式和实际工作需求之间存在一定的差异，职场新人要多学多看，多虚心请教，将所学应用到工作实际中，尽快积累工作经验。如"品案例"中的全国五一劳动奖章获得者谢光明，他虽然在学校学习了系统的理论知识，但是刚进入机车调试岗位时，仍然是一名调试"菜鸟"。为了尽快转换角色，他工作之余几乎把所有时间都用在了技能提升上，不懂的地方就追着师傅问，勤奋学习、刻苦钻研，不断在实践中提升自己。这些使他由一名普通员工变成能处理各种机车疑难杂症的"全科医生"。

5. 要从相对规律的校园生活向紧张的工作模式转变

校园生活以课堂学习为主，生活规律且节假日多。踏入紧张的职场，大学毕业生原本在校园内寝室、教室、图书馆、食堂四点一线的简单而安静的生活方式发生了改变。节奏明显加快，匆忙紧张的工作和加班代替了规律的校园生活，缺少很多自由支配时间，有时为了一项工作加班加点也是正常现象。大学毕业生初入职场要调整好生活规律。

6. 要从家长的呵护向自我保护转变

许多大学生原来依赖家长，现在需要自立，要学会面对人生的种种挫折，学会保护自己。

总之，大学校园和职场是两个截然不同的场所，大学生毕业进入职场，是一种身份的转换，相应地，大学生的心态也需要及时进行转换。

四、谈观点

现实与理想总是存在一定的差距，你觉得有没有必要根据入职后的现实情况去改变自己的人生理想？为什么？

五、践行动

撰写一个自己与职场（如做兼职、参观企业、实习等）初次相遇的小故事。

故事简介：

对你的启示：

六、测能力

请扫描二维码查看对应试题，判断这些说法是否正确。

通关第二十二式
测能力

通关第二十三式：心态调整

通关目标

知识目标
1. 掌握初入职场的八大误区
2. 了解初入职场的不良心态
3. 掌握职场心态调整的方法

能力目标
1. 提升适应职场的能力
2. 提升沉着应对职场挑战的能力

素质目标
1. 树立良好的职场心态
2. 强化勇于面对职场挑战的态度

一、品案例

| 案例呈现 | **未过试用期的职场新人** |

小凡大学毕业后入职了一家心仪的公司，在开心之余，他想一定要在试用期好好表现，以顺利转正。一天，领导交代他完成一个汇报 PPT，第二天下午开会要用到。按照常理来说，小凡有一天的时间做 PPT，第二天上午再检查一下即可完成任务。但小凡觉得第二天下午才用，时间还够，就没有急着做 PPT。小凡上班时聊语音，聊完了准备开始做 PPT，突然发现正在追的小说更新了，他又放下工作迫不及待地追更去了。到了晚上，公司的人都走完了，他想加会儿班做完 PPT，但是大学好友又邀请他玩游戏。想到做 PPT 还有时间，也好久没跟好友玩游戏了，他就又把做 PPT 的事儿放下了。玩游戏到深夜，他想第二天起个大早，早点到公司把 PPT 做了。可是由于睡得太晚，忘记定闹钟了，等他醒来已经是上午 10 点多了，他急忙赶到公司，正好迎面碰到领导，领导让他交 PPT，可这个时候小凡的 PPT 还没有做。由于在工作中总是拖延，小凡试用期一结束，公司就以不符合岗位要求为由辞退了他。

案例思考：

小凡为什么被辞退了？这对你有何启示？

_____

_____

_____

二、做任务

请在课前或课中学习的基础上，按照任务单的要求，完成通关任务（见表 9-2）。

表 9-2　通关任务 23

通关任务名称	情景剧《上班第一天》	
通关任务描述	以小组为单位，设置一个情景，完成时间不超过 8 分钟的情景剧《上班第一天》的表演，展现大学毕业生初入职场的情景	
通关任务评价标准	围绕主题呈现内容，展现大学毕业生初入职场的情景；表达清晰；组织到位；团队协作好；有创意；现场效果好；时间把控得当	任务单 9-23

三、习新知

大学毕业生初入职场，面临着一个充满未知的环境。从校园的象牙塔迈向职场的世界，大学毕业生不仅需要完成角色的转换，还要避免走入误区，更要在心态、能力以及人际交往等多个方面进行适应和成长。

（一）初入职场的八大误区

初入职场，大多数职场新人都满怀抱负。但职场新人切莫因急于求成而陷入误区。初入职场容易陷入的误区主要有以下几个方面。

1. 好高骛远

对于职场新人，最怕的就是好高骛远。初入职场的大学毕业生一般期望值较高，对工作充满了希望，对自己的能力认识不足，常觉得自己可以很快胜任工作、很快达到职业目标。如不少职场新人以为会很快进入管理岗位或核心岗位，对基层工作不屑一顾。可事实却很难如此，理想与现实的落差易让职场新人失去前进的动力。因此，职场新人要根据现实的情况，调整自己的期望值，尽量把期望值定得现实一些。

2. 急于求成

大多数大学毕业生刚刚步入职场成为职场新人，为了能够尽快在激烈的竞争中占得一席之地，就会迫不及待地找机会表现，盼望尽快得到他人的认可或想让人刮目相看，因而表现得急于求成。不管是谁都有渴望成功的心态，但是需要明白工作不可能一帆风顺，成就一番事业并不容易。所谓心急吃不了热豆腐，不要一开始就盯着成功不放，做事如果急于求成，就会像饥饿的人乍看到食物，狼吞虎咽，这样反而会引起消化不良。任何急功近利的做法都是不可取的，欲速则不达，急于求成很容易导致失败。"宝剑锋从磨砺出，梅花香自苦寒来。"做任何事情都要脚踏实地，一步一个脚印才能逐步走向成功，一口是吃不成一个胖子的。

3. 眼高手低

久居象牙塔的大学生缺乏工作经验，很容易高估自己的能力，以为自己什么都能干，以为自己能吃苦，但事实有时并非如此。职场新人一方面要学会接受自己能力不足的事实，不断学习，在实践中积累经验；另一方面要通过扎扎实实地完成本职工作，培养并展现出自己的能力。每个在职场成功的人，都是从基层做起的。

4. 习惯拖延

在职场中，最忌讳的一点就是习惯性地拖延，这不仅会耗尽领导的信任，而且也会把自己逼进死角。如"品案例"中的小凡，他就有职场中最忌讳的拖延症，拖延的欢愉是短暂的，付出的代价是巨大的。职场新人应根据工作任务的特点安排进度，尽量当日事当日毕，不要把所有的事情都积攒到最后，否则只会让自己疲惫不堪。

5. 标新立异

刚入职场的新人多有"初生牛犊不怕虎"的冲劲，喜欢张扬个性，喜欢标新立异。其实，这些行为都还带有"学生味"，是职业成熟度不够的表现。偶尔的标新立异可以让周围人感觉新鲜，但无时无刻不这样只会让人反感。职场中不可自恋轻狂，求同存异的做法虽然中庸，但却是为人处世的重要准则。

6. 放弃学习

很多大学毕业生认为，学校是学习的地方，毕业之后就可以不用再学习了。面对全新的环境，有很多东西都需要职场新人去学习，这种学习已经超越课本和课堂，而且这种学习更具挑战。不能等待别人给你灌输，而要靠你自己去做一个有心人。在职场打拼，不管想做到哪个位置，不管已经做到哪个位置，你都需要不断地学习、不断地提升自己。

7. 不断跳槽

刚入职场的新人，或许会由于受了委屈、工作量太大、加班太多、薪酬太低等而产生辞职的念头。工作中可能会有各种不适应，但是告诉自己等一等，匆忙辞职、频繁跳槽可能会使自己错过职场很重要的累积期。在工作中遇到困难是正常的，有的人虽然拥有比较适合自身的工作，但总觉得怀才不遇而频繁跳槽。职场新人要多从自身寻找原因，积极适应，而不是怨天尤人。目光短浅的人往往只看现状，而对单位发展和个人发展的前景因素考虑不足。频繁跳槽可能会暂时得到一些眼前的利益和满足，但从长远发展来看，并非明智的选择。

8. 没有规划

进入职场后没有规划、没有目标，工作一天是一天，这只会让自己越来越懒惰无力，直至被边缘化。如何在新的舞台上找到自己的位置，如何规划自己的职业发展，是每一个职场新人都需要面对的问题。制定个人职业发展规划，不仅有助于明确职业目标，还能为职业生涯的持续发展奠定坚实基础。

总之，职场新人应该尽量避免走入以上八大误区。其实，成为职场达人并不是一朝一夕就能达成的事情，成功的道路上并没有捷径可循，经历实践的磨炼，经过时间的沉淀，有一天职场新人终将会在职场如鱼得水。

（二）初入职场的不良心态

理想与现实总是存在一定的差距，有的大学毕业生走上社会后仍惯用在学校时的思维方式去认识社会，因此遇到现实矛盾容易困惑、迷惘、彷徨，甚至失望，无法适应工作环境，难以转换角色。初入职场的不良心态主要表现在以下 8 个方面。

1. 妒忌

职场新人初入职场可能工作很努力但获得的机会并不多，工作中的竞争很容易产生妒忌心理。竞争中必有强弱之分，想要自己的综合竞争力变强，就要从自身修炼开始，一味地敌视别人的进步和优势，会让自己陷入负面情绪，对自身发展不利。

2. 畏惧

职场中，尤其是对职场新人来说，面对领导时常常会感到莫名的畏惧。这种畏惧可能源自对权威的敬畏、对自己能力的不自信，或是对未来发展的焦虑。因为对领导的畏惧，不敢主动与领导交流，很容易错失学习和展示才华的机会。

3. 抵触

职场新人很容易因为对工作环境、任务分配、同事关系等方面的不适应而产生抵触情绪。如新人常常被分配一些琐碎的任务，如处理文件、数据录入等，这些工作虽然重要，但缺乏挑战性和成就感，容易让人感到乏味和缺乏动力而产生抵触情绪，不愿意服从上司安排，也不愿意配合同事工作。

4. 自卑

职场新人有时缺乏自信，担心做错事被领导批评，所以做起事来总是畏畏缩缩，什么重任都不敢承担。这样的人其实不会受欢迎，在团队协作中，大家更喜欢与自信、有担当的人合作。而对于领导来说，自卑的人在他看来很可能就是能力不足，往后必定难受重用。

5. 多疑

多疑是一种缺乏安全感的心理状态，即对他人和环境抱有怀疑和猜忌。比如"最近领导没分配什么任务给我，我是不是做错了什么？""今天小李拿我开玩笑，是不是上次工作的事没配合好，所以才故意整我？"这种心态不仅会使自己感到紧张和焦虑，还会影响自己与他人的合作和信任关系。

6. 冷淡

办公室人际关系冷淡对团队建设有很大的负面影响。有的职场新人有个性，在人际交往中显得冷漠，容易失去与他人深入了解和合作的机会。冷淡的态度会让他人产生不愉快和抵触情绪，进而影响与他人的合作关系。

7. 抱怨

抱怨是办公室中易传播、辐射又快又广，也最具杀伤力的负能量。频繁抱怨工作和生活中的不满会传播负面情绪，影响团队积极性。有的职场新人总爱数落工作和生活中的种种不满，自怨自艾，抱怨让自己和他人陷入负面情绪中，从而消极怠工，积极性差，工作容易出错。

8. 浮躁

对于初入职场的大学毕业生来说，刚进单位的 3 ～ 6 个月的试用期是跳槽最快、最频繁的时期，这个阶段也被称为职业浮躁期。有的职场新人急于求成，渴望一步到位，缺乏踏实的工作态度；以自我为中心，不顾及他人的感受和需求；面对工作浮躁应对，做事时敷衍了事、得过且过、错误百出。

（三）职场心态调整的方法

职场新人面临着诸多挑战和困难，职场新人要始终保持积极的心态，出现问题及时调整自己，以避免出现以上 8 种不良心态。以下是 8 种调整不良心态的方法。

1. 设定合理目标

明确目标不仅能够帮助我们更好地规划职业发展，还能在面对挑战时保持积极的心态。职场新人要根据工作的实际情况设定具体、可衡量的工作目标，制订工作计划，增强工作的成就感。

2. 建立情绪调节机制

保持积极的心态，遇到挫折时告诉自己"问题可以解决，挑战可以面对"。当压力、挫折等不良情绪来袭时，停下来给自己片刻的冷静时间，合理安排时间，避免无休止地加班。

3. 正视压力接纳情绪

压力是职场生活的一部分，正视压力并接纳由此产生的各种情绪，如焦虑、烦躁等。通过正念练习和深呼吸等方法帮助自己集中注意力于当下，减少对未来的过度担忧。

4. 合理安排工作和生活

职场的工作强度要大于大学生活，初入职场的新人需要尽量适应职场的高强度劳动，注意劳逸结合，合理安排工作与休息时间，工作时就全身心投入，提高工作效率，休息时就彻底放松。

5. 改变思维方式

初入职场面对新的环境与工作内容，不可避免地有一定的压力，职场新人要积极看待问题，改变思维方式，从多维度去思考，将压力转化为动力，把复杂任务分解成小任务逐步完成。

6. 寻求支持与帮助

当遇到特别困难的事情且自己无法解决时，要及时沟通，积极地寻求支持与帮助，多向领导与同事请教解决问题的方法，多与家人、朋友交流，分享自己的困扰和压力。

7. 建立积极的心理暗示

职场新人在工作中遇到不可避免的问题时，不要钻牛角尖，更不要抱怨和消极怠工，要用积极乐观的态度去面对和解决问题，用积极的话语鼓励自己，如"我能行""我能克服困难"，这些积极的心理暗示有助于提升自信心，减轻负面情绪的影响。

8. 寻找适合的放松方式

长时间的紧张和高强度的工作任务容易带来负面情绪，适当放松至关重要。要积极寻找适合自己的放松方式，如运动、阅读、冥想、向好友倾诉等，放松自己的身心，使自己的情绪和压力得到释放。

四、谈观点

"对于职场新人来说，如果一开始就干得不开心，不如尽快跳槽。"对于这种说法你认同吗？为什么？

_____

_____

_____

_____

_____

五、践行动

通过网络搜集大学生初入职场的情境，并分析哪些地方做得好、哪些地方做得不好。

大学生初入职场情境简介：

_____

_____

_____

_____

做得好的地方：

_____

_____

_____

_____

做得不好的地方：

_____

_____

_____

_____

对你的启示：

_____

_____

_____

_____

六、测能力

请扫描二维码查看对应试题，判断这些说法是否正确。

通关第二十三式
测能力

通关第二十四式：职场适应

通关目标

知识目标
1. 掌握快速适应职场的经典八法
2. 了解尽快适应工作岗位的方法
3. 了解建立和谐人际关系的方法

能力目标
1. 提升适应职场的能力
2. 提升沉着应对职场挑战的能力

素质目标
1. 树立良好的职场心态
2. 强化勇于面对职场挑战的态度

一、品案例

案例呈现　　国务院政府特殊津贴获得者陈士华

陈士华是湖南铁道职业技术学院电器专业 1991 届毕业生，现任中车戚墅堰机车车辆工艺研究所股份有限公司高级技师，他曾获全国技术能手、中国南车技术标兵、首届中国南车技能大师等荣誉，是中国中车的首席技能专家、国家级技能大师领办人，享受国务院政府特殊津贴。

1991 年，电器专业毕业的陈士华进入中车戚墅堰机车车辆工艺研究所股份有限公司工作，阴差阳错，他被分配到了无损检测岗位。面对不熟悉的环境和设备，陈士华从零开始，虚心请教，刻苦自学。也许是由于没有条条框框的限制，针对火车制动盘摩擦面有裂纹的问题，他大胆采用超声波检查内部缺陷，顺利找出了原因，并配合铸造工艺人员解决了这一产品的质量难题。随后，陈士华凭借着一股钻劲、韧劲，在极短的时间获得了铁道部门磁粉探伤、渗透探伤、射线探伤、超声波探伤Ⅱ级技术资格证，以及欧盟 EN473 体系磁粉探伤、渗透探伤、超声波探伤Ⅱ技术资格证。

对于毕业后没能从事与自身专业对口的工作，陈士华总会笑着说"我这属于'上错花轿嫁对郎'"。他在工作中练就了"火眼金睛"，被业内尊称为"高铁神医"。

案例思考：

"上错花轿嫁对郎"的陈士华最终成为一名"高铁神医"，他是如何快速适应职场的？这对你有何启示？

二、做任务

请在课前或课中学习的基础上，按照任务单的要求，完成通关任务（见表 9-3）。

表 9-3 通关任务 24

通关任务名称	快速适应职场调查报告	
通关任务描述	以小组为单位，对入职不超过一年的职场新员工进行调查，调查人数不少于 5 人，了解他们是如何快速适应职场的，完成一份调查报告，并制作汇报 PPT	
通关任务评价标准	围绕主题对入职不超过一年的职场新员工进行调查，调查人数不少于 5 人，完成一份不少于 1000 字的调查报告；调查报告内容翔实、分析到位；团队协作好；汇报流畅；PPT 制作精美；现场效果好；汇报时间把控得当	任务单 9-24

三、习新知

由于角色的改变，大学生在就业初期或多或少都会遇到职场适应问题，可能会迷茫，可能会有困惑，可能会紧张，也可能会觉得压力较大。这是一个很正常的过程，每个人都会经历这样一个阶段。职场新人所要做的就是要自我调节，快速适应职场。

（一）快速适应职场的经典八法

离开了校园，步入职场，如何快速适应职场，是新人踏入职场的第一门课，以下几种经典方法有助于职场新人快速适应职场。

1. 重视培训

入职培训是每家单位针对新员工开展的一项重要活动。对于职场新人来说，必须认真对待入职培训。培训中职场新人不但能了解单位的发展历程、相关政策等，而且还能在这里认识许多新同事，这些同事有可能是职场新人将来亲密的合作伙伴。

2. 认清角色

刚刚开始工作，职场新人要尽快认清自己的角色，明确自己的工作职责。职场新人既要尽快熟悉自己的工作内容、工作特点、职责要求，还要尽快熟悉 3 类制度，即单位通用制度、部门制度、与自己工作相关的制度。

3. 勤学多干

熟悉新工作、适应新岗位的基本要诀在于"学"与"干"。闲暇时要勤奋学习，不断蓄势，为工作积累丰富的知识和经验。俗话说"不经一事，不长一智"。新到一个工作岗位往往会遇到不少新的问题，这些问题是凭以往的经验无法解决的，这就需要加强学习和实践，在实践中积累经验。如"品案例"中"上错花轿嫁对郎"的陈士华，尽管毕业后没能从事与自身专业对口的工作，仍凭借勤学多干，最终成为一名"高铁神医"。

4. 敢于请教

工作伊始，对于没有工作经验的职场新人，许多工作难以上手是正常的。千万不要不懂装懂。这个时候向同事请教是助推职场新人尽快进步的最优方法。在新的工作岗位，要虚心向领导和同事多询问多请教，尽快地熟悉有关业务，适应新岗位工作。

5. 多做总结

职场新人遇事要勤思考、多总结。经过实践、解决问题、总结与再实践、再解决问题、再总结这样不断循环的过程，有助于尽快地适应新岗位要求。理性地观察与思考，学习与总结，能够帮助职场新人进一步成长。

6. 积极严谨

作为职场新人，要全身心地投入到工作中去，在工作中积极主动、甘于吃苦才能尽快适应工作。要以严谨的态度来做好工作，不能对接手的工作马虎敷衍，严谨细致地做事才不会出差错。

7. 尽职尽责

作为职场新人，要把每一件事情都当作一次锻炼，一点一滴地积累经验。只有把责任放在最前端，才能把能力凸显出来。不管是负责整个产品，还是某个产品的某个方向，甚至一个小活动，职场新人都必须把自己看成这个事项的责任人，为结果负责。

8. 保持良好心态

由学校转向社会，职场新人不适应是正常的。要保持良好的心态，充满自信、积极改变才能适应职场要求。首先，在面对工作的枯燥无味时要保持积极的心态，改变对工作的看法，逐渐培养对工作的兴趣，尽可能去体会工作带来的乐趣；其次，在与人沟通交流中要有谦虚的心态，面对上司、对待同事都要以向他人学习的态度进行沟通交流；再次，面对挫折、遭遇低谷时要有乐观的心态，没有任何人的职场经历是一帆风顺的，对于职场新人来说更是如此。乐观的心态能够帮助职场新人面对挫折，走出低谷。

（二）尽快适应工作岗位的方法

每一位老员工都是从新人过来的，一开始可能感觉屡屡受挫，总被各种难题压得难以适应，只有迅速调整自己，尽快适应工作岗位，才能赢得职场。熟悉了工作环境，适应了工作岗位，明确了工作职责，就基本能够适应所担当的职业角色了。

1. 尽快熟悉工作环境

了解工作环境和掌握工作单位的有关信息，能使职场新人尽快地适应职业角色，掌握工作的主动权。以企业为例，可以从以下几个方面了解、熟悉工作环境。

（1）了解企业的基本情况

了解企业的基本情况主要应了解企业的创业、成长和发展，初步把握企业发展的过程；了解企业的性质，包括企业的资产规模、所有制性质、经营方式等；了解企业的现状，如果是生产型企业，还应了解企业的产品结构；了解企业的组织结构，包括企业的领导结构，实行何种管理模式；了解企业的规章制度，包括财务制度、考勤制度、工作纪律、操作规程，甚至差旅费的报销制度等；了解企业的人事制度以及工资福利待遇等。

（2）了解企业文化

企业文化是文化现象在企业中的体现，是在一定社会历史环境下，企业及其成员在长期生产经营活动中形成的文化观念和文化形式的总和，是企业共同的价值取向、经营哲学、行为规范、信念和凝聚力的价值观念体系。对于职场新人而言，熟悉本企业的文化是了解企业的关键环节。只有了解企业文化，才能迅速理解企业的精神和宗旨，使自己的行为符合企业的总体目标，适应企业发展的步伐，使自己迅速融入这一大家庭，以及与领导、同事的人际交往之中。

（3）了解企业一些不成文的规则

每个企业都有一些不成文的规则，了解这些规则，有助于职场新人适应新的工作环境。

2. 尽快适应工作岗位

作为职场新人，进入新的工作环境可能会感到有些陌生和不适应。然而，快速适应工作岗位是提高工作效率和实现职业发展的重要一步。

（1）提升职业归属感

大学毕业生到单位后就成为一名职业劳动者，其职业生涯也由此开始。作为一名职业劳动者，要尽快提升自己的职业归属感，"干一行，爱一行"，在工作岗位上贡献自己的聪明才智，为社会创造物质财富和精神财富。

（2）树立主人翁意识

初入职场的新人要把自己当成岗位的主人，把自己的前途和单位的命运联系起来，在工作中积极主动，增强责任心，使自己得到更多锻炼，潜力也得到发挥。如果没有主人翁意识，工作就会应付了事，冷眼旁观，久而久之就会丧失年轻人的活力，得不到锻炼和提高。

（3）调整好生活节奏

调整好生活节奏不仅有利于尽快适应工作环境，而且有利于身心健康。首先是对工作时间、劳动强度以及紧张程度的适应，要严于律己，改变不良的习惯，以适应新的工作需要；其次是要处理好努力工作与生活作息的关系，分清轻重缓急，做到有张有弛。

（4）从平凡工作做起

职场新人刚参加工作，能力还未体现，潜能还未发挥，不可能马上担任重要工作。领导往往会先安排一些普通的勤杂工作，这绝不是不重视，而是对职场新人素质的一种考验，要学会服从，遵守角色规范。在平凡小事中也可以培养一个人敬业、细致、耐心、认真的品质，切不可掉以轻心。

（5）培养进取的工作作风

勤奋踏实、吃苦耐劳、谦虚认真、严谨求实、开拓进取、雷厉风行、严守秘密、服从安排等优良的工作作风是职场新人应该学习和发扬的。在预定的时间内完成工作任务、在工作时间内避免闲聊、尝试将身边的杂物清理干净、将各类物品摆放有序、工作有计划、办事有条理等，均有助于工作效率的提高。

3. 尽快明确自己的工作职责

职场新人在熟悉工作环境、适应工作岗位的过程中，要尽快了解和熟悉自己的工作内容，概括地讲，就是熟悉自己从事的工作岗位的责任、权利和义务。如弄清楚自己工作岗位的任务和主要责任；明确岗位处理事务的工作权限；明确岗位处理事务的执行程序，并按程序办事；掌握岗位工作需要的基本技能，包括了解操作工具、操作程序等；明确自己的主管部门和主管人员，并向其报告；了解岗位在整个工作过程中的地位和作用，这样可以使自己在工作中有目标地朝着搞好整体协作的方向去努力，避免南辕北辙；了解企业的发展计划，从而为自己的工作更符合新的变化做好准备。

（三）建立和谐人际关系的方法

现代社会是人际交往非常密切的社会，职场新人在工作单位建立健康和谐的人际关系，是一个人塑造好个人形象，做好工作的前提和基础。工作单位里的人际关系主要是与领导和同事之间的人际关系，除了要掌握与人交往的技巧，还要正确处理与领导、同事的关系。

1. 掌握与人交往的技巧

对于刚走出校门的职场新人而言，要建立和谐的人际关系，就需要掌握一些基本的与人交往的技巧。

（1）讲究礼貌

这一点虽然非常普通，却不是人人都能做得好的。有良好的礼仪，懂得尊重人，是与人交往的基本原则。职场新人要了解并遵守基本的礼仪规范，并能够在不同场合得体地表现自己，在言谈中充满自信，注意措辞和用词，不说粗话，不开不合适的玩笑。

（2）诚恳待人

真诚是人际交往的基石，无论面对谁，都要保持真诚的态度。真诚待人不仅能赢得他人的信任，还能让自己的言行更具说服力。以真实的自我示人，不虚伪、不做作，才能够赢得他人的信任和尊重，使自己在人际交往中更加顺利。

（3）学会倾听

在与人交流时，不要急于表达自己的观点，而是要用心倾听对方说话。把自己想象成一个"信息接收器"，全神贯注地接收对方传达的内容，理解他们的感受和需求。

（4）真诚赞美

喜欢被赞美是人的天性，善于赞美别人则是一门学问。发现他人的优点，并真诚地给予赞美，这就像给对方送上一束温暖的阳光，能迅速拉近彼此的距离。但要注意赞美要具体且真诚，避免过于笼统和虚假。

（5）尊重差异

我们每个人都是独一无二的，有不同的价值观、信仰和文化背景。尊重差异是人际交往的基本准则之一。我们需要尊重他人的观点和生活方式，不要试图强迫他人接受我们的观点或行为方式。

（6）控制情绪

情绪在人际交往中起着重要作用，情绪会通过言语、表情和行为传递给他人，影响关系的温度，情绪不稳定会导致关系变得紧张或疏远。在与人交往中，难免会遇到意见不合或产生矛盾的时候，这时要学会控制自己的情绪，避免在冲动下说出伤人的话或做出过激的行为。

（7）提供帮助

在人际交往中，细心周到的关怀能够让人感到温暖和被重视。当你多关注他人的需求和感受，为他人提供帮助和支持时，不仅能让对方感受到你的善良和热心，也会为你们的关系打下坚实的基础。但帮助要在自己的能力范围内。

（8）保持微笑

微笑永远是最好的名片，是人际交往中最美好的语言，是一种极具力量的无声语言，它就像一束温暖的阳光，能瞬间穿透人与人之间的隔阂。即使在面对压力和困难时，一个微笑也能传递出友善和积极的态度。

2. 正确处理与领导的关系

在职业生涯中，工作成就感、满足感很多都与和领导的关系有关。在工作中的一个重要任务就是在与领导的交往中学会如何进步。与不同风格的领导相处，需要讲究不同的方法与态度，可以根据自己的实际情况及所处的环境来确定什么方式是适合自己的。通常情况下需要注意以下几点。

（1）遵守工作规则

一个部门或一个组织都是通过下级对上级的服从来建立工作秩序的，下级服从上级是最基本的常识，但是经常有人不能做到，原因常常是下级认为上级不如自己，因此就会在行动上出格。当然，对上级的服从也会因工作岗位性质的不同而有所差异。一般来说，高自主性的工作不需要太多的服从，如销售工作；而低自主性的工作则需要更多的服从，如秘书工作。总之，要遵守工作规则，根据自己工作岗位的性质，按规则对待领导。

（2）主动配合上级

主动配合上级工作也是岗位职责之一，好的下属要善于适应处于各种状态的领导。任何风格的领导都会欢迎主动配合自己工作的下属，尤其是如果上级在某些方面比较弱，如年龄小于下属、技术能力不强、管理经验不足，不少人会因此对上级缺乏必要的尊重。如果你能在这种情况下主动去配合上级做好工作，就显出你的成熟和与众不同。

（3）讲究办事效率

一般来说，上级满意的下属是能够理解上级的意图，执行力强，工作效率高，能够创造出色成绩的下属。只要能够胜任自己的本职工作，并且勤奋敬业，工作有效率、出成果，不管遇到什么风格的领导，都能得到领导的肯定和器重。

（4）避免矛盾冲突

每位领导都有自己的风格，总的来说，对上级要先尊重后磨合，工作中要尽量避免上下级之间的矛盾冲突，这既能帮助你维护自己的权益，也能建立起良好的上下级关系，使你拥有一个良好的工作环境。一般来说，要掌握好与领导的沟通技巧，经常与领导联系和充分交流，建立彼此信任关系。

3. 正确处理与同事的关系

在所有的人际关系中，同事关系也是最为重要的关系之一。在整个职业生涯中与你相处最多的可能是他们，对你影响最大的也是他们。因此，要想事业有成，就必须处理好与同事的关系。要建立良好的同事关系，通常情况下需要注意以下几点。

（1）积极乐观，少说多做

初入职场的新人对待同事要保持积极乐观的心态，积极参加团队聚餐、团建活动等，增进与同事之间的了解和友谊。平时尊重他人的观点、工作方式和隐私，对待每位同事都要礼貌。要少说、多看、多做、多想、多听，将更多的精力投入实际工作中，通过实际行动来展现自己的能力和价值。

（2）真诚相待，友好相处

步入新的工作环境，真诚是人际交往的基础。在职场中，职场新人应真诚待人，与同事友好相处。当同事工作中取得成就或生活中遇到喜事时，应表示真诚的祝贺；当同事遇到困难或麻烦时，可以及时伸出援助之手。

（3）严以律己，宽以待人

在复杂的职场人际关系中，"严以律己，宽以待人"的原则显得尤为重要。它不仅是个人品德修养的体现，也是处理人际关系的艺术。在职场上，严以律己意味着高效工作、诚信待人，这能够赢得同事和上级的信任与尊重；宽以待人则有助于化解团队内部的矛盾，促进团队合作与共赢。

（4）换位思考，避免冲突

初入职场时要尽量避免与同事产生冲突，换位思考是避免冲突的关键策略之一。尝试理解他人的立场和感受，站在对方的角度考虑问题，避免以自我为中心。换位思考不仅能帮助你更好地理解他人的立场和需求，还能减少误解和偏见，从而避免许多潜在的冲突。

四、谈观点

每一位老员工都是从新人过来的，一开始可能感觉屡屡受挫，总被各种难题压得难以适应，只有迅速调整自己，快速适应职场，才能赢得职场。请你结合自身的情况，谈一谈如何快速适应职场。

_____

_____

_____

_____

五、践行动

访谈至少 3 位本专业已毕业的校友，了解他们快速适应职场的方法。

校友 1

姓名：＿＿＿＿＿＿＿＿＿＿原班级：＿＿＿＿＿＿＿＿＿＿＿＿＿＿＿＿

工作单位：＿＿＿＿＿＿＿＿岗位：＿＿＿＿＿＿＿＿＿＿＿＿＿＿＿＿

快速适应职场的方法：＿＿＿＿＿＿＿＿＿＿＿＿＿＿＿＿＿＿＿＿＿＿

＿＿＿＿＿＿＿＿＿＿＿＿＿＿＿＿＿＿＿＿＿＿＿＿＿＿＿＿＿＿＿＿＿＿

校友 2

姓名：＿＿＿＿＿＿＿＿＿＿原班级：＿＿＿＿＿＿＿＿＿＿＿＿＿＿＿＿

工作单位：＿＿＿＿＿＿＿＿岗位：＿＿＿＿＿＿＿＿＿＿＿＿＿＿＿＿

快速适应职场的方法：＿＿＿＿＿＿＿＿＿＿＿＿＿＿＿＿＿＿＿＿＿＿

＿＿＿＿＿＿＿＿＿＿＿＿＿＿＿＿＿＿＿＿＿＿＿＿＿＿＿＿＿＿＿＿＿＿

校友 3

姓名：＿＿＿＿＿＿＿＿原班级：＿＿＿＿＿＿＿＿＿＿＿＿＿＿＿＿

工作单位：＿＿＿＿＿＿岗位：＿＿＿＿＿＿＿＿＿＿＿＿＿＿＿＿

快速适应职场的方法：＿＿＿＿＿＿＿＿＿＿＿＿＿＿＿＿＿＿＿＿＿＿

＿＿＿＿＿＿＿＿＿＿＿＿＿＿＿＿＿＿＿＿＿＿＿＿＿＿＿＿＿＿＿＿＿＿

对你的启示：

＿＿＿＿＿＿＿＿＿＿＿＿＿＿＿＿＿＿＿＿＿＿＿＿＿＿＿＿＿＿＿＿＿＿

＿＿＿＿＿＿＿＿＿＿＿＿＿＿＿＿＿＿＿＿＿＿＿＿＿＿＿＿＿＿＿＿＿＿

＿＿＿＿＿＿＿＿＿＿＿＿＿＿＿＿＿＿＿＿＿＿＿＿＿＿＿＿＿＿＿＿＿＿

六、测能力

请扫描二维码查看对应试题，判断这些说法是否正确。

通关话题

如何使自己快速地适应职场？

通关第二十四式
测能力

通关测验

请扫描二维码，完成通关测验，检测学习情况。

第九关 通关测验

10

第十关：礼在职场——熟知职场礼仪

通关寄语

　　当今的职场对礼仪越来越重视，职场礼仪不仅可以有效地展现一个人的教养、风度、气质和魅力，还显示出一个人对社会的认知水平。注重礼仪不仅能树立良好的个人形象，也能提升企业的形象。正确使用职场礼仪会让我们得到领导的信任，便于与同事建立起相互尊重、相互信任、友好合作的关系，从而使我们的事业得到进一步发展，在职场中如鱼得水。可以说，在职场中懂得和熟练运用职场礼仪，能够让我们获得更多的机会，是我们职业成功的法宝。

通关攻略

通关第二十五式：握手礼仪

通关目标

知识目标
1. 了解握手礼的含义及作用
2. 掌握握手的"六忌六要"
3. 掌握握手礼的应用

能力目标
1. 能够根据场合和对象恰当地运用握手礼
2. 能够合理控制握手力度和时间

素质目标
1. 养成良好的礼仪意识
2. 养成友好、尊重他人的态度

一、品案例

案例呈现　　　　　　　　**握手礼仪失误带来的遗憾**

林晓，一位即将毕业的市场营销专业学生，获得了心仪公司的面试机会。林晓精心准备了面试，从着装到反复练习自我介绍。面试当天，她满怀信心地走进了公司。面试开始前，林晓在接待区等待。这时，面试官李总监走进了房间，面带微笑，向林晓伸出手准备握手。林晓由于紧张，没有立即反应过来，手还插在口袋里，有些迟疑。当她终于反应过来时，为了表示尊重，她赶紧向李总监深深地鞠了一躬。李总监只能尴尬地收回手，虽然表面上仍然保持着职业性的微笑，但眼神中闪过一丝失望和不解。面试过程中，李总监对林晓的表现较为冷淡，提问也更加犀利，试图通过其他方式来评估林晓的能力和态度。面试结束后，李总监没有立即给出反馈，而是让林晓回去等待通知。

几天后，林晓收到了公司的拒绝通知，虽然没有直接提及握手礼仪的问题，但林晓从自己的表现和面试官的态度中，隐约感受到了握手礼仪失误带来的影响。

案例思考：

林晓在面试官李总监伸出手准备握手时出现了哪些失误？

_____

_____

_____

二、做任务

请在课前或课中学习的基础上，按照任务单的要求，完成通关任务（见表 10-1）。

表 10-1　　通关任务 25

通关任务名称	情景剧《你好，你好！》	
通关任务描述	以小组为单位，设置一个情景，完成时间不超过 8 分钟的情景剧《你好，你好！》的表演，充分展现握手礼仪	
通关任务评价标准	围绕主题呈现内容，展现握手礼仪；表达清晰；团队协作好；有创意；现场效果好；时间把控得当	任务单 10-25

三、习新知

两人相向，握手为礼。握手礼是人际交往中最基本的礼节之一，它有助于打破人与人之间的陌生感，建立初步的联系。在初次见面时，一个简单的握手可以迅速拉近双方的距离，为后续的交流打下良好的基础。

（一）握手礼的含义及作用

握手常常用来表示友善，象征和平。在现代，握手被赋予了更丰富的内涵。握手除了在见面时表示友好、和善、应酬外，还在告辞时表示道别，也可表示对他人的感谢、祝贺、慰问等。

1. 握手礼的含义

握手礼的含义丰富而深刻，它不仅仅是一种简单的身体接触，更是情感交流的重要方式、社交礼仪的重要内容、文化认同的良好体现、美好愿景的重要象征。

（1）情感交流的重要方式

握手礼首先是一种情感交流的方式。通过握手，人们可以传递出友好、尊重等多种情感。这种非言语的沟通方式能够迅速拉近人与人之间的距离，增进彼此之间的了解和信任。握手时的力度、时间、表情等细节，都能反映出握手者的态度和情感，从而加深双方之间的情感联系。

（2）社交礼仪的重要内容

握手礼是社交礼仪的重要组成部分。在正式场合，如商务洽谈、会议、庆典等，握手礼被视为礼貌和尊重的表现。通过握手，人们可以展示自己的礼仪修养和职业素养，给对方留下良好的印象。同时，握手也是社交场合中的一种规范行为，有助于维护社交秩序和稳定。在社交活动中，握手礼的规范性和得体性对于建立良好的人际关系至关重要。

（3）文化认同的良好体现

握手礼在不同文化和国家之间具有普遍的适用性，但具体的表达方式和意义可能存在差异。这种差异反映了文化的独特性和多样性。通过握手礼，人们可以了解和尊重不同文化的传统和习俗，增进文化之间的交流和融合。握手礼作为一种国际通用的社交礼节，具有跨越文化和国界的普遍价值，有助于构建跨文化交流的桥梁。

（4）美好愿景的重要象征

握手礼还具有一定的象征意义。它象征着和平、友好、合作和信任等积极价值观。在商务合作等领域，握手礼被视为一种合作意愿和信任的象征。通过握手，双方可以表达共同的目标和愿景，为未来的合作奠定坚实的基础。同时，握手礼也象征着人与人之间的平等和尊重，有助于消除隔阂和误解，促进社会的和谐与稳定。

2. 握手礼的作用

握手作为一种广泛流传的见面致意礼节，在社交场合中扮演着非常重要的角色。它不仅能够传达出尊重和友好，还具有如下作用。

（1）提升个人魅力和社交能力

掌握握手礼仪并运用得当能够提升个人魅力和社交能力。一个懂得运用握手礼仪的人往往能够给人留下深刻而美好的印象，从而在社交场合中更加得心应手地与人交往和沟通。

（2）体现文化修养和教养素质

握手礼仪作为一种文化现象和社交习惯，往往能够体现出一个人的文化修养和素质。一个懂得并善于运用握手礼仪的人往往能够在社交场合中受到他人的尊重和欢迎。

（3）增进彼此之间的了解和信任

运用握手礼仪可以直观地感受到对方的尊重和友好。这种直观的感受往往能够增进彼此之间的了解和信任，为后续的交流和合作打下良好的基础。

（4）促进商务合作和人际交往

在商务场合和人际交往中，握手礼仪同样发挥着重要的作用。恰当的握手方式和态度，能够传达出专业和尊重，增进彼此之间的信任和合作意愿，从而为商务合作和人际交往的成功打下良好的基础。

（二）握手的"六忌六要"

在交际和应酬中，握手被认为是人类的"次语言"。热情、得体、文雅的握手，可以给人以亲切、舒适的感觉，能将礼仪展现得淋漓尽致。在握手时，要注意"六忌六要"。

1. 握手"六忌"

在社交场合中，应该注重握手礼仪的规范性和得体性，以展示礼貌、尊重和专业素养，同时增进彼此之间的了解和友谊。在握手时要注意以下"六忌"。

一忌姿势错误。双手握手，通常表现为用两只手同时握住对方的一只手，这种姿势往往显得过于热情或过分依赖，有时甚至会让人感到压力或不适。交叉握手，通常表现为在握手时，自己的手臂交叉在对方手臂之上或之下，这种姿势往往显得不自然、不礼貌，甚至有可能让对方感到被冒犯。

二忌时机不当。在对方接听电话时伸手与他人握手，这会打断对方的通话，显得不尊重对方的时间和隐私，也可能给对方带来困扰和不便。在商务或社交场合中，这样的行为可能会给人留下不专业或缺乏礼貌的印象。

三忌缺乏礼貌。不管是不是左撇子，都不要用左手握手。在许多文化中，右手被视为"干净"和"尊贵"的手，使用左手握手可能被视为不尊重或不合礼仪。戴手套、墨镜与他人握手，手套和墨镜会阻碍皮肤的直接接触和眼神交流，从而削弱握手的亲切感和诚意；握手前在衣服上擦拭双手，可能让对方觉得你的手不干净，或者你对握手不够重视；脏手、手心有水或有汗与人握手，会让人觉得非常不礼貌；将另外一只手插到口袋里握手，显得随意和不尊重，仿佛你对握手这件事并不在意；越过他人握手，会忽略中间的人，显得不礼貌；与他人握手时用另一只手进行其他动作，会分散注意力，显得不专注。

四忌过分热情。触摸对方的身体（如肩膀、手臂等），可能被视为侵犯个人空间或过于亲密，这在商务等正式场合中尤为不妥；握住对方的手不放，特别是异性的手，可能被视为不尊重或有过分亲密的意图，会让对方感到尴尬或不安；用力过猛，会让人无所适从。

五忌态度冷漠。面无表情、沉默不语可能让对方感到被忽视或不受欢迎，从而破坏双方的初步印象和信任感建立。握手时通常伴随着简短的问候，这是建立沟通桥梁的开始。沉默不语可能让对方觉得尴尬或不舒服，影响双方的进一步交流；手部僵硬，没有反应，可能让对方觉得你不愿意与之接触，从而产生隔阂；拒绝与对方握手，这被视为不礼貌、不尊重对方，甚至可能引发误会和冲突。

六忌错误回应。如对方主动伸出右手行握手礼，而你以其他礼节（如鞠躬、点头等）作为回应，可能会让对方感到困惑或不被尊重。这种不一致的回应方式可能破坏双方的沟通氛围和影响初步印象。如"品案例"中的林晓，当面试官李总监向她伸出手准备握手时，她由于紧张，没有立即反应过来，回应了鞠躬礼仪，就显得不够尊重对方，且不专业。

2. 握手"六要"

握手时要距离对方一步远，双腿立正，身体自然前倾，伸出右手，保持四指并拢，大拇指张开与对方相握，面带微笑，注视对方，礼貌问候，用上一定的力度，且晃动 3 次。同时还要做到以下"六要"。

一要先后有序。在社交场合，握手的先后次序通常取决于双方的宾主身份、年龄、性别和社会地位。一般遵循"尊者决定"的原则，即应由主人、长辈、女士或地位较高的人先伸手，客人、晚辈、男士或地位较低的人再予以迎握。

二要使用右手。在大多数国家和文化中，握手时应使用右手。使用左手握手被视为不礼貌或有悖习俗，特别是在某些文化背景下，左手被视为不洁，因此应避免使用左手握手。

三要热情有力。握手时应表现出热情和真诚，力度要适中，以不使对方感到疼痛为宜。过轻的握手可能显得敷衍了事，而过重的握手则可能让对方感到不适，适当的力度能够传达出自信和尊重。

四要目视对方。握手时，应真诚地看着对方的眼睛，以表示尊重和友好。同时，可以伴随一句热情的问候，如"您好"或"很高兴见到您"。

五要把握时间。握手的时间不宜过长或过短，一般为 3 秒左右。过长时间的握手可能会让对方感到尴尬或不适，而过短时间的握手则可能显得敷衍了事。

六要姿势正确。握手时，身体应稍微前倾，以表示尊重和友好。同时，手应自然下垂或贴着大腿外侧，避免单手插兜、双手抱胸等不礼貌的姿势。保持一个开放和自信的姿态，有助于传达出积极态度。

（三）握手礼的应用

在现代社会中，握手礼不局限于传统的社交场合，而是广泛应用于商务、社交等各种领域。同时，随着全球化的加速，握手也逐渐成为一种跨越国界和文化的社交方式，成为连接不同文化和国家人民的重要桥梁。在掌握了握手的"六忌六要"之后，还需要了解握手礼在实际应用中的一些具体场景和注意事项。

1. 商务场合中的握手礼

商务场合中的握手礼主要是为了表达商业友好、建立或巩固商业关系，并展示职业素养和尊重。它通常发生在初次见面、会议开始或结束时，以及签约等重要商业环节。

（1）握手顺序

在商务场合，握手顺序通常遵循职位高低、年龄长幼的原则，即职位较高者或年长者先伸手，职位较低者或年轻者后伸手。在与客户或合作伙伴交往时，客户或合作伙伴通常具有优先伸手的权利。

（2）握手力度与姿态

握手力度适中，既不过紧也不过松，以表达真诚和尊重。同时，保持身体挺直，不要在握手时弯腰或过度前倾，以展现出自信和职业素养。

（3）其他注意事项

在商务场合中，应避免交叉握手，不要在握手时另一只手拿着东西（除非是必须携带的物品，如文件夹或公文包），并确保双手干净、指甲整洁。此外，握手时可以配合适当的问候语，如"很高兴见到您"或"期待与您的合作"。

2. 社交场合中的握手礼

社交场合中的握手礼主要是为了表达个人友好、增进友谊、传递热情和关怀。它通常发生在朋友聚会、家庭聚会、社交活动等非正式场合。

（1）握手顺序

在社交场合，握手顺序更多地考虑性别、年龄和熟悉程度。一般来说，女士、年长者或对彼此熟悉的人先伸手，男士、年轻者或对彼此不太熟悉的人后伸手。这体现了对女士和年长者的尊重，有助于营造社交场合的轻松氛围。

（2）握手力度与姿态

握手力度根据双方的关系和熟悉程度来确定。在朋友或熟人之间，握手力度可能相对轻柔；而在不太熟悉的人之间，握手力度可能相对较重。同时，保持微笑和眼神交流，以传递友好和热情。

（3）其他注意事项

在社交场合中，握手时通常不需要过于正式或拘谨，可以随意和亲切。但也要注意避免轻浮或不尊重的行为。

3. 国际交往中的握手礼

国际交往中的握手礼主要是为了表达国际友好、增进相互理解和信任，以及展示对对方文化的尊重和包容。它通常发生在外交活动、国际会议、国际商务洽谈等正式场合。

（1）握手顺序

在国际交往中，握手顺序通常遵循国际礼仪和惯例。即地位较高者或年长者先伸手，地位较低者或年轻者后伸手。同时，要注意尊重对方的文化背景和礼仪习惯，避免触犯对方的禁忌和敏感点。

（2）握手力度与姿态

握手力度适中，以表达真诚和尊重。同时，保持身体挺直、面带微笑、眼神交流，以展现出自信和友好。在跨文化交往中，要注意避免使用过于强硬或过于柔弱的握手方式，以免引起对方的误解或不适。

（3）文化差异与注意事项

不同国家和地区有不同的握手礼仪和习惯。例如，在一些国家中，握手时可能伴随着鞠躬或点头等致意方式。在国际交往中，要了解并尊重对方的文化背景和礼仪习惯，以避免触犯禁忌和造成尴尬。

四、谈观点

进入面试场所后，为了表示礼貌，面试者是否要主动与面试官握手？为什么？

_____

_____

_____

_____

五、践行动

与班级同学两两组队，模拟社交场合的正确握手礼，并录制视频。

搭档同学：_____

握手场景：_____

存在问题分析：_____

_____

_____

进一步改进措施：_____

_____

_____

六、测能力

请扫描二维码查看对应试题，判断这些说法是否正确。

通过第二十五式
测能力

通关第二十六式：名片礼仪

📄 通关目标

🗂 知识目标

1. 了解名片的内容
2. 了解名片的作用
3. 掌握名片使用六要素

🗂 能力目标

1. 能够正确、得体地递送名片
2. 能够礼貌、专业地接收名片
3. 能够通过递收名片进行友好交流

🗂 素质目标

1. 养成良好的礼仪意识
2. 养成友好、尊重他人的态度

一、品案例

案例呈现 ┃ 《了不起的盖茨比》中的名片礼仪

在电影《了不起的盖茨比》中，盖茨比的派对吸引了众多社会名流和商业人士，这个场合中频繁出现了名片交换的场景。

在一场盛大的派对中，盖茨比的豪宅内灯光璀璨，宾客们身着华丽的礼服，穿梭于各个房间。在派对的一个角落，两位商业人士正在交谈。其中一位是盖茨比的商业伙伴，另一位是新结识的潜在投资者。盖茨比的商业伙伴主动递出名片。他从西装内袋中取出名片夹，用双手恭敬地将名片递给对方，并微笑着说："这是我的名片，请多多关照。"名片正面朝向对方，双手递出，显示出对对方的尊重。对方接过名片后，认真地阅读名片上的信息，并点头表示感谢："谢谢，很高兴认识您。"随后，他也从自己的名片夹中取出名片，同样用双手递了过去。接过名片后，两人仔细阅读对方的名片，确认对方的姓名、职务和联系方式。递收名片过程中，他们保持微笑、眼神交流，显示出对对方的重视。阅读完名片后，两人将名片放入自己的名片夹后放入西装内袋中。

案例思考：

盖茨比的商业伙伴与一位新结识的潜在投资者互相交换了名片，他们哪些地方做得比较好？

_____

_____

_____

二、做任务

请在课前或课中学习的基础上，按照任务单的要求，完成通关任务（见表 10-2）。

表 10-2　通关任务 26

通关任务名称	情景剧《初次见面》
通关任务描述	以小组为单位，设置一个职场上初次见面的情景，完成时间不超过 8 分钟的情景剧《初次见面》的表演，展现名片使用礼仪
通关任务评价标准	围绕主题呈现内容，展现名片使用礼仪；表达清晰；组织到位；团队协作好；有创意；现场效果好；时间把控得当

任务单 10-26

三、习新知

在职场中，名片不仅仅是一张小小的纸片，它更是个人形象、职业素养以及企业文化的缩影。一张设计得体、信息准确的名片，能够在短时间内传递出名片所有者的姓名、职位以及联系方式，为双方的进一步交往打开一扇窗。

（一）名片的内容

名片（见图 10-1）是一张标示个人姓名、单位名称、联系方式等的纸片。它虽小，却承载着丰富的信息，是现代社会中不可或缺的交际工具。名片的内容通常根据其用途和设计风格而有所不同，但一般包含以下几个核心要素，以确保其有效性和专业性。

图 10-1　名片

1. 姓名

姓名是名片上最重要的信息之一，通常位于最显眼的位置。全名应清晰打印，以便接收者能准确识别。

2. 头衔

头衔表明名片所有者在组织中的职位或角色，有助于接收者了解对方的专业领域和职责范围。

3. 单位名称

单位名称显示名片所有者所属的单位，有助于接收者建立品牌识别和信任。

4. 联系方式

联系方式通常包括电话号码（座机或手机号码）、电子邮箱地址，有时也包括单位地址、邮政编码和单位网站链接。这些信息使接收者能够轻松联系到名片所有者。

5. 标志

标志通常位于名片的顶部或底部，有助于接收者进行品牌识别，并增加名片的专业感。

6. 地址

地址通常为名片所有者所在单位的物理地址，对于需要邮寄或访问的人员来说很重要。

另外，有的人根据需要，还会在名片上放入个人照片或单位的口号，以及专业证书、语言技能、特别兴趣、成就等，以突出名片所有者的专业能力和个性特点。还有一些名片可能会有名片所有者的社交平台的用户名或二维码，以便接收者关注。

随着信息技术的不断发展，数字名片得到广泛应用。数字名片是运用现代数字信息技术和数字多媒体合成技术制作的名片，通常以数字形式存在，并借助互联网或移动互联网进行传播和分享。数字名片存储在云端服务器中，其信息可以实时更新，并通过互联网或移动互联网快速分享给其他人。数字名片适用于商务交流、社交活动等多种场合，特别是需要快速分享和更新信息的场景。可以通过 AI 智能名片生成器等工具制作并分享数字名片。

（二）名片的作用

在职场中，名片的作用不可小觑。它不仅是个人身份的象征，更是企业形象的展示窗口。通过交换名片，人们可以迅速了解彼此的基本信息，为后续的合作与交流奠定基础。

1. 建立联系

名片最基本的作用就是帮助人们建立联系。在商务活动、社交场合中，通过交换名片，人们可以轻松地获取对方的联系方式，为后续的交流与合作提供便利。

2. 传递信息

名片上通常会包含姓名、头衔、单位名称、联系方式等基本信息，这些信息有助于人们了解名片所有者的背景和身份，从而进行沟通和合作。

3. 宣传推广

对于企业等组织来说，名片是一种有效的宣传推广工具。名片上的企业标志、口号或产品介绍等信息，可以向潜在客户或合作伙伴展示企业的形象和实力，提升品牌知名度。

4. 建立信任

在商务合作中，名片往往能够作为信任的象征。一张正式、规范的名片能够让人感受到名片所有者的专业和诚信，从而增加合作的信心和意愿。

5. 便于记忆

名片上的信息通常简洁明了，易于记忆。在交流过程中，人们可以通过名片快速回忆起对方的身份和联系方式，避免遗忘或混淆。

（三）名片使用六要素

名片作为一种交流工具，在商务和社交场合中扮演着重要的角色，它不仅是个人或企业身份的象征，也是建立联系、传递信息的重要媒介。如"品案例"中盖茨比的商业伙伴与一位新结识的潜在投资者互相交换了名片，有效地建立联系、传递信息并留下了良好的印象，体现了双方的互相尊重和友好态度。

1. 递送名片六要素

递送名片是商务场合和社交活动中常见的礼仪行为，它是建立联系、传递信任的方式。

递送名片时要注意以下几个基本要求。

（1）名片准备要充分

在递送名片之前，要确保名片准备充分。名片应该整齐地放在名片夹、名片盒或易于掏出的口袋中，数量要足够，以便在需要时能够迅速递送。在递送名片前，应仔细检查名片是否干净、整洁，如果名片有损坏或污渍，应及时更换新的名片，以确保给对方留下良好的第一印象。

（2）递送时机要恰当

递送名片的时机非常关键，最好不要在对方忙碌或不方便时递送名片，以免给对方造成困扰。一般来说，可以在以下几种情况下递送名片。①初次见面时。当与对方初次见面，为了表示友好和尊重，可以主动递上自己的名片。②交谈结束时。在商务洽谈或社交场合中，当交谈结束时，递上名片可以加深对方对自己的印象，便于后续联系。③被介绍给他人时。当自己被介绍给他人时，递上名片是一种礼貌的回应，有助于对方记住自己的名字和联系方式。④请求交换名片时。如果对方主动请求交换名片，应立即递上自己的名片，以显示诚意和尊重。

（3）要遵循递送顺序

在递送名片时，应遵循一定的顺序。在商务场合，通常由职位较低或年纪较轻的一方先向职位较高或年纪较长的一方递送名片；在社交场合，则通常遵循"先客后主"的原则，即客人先递送名片，主人随后递送；如果双方都有多人参与，可以遵循"由近及远"的顺序，即先向离自己最近的人递送名片，然后依次向其他人递送。

（4）递送方式要准确

递送名片的方式也是递送名片礼仪中的重要一环。正确的递送方式应该得体、大方，具体做法如下。①起身站立。在递送名片时，应起身站立，保持自然、得体的姿势，以显示对对方的尊重。②高度合适。递送名片时，将名片递送到对方方便接取的位置，如果将其举得过高或过低，会显得过于夸张或不尊重对方。③双手递送。递送名片时，应用双手的大拇指和食指持握名片上端的两角，既不能用手指夹着名片递送给对方，也不能用左手递送名片，这样会显得不够庄重和礼貌，可能会让对方觉得递送者不够重视这次交流或不够尊重对方，从而影响双方的进一步合作。④正面朝上。在递送名片时，应仔细检查名片的方向，确保正面对着对方，文字清晰可读，以便对方能够轻松地获取所需信息。如果递送时名片背面朝向对方或颠倒着，会让对方在阅读时感到不便，甚至可能产生递送者不细心或不专业的印象。

（5）递送态度要得体

递送名片时，应面带微笑，目视对方，以展现出自信和友好。可以简短介绍自己的姓名、职位和公司，并表达希望建立联系的意愿。

（6）后续跟进要及时

递送名片后，后续跟进也是非常重要的。可以通过邮件或短信等方式与对方保持联系，进一步加深彼此的了解和信任。在后续跟进中，可以提及名片上的内容，如"很高兴认识您，我是×××公司的×××，名片上有我的联系方式，期待与您进一步交流。"这样的表述既能够加深对方对递送者的印象，也能够为双方的后续合作打下良好的基础。

2. 接收名片六要素

在商务或社交场合中，名片的交换是一种常见的礼仪行为，它不仅是双方身份和联系方式的传递，更是彼此尊重和愿意建立联系的象征。因此，正确接收名片非常重要。

（1）起身准备

起身准备是接收名片时的基本礼仪，它体现了对对方的尊重和重视。在商务或社交场合中，这一行为有助于建立良好的第一印象，为后续的交流打下良好的基础。当他人表示要递送或交换名片时，应立即起身站立，以显示自己的礼貌和尊重。如果自己原本就是站着的状态，也应尽量调整站姿，保持身体前倾，以表现出对对方的关注。

（2）礼貌收下

礼貌收下名片是接收名片过程中的关键环节，它不仅体现了对对方的尊重，还展示了自己的专业素养和礼仪修养。在接收名片时，应面带微笑注视对方，以表示自己的友好和专注。使用双手接过名片，这样既能显示自己的尊重，也能避免单手接名片时可能出现的不稳或掉落。

（3）读出头衔

读出头衔是表示对对方尊重的一种方式，同时也有助于自己准确记住对方的信息，为后续的交往提供便利。在接过名片后，应仔细阅读对方的姓名、头衔等关键信息。如果可能，可以轻声读出头衔，以表示自己对对方的重视。这也有助于在后续的交流中能够准确地称呼对方，增进彼此的亲近感。

（4）回赠答谢

回赠答谢是接收名片后的必要礼仪，它体现了双方的平等和尊重，也是商务交往中的基本规则。在接收名片时，应点头或以口头方式表示感谢，如说"谢谢"或"非常感谢"。同时，应回赠自己的名片，以表示对对方的尊重和愿意建立联系的意愿。如果确实忘带名片或名片用完了，应坦诚地告诉对方，如说"名片忘带了"或"名片用完了"，并表示歉意和后续会补上的意愿。

（5）及时询问

及时询问是对名片内容的关注和重视，也是避免后续交流中出现误解或尴尬的重要步骤。在接到名片后，如果对其中的内容有疑问或不清楚的地方，应主动询问对方。询问时可以礼貌地提出自己的问题，如"请问这个头衔具体是指……"或"这个联系方式是您的办公电话吗？"通过及时询问，可以确保自己准确理解对方的信息，为后续的交往提供基础。

（6）妥善保管

妥善保管名片是体现对对方尊重和自己专业素养的重要方面，也是后续联系和交往的重要前提。在接收名片后，应确保将名片妥善存放，如放在西服内袋或名片夹内。避免将名片随意放在桌上或塞在包里，以免丢失或损坏。定期检查和整理自己的名片夹或存放名片的地方，确保名片的完整和可用。

四、谈观点

自己在没带名片的情况下，可否主动向他人索要名片？为什么？

_____

_____

_____

五、践行动

每个人根据名片的基本信息要求，结合个人职业生涯规划，设计自己的名片，并与班级的同学一对一实践，按照名片的使用要求，练习使用名片，并请同学全程录像，然后通过录像找出自己在递收名片时存在的问题。

搭档同学：_____

存在问题分析：_____

_____

进一步改进措施：_____

六、测能力

请扫描二维码查看对应试题，判断这些说法是否正确。

通关第二十六式
测能力

通关第二十七式：电话礼仪

通关目标

知识目标
1. 掌握接打电话的基本要求
2. 掌握接打电话六要素
3. 了解特殊情况下的电话礼仪

能力目标
1. 提升语言表达和电话沟通能力
2. 提升团队合作能力、创新能力

素质目标
1. 养成良好的礼仪意识
2. 养成友好、尊重他人的态度

一、品案例

案例呈现 | **接电话的李毅**

李毅凭借大学期间的优异表现在毕业后进入了一家互联网公司。公司的工作节奏很快，办公电话是日常工作中重要的沟通工具之一。一天下午，李毅正在整理文件，电话铃声突然响起，当时办公室比较嘈杂，李毅有些手忙脚乱，电话铃响了很久之后，他才匆忙接起电话。

李毅："喂，您好，这里是××公司。"

对方是一位重要的客户，要找李毅的上司——市场部经理张总，电话很久才被接听，对方心中有些不快。

客户："您好，请问张总在吗？我是公司的客户，有紧急事情需要和他沟通。"

李毅（有些紧张，声音有些大）："张总现在不在，他去开会了。您有什么事情可以直接跟我说，我看看能不能帮您解决。"

客户听出李毅的声音有些年轻，不太放心将事情交给他处理。

客户："这个事情比较重要，我需要和张总本人沟通。他什么时候回来？"

李毅（没有提前了解上司的日程，有些慌乱）："我也不太清楚他什么时候回来，要不您先等等，我试试联系他？"

客户有些不耐烦了，觉得李毅没有很好地掌握情况，也没有展现出应有的专业性。

客户："好吧，那麻烦你转告张总，我是×××，让他尽快回我电话。"

李毅："好的，我知道了，我会转告他的。"

说完李毅就直接挂了电话。挂断电话后，李毅才想起没有核对客户的姓名（当时也没有听得十分清楚，不确定是哪几个字），也忘记要联系电话了，于是赶紧给张总发了一条微信信息，但内容比较模糊："张总，有客户找您，说有急事，让您尽快回电话。"

张总看到消息后有些生气，因为李毅没有提供足够的信息，他无法及时联系到客户。

案例思考：

你觉得李毅在接听电话的过程中存在哪些不恰当的地方？

_____

_____

_____

二、做任务

请在课前或课中学习的基础上，按照任务单的要求，完成通关任务（见表 10-3）。

表 10-3　通关任务 27

通关任务名称	情景剧《电话响了》	
通关任务描述	以小组为单位，设置电话响了的情景，完成时间不超过 8 分钟的情景剧，展现电话礼仪	
通关任务评价标准	围绕主题呈现内容，展现电话礼仪；表达清晰；组织到位，团队协作顺利；有创意；现场效果好；时间把控得当	任务单 10-27

三、习新知

在当今数字化时代，尽管即时通信工具和社交媒体广泛普及，电话依然是人们日常沟通的重要工具之一。无论是在学习、生活还是职场中，掌握好电话礼仪与技巧对于大学生来说至关重要。电话礼仪不仅体现了个人素养，还有助于建立良好的人际关系，为未来的职业发展奠定基础。

（一）接打电话的基本要求

接打电话是日常沟通和工作中不可或缺的一部分，以下是接打电话的基本要求。

1. 态度热情友善

电话沟通中，态度至关重要。虽然对方看不见你，但你的语气、语调和表达方式都能传递出你的态度。在职场中，电话往往是与客户、合作伙伴、同事等沟通的重要工具，良好的电话礼仪既能够体现个人的专业素养，也能维护公司的形象。通话时要热情友善、语调柔和，避免负面情绪。

2. 传递信息简洁

电话作为一种高效的沟通工具，其优势在于能够快速传递信息。因此，在打电话之前，要清楚自己打电话的目的；在通话过程中，要尽量做到内容简洁明了，避免冗长的解释和废话。

3. 控制语速、语调和音量

由于电话沟通中双方无法面对面交流，语言的表达方式就显得尤为重要。语速和语调会影响对方对信息的理解和接收程度。在电话沟通中语速要适当，音量要适中，要根据环境和对方的听力情况调整音量。

4. 使用礼貌用语

使用礼貌用语是电话沟通中不可或缺的一部分，能够体现你的修养和对对方的尊重。在通话开始时，要使用礼貌的问候语；在通话结束时，也要有礼貌地道别。

（二）接打电话六要素

在工作场合，接打电话是一项日常且重要的沟通方式，以下是一些关于工作场合接打电话的礼仪和技巧。

1. 拨打电话六要素

（1）时间恰当，避免打扰

选择合适的时间拨打工作电话是非常重要的，这体现了你对对方的尊重和考虑。要注意以下几点。①避开私人时间。尽量避免在对方的吃饭、休息时间打电话。例如，不要在中午 12 点到下午 1 点、晚上 6 点到 7 点等用餐时间打电话，也不要打扰对方的午休和晚上的休息时间。如果实在有重要的事情，可以选择发短信、微信，让对方在方便的时候回复。②避开忙碌时段。刚刚上班或快要下班的时候，尤其星期一上午刚上班或星期五下午快下班的时候，人们通常比较忙碌。③避免打扰家庭生活。尽量避免往别人家里打电话，特别是在工作日的早晨 8 点以前、下班之后、节假日等时间段。除非有特别紧急的事情，否则不要轻易打扰对方的家庭生活。④考虑时区差异。如果需要给外地的客户、朋友打电话，要提前了解当地的时区，选择合适的时间拨打电话。

（2）礼貌开头，说明来意

礼貌的开头语能够让对方感受到你的尊重和友好，为通话创造良好的开端。

电话接通后，先礼貌地询问对方是否方便接听电话。如果对方有可能不认识你，要主动进行自我介绍。在对方表示方便接听后，简要说明你的来意，让对方对通话内容有一个大致的了解。

（3）有所准备，记录要点

在拨打电话之前，要做好充分的准备，这样能够确保通话高效和有序。如果要谈的内容较多，可以在纸上列出要点，按照一定的顺序进行阐述。对于业务电话或重要的沟通内容，涉及时间、数量、价格等关键信息时，要进行记录，这样可以避免在通话结束后忘记重要信息，也方便在需要时查阅。

（4）吐字清晰，语速适中

说话时要保持语言的流利性，避免频繁的停顿和结巴。保持适中的语速，不要太快也不要太慢，声调要柔和。合理运用声调、语气等表达方式，可以传达出你的情感和态度，让对方感受到你的热情和友好。

（5）长话短说，简明有序

电话沟通要尽量简洁明了，避免占用对方过多的时间。一般来说，打电话交谈不要超过 3 分钟。如果确有重要事情需要多占用一些时间，一定要在通话开始时征得对方的同意。在通话过程中，要突出重点内容，避免冗长的解释和闲聊。在通话过程中，要按照一定的逻辑顺序进行表达，让对方能够轻松地跟随你的思路。

（6）礼貌结束，慢挂轻放

通话结束时，要礼貌地道别，并注意挂电话的方式。如果对方是地位高者或长辈，应当由他们先挂电话；如果和对方处于同等地位，接电话的人先挂电话。挂固定电话时要轻放，避免用力过猛发出较大的声响。

2. 接听电话六要素

（1）三声之内，及时接听

及时接听电话是接电话的基本要求，这体现了你对来电者的尊重和重视。如果确实很忙，可以在接通后向对方表示歉意，例如"不好意思，我刚才正在忙，让您久等了"。如"品案例"中的李毅，由于办公室比较嘈杂，他当时手上有工作，就没有及时接听电话，这让客户心中有些不快。电话铃响三声之内，应尽快接听电话。

（2）热情问候，自报家门

接听电话时的第一印象非常重要，热情的问候和自报家门能够让对方感受到你的友好和专业。如果是办公电话，要先报出自己的单位名称和身份信息，例如"您好，这里是 ×× 公司 ×× 部门，我是 ××"。

（3）认真倾听，积极应答

在接听电话时，要认真倾听对方的讲话，并给予积极的回应，如"嗯""我明白了""您继续说"等，让对方知道你在认真听。

（4）记录要点，复述确认

在接听电话时，要记录下重要的信息，如时间、地点、人物、事件等，并在通话结束前进行复述确认，以确保信息的准确性。"品案例"中的李毅，正是在匆忙之中忘记核对客户的姓名，也不记得要联系电话，导致接听电话出现错误。

（5）正确代接，友善提示

在替他人接电话时，要注意正确代接，并友善地提示对方。如果电话是找其他人的，要先询问清楚对方的姓名、单位名称、联系电话等信息，以便在接转电话时为受话人提供便利。在不了解对方的目的时，不要随便说出指定受话人的行踪和其他个人信息，如手机号码等。

（6）礼貌结束，慢挂轻放

通话结束时，接电话方要礼貌地道别，如"谢谢您的来电"，并且同样要注意挂电话的方式，慢挂轻放。"品案例"中的李毅，自己说完话就直接挂了电话，显得非常不礼貌。

（三）特殊情况下的电话礼仪

在特殊情况下，电话礼仪也显得尤为重要，因为它不仅体现了个人素养，还可能影响事情的解决效率和结果。以下是一些特殊情况下电话礼仪的建议。

1. 紧急事务处理的电话礼仪

（1）保持冷静与清醒

在遇到紧急事务时，首先要保持冷静，避免因情绪紧张而影响通话质量，清晰、准确地表达问题，以便对方能够迅速理解并提供帮助。

（2）简明扼要地说明情况

迅速说明紧急事务的性质和紧迫性，以便对方能够立即做出反应，避免在紧急通话中闲聊或提起无关紧要的话题。

（3）遵循紧急事务处理流程

如果公司有紧急事务处理流程，按照流程进行通话和报告；如果没有明确流程，可以询问对方最佳的应对方式。

2. 敏感事务沟通的电话礼仪

（1）选择合适的通话时间和环境

避免在公共场所或嘈杂环境中讨论敏感事务，以免泄露信息或造成困扰。选择一个安静、私密的通话环境，确保通话内容不被他人听到。

（2）使用礼貌且专业的语言

保持礼貌和专业，避免使用粗俗或攻击性的语言。如使用正式称谓，以示尊重和专业性。

（3）注意保密性

确保通话内容不被第三方监听或泄露。如果需要，可以使用加密通话功能或选择安全的通话方式。

3. 特殊场合下的电话礼仪

（1）会议或正式活动中

在会议或正式活动中，尽量避免主动拨打电话，以免干扰他人或影响活动氛围。如果必须接听电话，应轻声告知对方自己正在参加会议，并约定稍后回拨。

（2）用餐时间

在用餐时，避免对着餐桌打电话，以免干扰他人用餐或造成不雅形象。如果需要通话，可以离开餐桌或在不影响他人的情况下进行简短通话。

（3）公共场所

在公共场所使用手机时，尽量降低音量，避免大声喧哗影响他人。如果需要长时间通话，可以选择一个相对安静且不影响他人的角落进行。

四、谈观点

当上级部门办事人员致电下级部门经理后，应由谁先挂断电话？为什么？

_____

_____

_____

_____

五、践行动

每个人与班级的同学两两组队，按照接打电话的基本要求和六要素，模拟打电话向部门领导请假的场景。一方扮演员工，另一方扮演领导，并录制视频，通过视频找出自己在接打电话时存在的问题。

搭档同学：_____

自己扮演的角色：领导 □　　　员工 □

过程简述：_____

_____

_____

存在问题分析：_____

_____

_____

进一步改进措施：_____

_____

_____

六、测能力

请扫描二维码查看对应试题，判断这些说法是否正确。

通关第二十七式
测能力

通关第二十八式： 座次礼仪

通关目标

知识目标
1. 掌握会议座次礼仪
2. 了解宴请座次礼仪
3. 掌握乘车座次礼仪

能力目标
1. 能够合理安排会议座次
2. 能够合理安排乘车座次

素质目标
1. 养成良好的礼仪意识
2. 养成友好、尊重他人的态度

一、品案例

案例呈现　　　　**新员工小张的失误**

小张是公司新入职的员工，担任公司总经理秘书的职位。有一天他要和总经理贾总去客户公司进行商务洽谈，同行的还有财务处的钱总监。公司司机小李驾驶五座小轿车接送，小张误以为副驾驶的位置是总经理的位置，于是打开前座车门请贾总上车，而贾总却看都不看小张，直接坐到了后排右侧的座位。

洽谈结束后，小张又要和贾总、钱总监返回公司，但是公司司机小李正好去忙别的事了，客户公司的王总特别客气，要亲自开车送他们回公司。这下小张吸取了出发时的经验教训，赶紧打开后排右侧的车门，请贾总上车，但是贾总又不理会小张，直接坐到了副驾驶的座位。

小张不知道该怎么办了。

案例思考：

作为初入职场的新人，小张的失误是什么？

_____

_____

_____

_____

二、做任务

请在课前或课中学习的基础上，按照任务单的要求，完成通关任务（见表10-4）。

表 10-4　通关任务 28

通关任务名称	情景剧《我就坐在这儿》	
通关任务描述	以小组为单位，选择三种座次礼仪中的一种，设置一个情景，完成时间不超过 8 分钟的情景剧《我就坐在这儿》	
通关任务评价标准	围绕主题呈现内容，展现三种座次礼仪中的一种；表达清晰；组织到位；团队协作好；有创意；现场效果好；时间把控得当	任务单 10-28

三、习新知

座次礼仪是指在宴会、会议、乘车等各种场合的座次安排中需要遵循的一系列礼仪规范。座次礼仪在各种场合中都具有重要的意义和作用，遵循座次礼仪不仅有助于彰显对宾客或与会者的尊重和敬意，还有助于维护良好的社交氛围和秩序。

（一）会议座次礼仪

1. 会议座次的基本原则

（1）面门为上

在会议中，面对会议室大门的位置通常被视为上座。这是因为面门的位置能够让人第一时间看到进出的人，能让人具有良好的视野和掌控感。这个位置便于观察会议室的动态，也是显示地位的重要位置。

（2）居中为上

会议室的中心位置通常被视为最重要的位置。如果会议桌是长方形的，那么靠近中心的位置通常比边缘位置更重要。这是因为中心位置往往能够吸引更多的注意力，也是会议焦点所在。

（3）以右为尊

在国际交往中，通常遵循"以右为尊"的原则。因此，在会议中，右侧的位置通常比左侧的位置更重要。这一原则体现了对右侧人员的尊重，也是国际礼仪中的通用规范。

（4）前排为上

在大型会议中，前排的位置通常比后排的位置更重要。这是因为前排的位置更接近讲台和主席台，能够让人更好地参与会议，与主讲人或主席进行互动。

2. 常见的会议形式的座次安排

会议座次安排是商务活动中至关重要的一环，需要根据不同会议形式的特点和要求，制定相应的座次安排方案

（1）主席台座次安排

主席台通常用于安排会议的主要领导和嘉宾，其安排方式如下。

① 领导人数为奇数时的座次安排。

1 号领导居中，中间是主席台的中心位置，通常安排给职务最高者。2 号领导在 1 号领导左手边，3 号领导在 1 号领导右手边，依次排列。例如主席台有 5 位领导，座次安排如图 10-2 所示。

```
        5   3   1   2   4
┌──────────────────────────────┐
│            主席台             │
└──────────────────────────────┘

┌──────────────────────────────┐
│            观众席             │
└──────────────────────────────┘
```

图 10-2　领导人数为奇数时的座次安排

② 领导人数为偶数时的座次安排。

1、2 号领导同时居中，2 号领导在 1 号领导左手边，3 号领导在 1 号领导右手边，依次排列。例如主席台有 6 位领导，座次安排如图 10-3 所示。

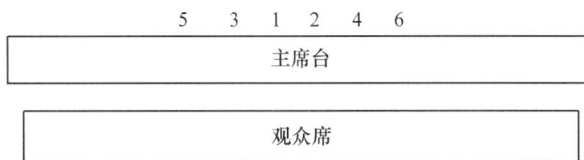

图 10-3　领导人数为偶数时的座次安排

另外，如果会议中有外部嘉宾，通常将外部嘉宾安排在主席台的中心位置，以示尊重；如果会议有主持人，主持人一般坐在主席台的最右侧或最左侧，方便控制会议进程。

（2）条形桌会议座次安排。

条形桌会议分为单位内部会议、客方与主方会谈两种情况，其座次安排原则如下。

① 单位内部会议座次安排。

在单位内部会议中，以面门为尊，即面对正门的位置为尊位，通常安排给职务最高的领导。以右为尊，即进门的右手边为尊位，职务较高的领导通常坐在右手边。例如，在一张条形会议桌上，1 号领导安排在正对门的位置，2、3 号领导分别坐在邻近 1 号领导的左、右手边，其他与会人员按职务高低以此类推，如图 10-4 所示。

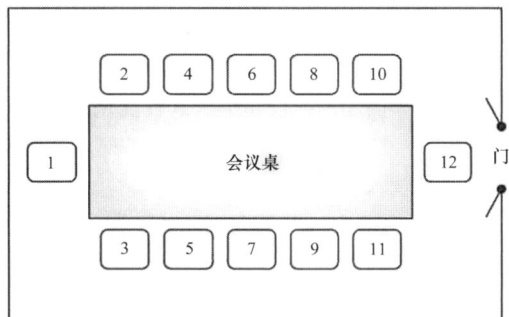

图 10-4　单位内部会议座次安排

② 客方与主方会谈座次安排。

一般情况下，面对门的为客方，背对着门的为主方，双方的随行人员分别按照职务高低依次排列，如图 10-5 所示。

如果会议桌窄边对门，则以入门的方向为准，右为客方，左为主方，双方的随行人员分别按照职务高低依次排列，如图 10-6 所示。

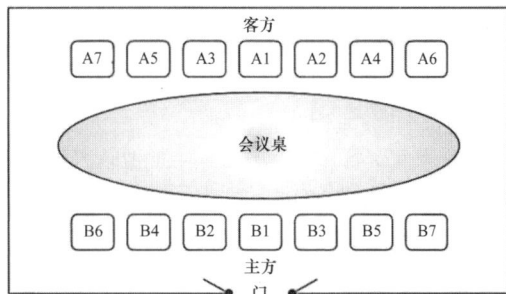

图 10-5　会议桌宽边对门时客方与主方会谈座次安排

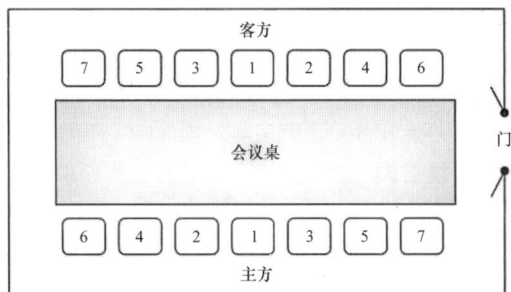

图 10-6　会议桌窄边对门时客方与主方会谈座次安排

3. 会议座次安排的注意事项

(1)提前了解会议性质和参会人员

在安排座次之前,需要明确会议的性质(如内部会议、商务会谈等)以及参会人员的职务和地位,以便合理安排座位。

(2)尊重文化差异

不同国家和地区可能有不同的礼仪习惯,例如在一些西方国家,会议座次安排可能更注重平等,而不是严格按照职务高低。在国际会议中,需要提前了解并尊重这些差异。

(3)灵活调整

如果会议中有特殊情况(如临时增加重要嘉宾),需要及时调整座次安排,确保会议的顺利进行。

(二)宴请座次礼仪

宴请是职场中常见的社交活动,无论是商务宴请还是内部聚餐,座次安排都非常重要。它不仅体现了对客人的尊重,还可能影响到宴请的效果。

1. 中餐宴请座次礼仪

中餐宴请座次礼仪是中国饮食文化的重要组成部分,它体现了对宾客的尊重、长幼有序的传统观念以及社交场合的礼仪规范。以下是对中餐宴请座次礼仪的详细阐述。

(1)基本原则

① 尚左尊东,面朝大门为尊。在中餐礼仪中,面对正门的位置视为最尊贵的座位,称为"上座"。同时,以左为尊,因此左边的座位往往比右边的座位更尊贵。如果餐桌位于房间的东侧,那么东侧的座位也被视为尊贵。

② 分职位高低与辈分尊卑。在商务或官方宴请中,职位高的人通常坐在主位或靠近主位的位置;而在家庭或亲友聚会中,辈分高的人则通常坐在上位,晚辈则坐在下位。

③ 主人与宾客有别。主人通常坐在主位,负责引导宾客入座和掌控聚会氛围。宾客则根据与主人的关系、职位高低或辈分尊卑等因素依次入座。

(2)不同场合的座次安排

① 家庭聚餐。长辈或家族中地位较高的人通常坐在上首位置,即面对房门或最佳观景位置。晚辈或家族中地位较低的人则坐在下首位置,按照年龄或辈分依次排列。

② 商务宴请。主人通常坐在主位,即正对门口或背景墙的位置,便于把控全局。主宾(最尊贵的客人)通常坐在主人的右手边第一个位置。副宾坐在主人的左手边,与主宾相对应。副陪(负责陪客人喝酒、接菜等事务的人)通常坐在主陪(主人)的正对面。

③ 朋友聚会。组织者通常坐在主位,负责引导宾客入座和掌控聚会氛围。宾客则按照年龄、性别、关系等因素依次排列在桌子另一端或周围,尽量让彼此熟悉的人坐在一起。

④ 公司聚餐。主宾和主人通常分别坐在桌子的两端,便于交流。主人坐在主位,面对正门或餐厅内最佳观景位置。员工座位可以根据部门或小组进行划分,或者按照职位等级排列。通常,职位较高的员工坐在靠近主位的位置。

虽然中餐座次礼仪有一定的规定和原则,但在实际操作中,还需根据具体情况灵活调整。例如,在特殊场合如寿宴或婚宴等,可能遵循"男左女右"的传统安排座位。

2. 西餐宴请座次礼仪

西餐宴请座次礼仪是西餐文化中非常重要的一部分,它体现了对宾客的尊重和礼仪的严谨。以下是对西餐宴请座次礼仪的详细阐述。

（1）基本原则

① 女士优先。在西餐礼仪中，女士优先的原则至关重要。通常，女主人会坐在主位，即面对餐厅正门或长桌一端的显眼位置；男主人则坐在第二主位，通常是女主人的对面或长桌的另一端。在安排座位时，应优先考虑女士的舒适度和便利性。

② 以右为尊。遵循以右为尊的原则，男宾通常坐在女主人的右侧，女宾坐在男主人的右侧，以此类推。

③ 面门为上。面对餐厅正门的位置通常被视为尊位。因此，在安排座位时，应优先考虑将重要的宾客安排在面对门的位置。

④ 距离定位。席位的尊卑也根据距离主位的远近来决定。离主位越近的位置越尊贵，因此重要的宾客通常会被安排在靠近男女主人的位置。

⑤ 交叉排列。为了促进交流和社交，男女宾客通常交叉排列。同时，熟人和生人也应尽量交叉排列，以增加用餐的趣味性和互动性。

（2）注意事项

① 避免尴尬。在安排座次时，应尽量避免将存在矛盾或不和的宾客安排坐在一起，以维护和谐氛围。

② 灵活调整。座次安排应根据实际情况灵活调整，如考虑宾客的职位、年龄、熟悉程度等因素，以确保每位宾客都感到受到尊重与重视。

③ 遵循礼仪。在用餐过程中，宾客应遵循西餐礼仪，如正确使用餐具、保持优雅的姿态等，以展现自己的教养和风度。

（三）乘车座次礼仪

乘车是职场中常见的出行方式，无论是接送客户还是参加商务活动，座次安排都非常重要。它不仅体现了对客人的尊重，还可能影响到出行的舒适度和安全性。下面以常见的五座轿车为例，座次安排如下。

1. 司机驾驶轿车的座次安排

后排右座是轿车中最尊贵的位置，通常安排给最重要的客人或领导；后排左座是轿车中第二重要的位置，通常安排给次要的客人或领导；后排中座是轿车中相对不太舒适的位置，通常安排给秘书或随行人员；副驾驶座是轿车中相对不太重要的位置，通常安排给司机的助手或随行人员，如图 10-7 所示。如"品案例"中的小张，在公司司机小李开车的情况下，贾总应该坐在后排右侧的位置，他自己应该坐在副驾驶的位置。

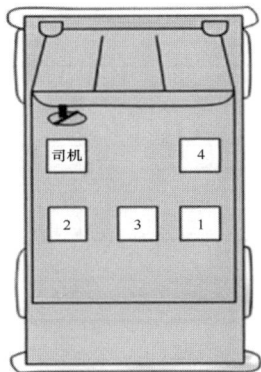

图 10-7　司机驾驶轿车的座次安排

2. 主人驾驶轿车的座次安排

如果主人驾驶轿车，副驾驶座是最尊贵的位置，通常安排给最重要的客人或领导；后排右座是轿车中第二重要的位置，通常安排给次要的客人或领导；后排左座是轿车中相对不太重要的位置，通常安排给随行人员；后排中座是轿车中相对不太舒适的位置，通常安排给秘书或随行人员，如图 10-8 所示。如"品案例"中的小张没有根据司机的变化做出改变，当司机是客户公司的王总时，副驾驶座则是最尊贵的位置，贾总应该坐在副驾驶位才对。

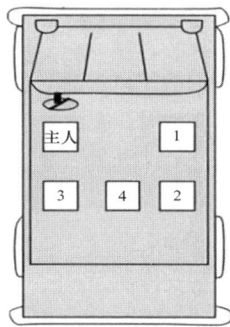

图 10-8　主人驾驶轿车的座次安排

3. 乘车座次的注意事项

（1）提前了解车辆类型和使用场景

在安排座次之前，需要明确车辆的类型以及使用场景，以便合理安排座位。

（2）尊重客人的意愿

在一些非正式的出行中，客人可能会根据自己的喜好选择座位。在这种情况下，需要尊重客人的意愿，但也要注意不要让座位安排显得混乱。

（3）灵活调整

如果出行过程中有特殊情况（如临时增加重要客人），需要及时调整座次安排，确保出行顺利。

四、谈观点

在会议座次安排中，当领导人数不确定时，你会怎么办？

_____

_____

_____

五、践行动

以小组为单位，根据不同场合的座次礼仪规范，分别模拟练习会议、宴请、乘车这 3 种场合的座次安排，总结在模拟过程中出现的问题，并探讨改进措施。

1. 会议模拟

出现的问题：_____

_____

_____

改进措施：_____

_____

_____

2. 宴请模拟

出现的问题：_____

_____

_____

改进措施：_____

_____

_____

3. 乘车模拟

出现的问题：＿＿＿＿＿＿＿＿＿＿＿＿＿＿＿＿＿＿＿＿＿＿＿＿＿＿＿
＿＿＿＿＿＿＿＿＿＿＿＿＿＿＿＿＿＿＿＿＿＿＿＿＿＿＿＿＿＿＿＿＿＿
＿＿＿＿＿＿＿＿＿＿＿＿＿＿＿＿＿＿＿＿＿＿＿＿＿＿＿＿＿＿＿＿＿＿

改进措施：＿＿＿＿＿＿＿＿＿＿＿＿＿＿＿＿＿＿＿＿＿＿＿＿＿＿＿＿＿
＿＿＿＿＿＿＿＿＿＿＿＿＿＿＿＿＿＿＿＿＿＿＿＿＿＿＿＿＿＿＿＿＿＿
＿＿＿＿＿＿＿＿＿＿＿＿＿＿＿＿＿＿＿＿＿＿＿＿＿＿＿＿＿＿＿＿＿＿

六、测能力

请扫描二维码查看对应试题，判断这些说法是否正确。

通关第二十八式
测能力

通关话题

你认为熟知职场礼仪对你的职业发展有什么帮助？

通关测验

请扫描二维码，完成通关测验，检测学习情况。

第十关 通关测验

11

第十一关：赢得职场——养成职业素养

通关寄语

在追求高效率和不断变化的现代社会，用人单位对人才的要求也越来越高，不仅需要专业领域的能手，更需要有着良好的职业素养的人才。职业素养能够帮助个人在工作中更好地与他人合作、处理问题，并展现出专业和高效的工作态度。学习职业素养可以提高我们的职业竞争力，帮助我们更好地适应职场的变化。拥有良好的职业素养对一个人的职业发展具有重要的影响，无论是选择职业还是获得职业成功，职业素养都起着重要的作用。在提高职业素养的过程中，我们需要不断学习和成长，同时还需要在实践中不断积累经验。

通关攻略

通关第二十九式：职业道德

通关目标

知识目标
1. 了解职业道德的内涵
2. 掌握职业道德的作用与特点
3. 掌握职业道德五项规范

能力目标
1. 提升职业发展能力
2. 提升自我管理能力

素质目标
1. 增强职业道德意识
2. 养成良好职业素养

一、品案例

📇 案例呈现　　　　│ **挑战不可能的盛金龙** │

　　盛金龙是中车株洲电机有限公司（简称"中车株机公司"）的一名设备维修工，2016年，他参加了中央电视台《挑战不可能》栏目，他的"蒙眼配钥匙"挑战成功。盛金龙在央视的舞台上连闯3关，耗时约105秒，向全国人民展示了高铁工人精湛的技艺和坚韧的精神风貌。在上海大世界基尼斯纪录组织的一次节目录制中，他又成功突破自我，以33秒完成锉钥匙并开锁的成绩创造了中国之最。

　　2010年，盛金龙进入了中车株机公司风电事业部维修班工作，他被安排到了维修岗位，他明白设备一旦出现问题，产品质量和交期必定受影响。深感责任重大的他，凭着一股韧劲自学、拜师，仅半年就能独立上岗，然后逐渐挑起了大梁。锉钥匙反映了一个维修工的基本功，然而在公司举办的第一届员工技能大赛的锉钥匙比赛项目中，盛金龙首轮就遭淘汰出局，这一打击让他发誓一定要努力练习。一开始，他一天锉10把钥匙，每一把钥匙锉完，都用机器对比测量，误差不能超过0.01毫米。后来他越练越纯熟，一天锉100把钥匙都不是问题。在盛金龙看来，练习锉钥匙是一件枯燥的事儿，很多人都受不了放弃了，但他有股子狠劲儿，为了提升业务能力坚持了下来。也因为他的坚持，他成了行业的引领者、工匠的传承者，先后获得了株洲市五一劳动奖章、中国中车高铁工匠、公司杰出青年岗位能手等荣誉。

案例思考：

　　挑战不可能的盛金龙在工作中苦练基本功，练就了蒙眼配钥匙的绝活，他身上体现了职业道德的哪项规范？这对你有什么启示？

_____

_____

_____

_____

二、做任务

请在课前或课中学习的基础上，按照任务单的要求，完成通关任务（见表11-1）。

表 11-1　通关任务 29

通关任务名称	情景剧《签不签？》	
通关任务描述	以小组为单位拍摄情景剧，工作情景如下：同事将机车检修完后需要你进行复核，但同事急着下班，想让你赶紧在复核表上签字，并且承诺刚刚仔细检修过了，你该怎么办	
通关任务评价标准	围绕主题呈现内容，完成情景剧；符合职业道德规范要求；表达清晰；组织到位；团队协作好；有创意；现场效果好；时间把控得当	任务单 11-29

三、习新知

人的品德、精神境界、价值观念可以通过职业活动体现出来，职业活动可以展示一个人的精神风貌和道德情操。职业生活是否顺利、是否成功，既取决于个人专业知识和技能，又取决于个人的职业道德素质。每个从业人员，不论是从事哪种职业，在职业活动中都要遵守职业道德，一个人也只有养成高尚的职业道德，才能取得事业的成功。

（一）职业道德的内涵

道德是调节个人与自我、他人、社会和自然界之间关系的行为规范的总和，是靠社会舆论、传统习惯、教育和内心信念来维持的。简单地说，道德就是约束人"应该"怎样和"不应该"怎样的准则和规范。

职业道德是从职业活动中引申出来并在人们的职业生活中逐步形成和发展起来的，是职业素质的灵魂。所谓职业道德，就是人们在职业活动中必须遵循的、具有本职业特征的道德规范和准则。或者说，职业道德就是调整职业、职业之间、职业与社会之间的多种关系的行为准则。它以职业分工为基础，同实践职业活动紧密联系在一起。

首先，在内容方面，职业道德总是要鲜明地表达职业义务、职业责任以及职业行为上的道德准则。它不是一般的反映社会道德和阶级道德的要求，而是反映职业、行业以至产业特殊利益的要求。它不是在一般意义上的社会实践基础上形成的，而是在特定的职业实践的基础上形成的，因而它往往表现为某一职业特有的道德传统和道德习惯，表现为从事某一职业的人们所特有的道德心理和道德品质。

其次，在表现形式方面，职业道德往往比较具体、灵活、多样。它总是从本职业的交流活动的实际出发，采用制度、守则、公约、承诺、誓言、条例，以至标语口号之类的形式，这些灵活的形式既易于为从业人员所接受和实行，又易于形成一种职业的道德习惯。

再次，从调节的范围来看，职业道德一方面用来调节从业人员内部关系，加强职业、行业内部人员的凝聚力；另一方面，它也用来调节从业人员与其服务对象之间的关系，用来塑造本职业从业人员的形象。

最后，从产生的效果来看，职业道德既能使一定的社会或阶级的道德原则和规范"职业化"，又能使个人道德品质"成熟化"。职业道德主要表现在实际从事一定职业的人的意识和行为中，是其道德意识和道德行为成熟的体现。职业道德与各种职业要求和职业生活结合，具有较强的稳定性和连续性，形成比较稳定的职业心理和职业习惯。

（二）职业道德的作用与特点

职业道德在多个方面发挥着重要作用，同时也具有一些特点。

1. 职业道德的作用

职业道德是社会道德体系的重要组成部分，一方面它具有社会道德的一般作用，另一方面它又具有自身的特殊作用，具体表现在以下几点中。

（1）有助于调节从业人员内部以及从业人员与服务对象之间的关系。职业道德的基本职能是调节职能。一方面，职业道德可以调节从业人员内部的关系，即运用职业道德规范约束职业内部人员的行为，促进职业内部人员的团结与合作。如各行各业的职业道德规范都要求从业人员团结、互助、爱岗、敬业、齐心协力地为发展本行业、本职业服务。另一方面，职业道德又可以调节从业人员和服务对象之间的关系。如职业道德规定了制造产品的工人要怎样对用户负责；营销人员怎样对顾客负责；医生怎样对病人负责；教师怎样对学生负责；等等。

（2）有助于维护和提高本行业的信誉。一家企业、一个行业的信誉，也就是它们的形象、信用和声誉，是企业及其产品与服务在社会公众心中的信任程度。提高企业的信誉主要靠产品的质量和服务质量，而从业人员职业道德水平高是产品质量和服务质量的有效保证。从业人员职业道德水平不高，很难生产出优质的产品和提供优质的服务。

（3）有助于促进本行业的发展。职业道德对于促进本行业的发展具有至关重要的作用。一方面，职业道德要求从业者提供高质量的服务，这有助于提升整个行业的服务水平，增强行业的竞争力。另一方面，职业道德的推广和实践有助于形成行业内的共识，推动制定统一、规范的行业标准，提高行业的整体服务水平。

（4）有助于提高全社会的道德水平。职业道德是整个社会道德的主要内容。职业道德一方面涉及每个从业者如何对待职业、如何对待工作，同时也是一个从业人员的生活态度、价值观念的表现，是一个人的道德意识、道德行为发展的成熟阶段，具有较强的稳定性和连续性。另一方面，职业道德也是一个职业集体，甚至一个行业全体人员的行为表现。如果每个行业、每个职业集体都具备优良的道德，这对整个社会道德水平的提高肯定会发挥重要作用。

2. 职业道德的特点

职业道德和社会公德、婚姻和家庭道德一样，都有道德规范，都是依靠社会舆论、人们的信念、传统习惯和教育的力量来维系的，这是共性。但职业道德作为道德的一个特殊领域和行为调节手段，具有如下特点。

（1）行业性。职业道德与职业活动紧密联系，具有职业特征。职业的责任、义务和专业内容决定了职业道德的规范。随着职业活动的复杂化，职业道德的内容和要求也不断发展和完善。每一种职业道德规范只适用于一定的职业活动领域，如医生的职业道德规范主要是治病救人、救死扶伤。

（2）继承性。职业道德是在特定的职业实践中形成的，历史上延续下来的职业活动具有一些共同的性质和特点，所以一定社会的职业道德具有明显的继承性。这种继承性常常表现为某一职业的人们所特有的道德传统和道德习惯，表现为从事某一特定职业的人们所特有的道德心理、道德品质和职业语言等。

（3）多样性。社会上有多少种职业，就会有多少种职业道德。各种职业道德规范是人们在长期职业活动中总结、概括、提炼出来的，并随着社会的发展不断调整、补充。

（4）约束性。各种职业为便于指导工作和实施职业行为，大多根据本职业的特点，采用一些诸如工作守则、生活公约等简明适用、简便易行的形式，使职业道德规范具体化，既生动活泼，又易于实践。正因为如此，职业道德对从事职业活动的人们的道德行为就具有较强的约束性。

（三）职业道德五项规范

尽管不同职业的职业道德内容不尽相同，但是各种职业的职业道德都有共同的基本内容。职业道德的五项规范包括爱岗敬业、诚实守信、办事公道、服务群众、奉献社会。

1. 爱岗敬业——职场第一美德

爱岗敬业反映的是从业人员热爱自己的工作岗位，恪守自己所从事的职业道德操守，表现为从业人员勤奋努力、精益求精、尽职尽责的职业行为，这是社会主义职业道德的最基本的要求。如"品案例"中的盛金龙，他在工作中苦练基本功，即使是最枯燥的事儿，也仍然努力练习，练就了蒙眼配钥匙的绝活，并以33秒完成锉钥匙并开锁的成绩创造了中国之最。

一份职业、一个工作岗位，是一个人赖以生存和发展的基础保障。同时，一个工作岗位的存在，往往也是人类社会存在和发展的需要。所以，爱岗敬业不仅是个人生存和发展的需要，也是社会存在和发展的需要。如何做到爱岗敬业呢？

（1）乐业。能够以从事自己的职业为快乐，全身心地投入工作，并在工作中作出贡献。

（2）勤业。不断提升个人业务能力，注重工作中的每一个细节，以确保工作的质量和效率。

（3）精业。对本职工作业务纯熟，精益求精，力求使自己的技能不断提高，使自己的工作成果尽善尽美，不断进步。

乐业、勤业、精业三者是相辅相成的。乐业是爱岗敬业的前提，是一种职业情感；勤业是爱岗敬业的保证，是一种优秀的工作态度；精业是爱岗敬业的条件，是一种执着完美的追求。

2. 诚实守信——职场立身之本

诚实守信是指从业者在职业活动中应当真实无欺、言行一致，对承诺的事项负责到底，不虚假宣传、不隐瞒真相、不违背承诺。这一规范要求从业者在处理职业事务时保持高度的诚信意识，确保信息的真实性和准确性，以及行为的可靠性和稳定性。

人无信无以立，职业无信也不能立。诚实守信不仅是做人的准则，也是对从业者的道德要求，即从业者在职业活动中应该诚实劳动、合法经营、信守承诺、讲求信誉。诚实守信是职业道德中的一项基本规范，它对于维护职业信誉、促进合作与信任、保障公共利益以及推动职业发展具有重要意义。从业者应不断提升自己的诚实守信意识，以实际行动践行这一规范。如何做到诚实守信呢？

（1）树立诚信观念。将诚实守信作为个人职业行为的基本准则，内化于心、外化于行。时刻保持对诚信价值的认同和尊重，将其视为职业生涯中的基石。

（2）言行一致。确保自己的言语和行为保持一致，不夸大其词，不隐瞒真相。在职业活动中，践行说到做到，言行合一。

（3）承担责任。一旦做出承诺，就要全力以赴去履行。即使面临困难和挑战，也要坚持原则，不轻易放弃。对于自身原因导致的失误或问题，勇于承担责任，积极寻求解决方案。

（4）自我约束。在职业活动中，时刻保持自我约束，不做出违背诚信原则的行为。自觉遵守职业道德规范和法律法规，维护个人和组织的形象。

3. 办事公道——彰显公平正义

办事公道是在爱岗敬业、诚实守信的基础上提出的更高层次的职业道德的基本要求。办事公道是指在职业活动中，从业者应遵循公正、公平、合理的原则，不偏不倚地处理事务，确保各方权益得到平等对待和保障。这一规范要求从业者在处理问题时，站在公正的立场上，对当事各方公平合理、不偏不倚，严格按照规章制度和职业道德规范办事。

办事公道是职业活动中不可或缺的一项道德要求，它体现了从业者在职业行为中的公正性、公平性和合理性，对不同的服务对象一视同仁、秉公办事，不因职位高低、贫富亲疏的差别而区别对待。怎样才能做到办事公道呢？

（1）热爱真理，追求正义。办事是否公道关系到以什么为衡量标准的问题。要办事公道就要以科学真理为标准，要有正确的是非观，公道就是合乎公认的道理，合乎正义。不追求真理、不追求正义的人办事很难合乎公道。

（2）坚持原则，不徇私利。只停留在知道是非善恶的标准是不够的，还必须在处理事情时坚持标准、坚持原则。为了个人私利不坚持原则，是做不到办事公道的。只有不谋私利，才能光明正大，主持正义、公道。

（3）不计得失，不怕权势。要办事公道，就必然会有压力，会碰上各种干扰，只有大公无私，不计个人得失，不怕权势，才能坚持办事公道。

（4）有一定的识别能力。真正做到办事公道，一方面与品德相关，另一方面与识别能力有关。如果一个人识别能力很弱，他就会搞不清分辨是非的标准，分不清原则与非原则，就很难做到办事公道。所以，要做到办事公道，还必须加强学习，不断提高识别能力，能明确是非标准，分辨善恶美丑，并有敏锐的洞察力，这样才能公道办事。

4. 服务群众——全心全意为人民服务

服务群众就是在职业活动中一切从群众的利益出发，为群众着想，为群众办事，为群众提供高质量的服务。为人民服务是职业的灵魂，从业人员在职业活动中要全心全意为人民服务，一切从群众的利益出发，提高服务质量。

服务群众就要树立服务群众的观念，对群众热情周到，即对服务对象以主动、热情、耐心的态度；满足群众的需要，即努力为群众提供方便，想群众所想，急群众所急。如何做到服务群众呢？

（1）强化服务意识。将服务群众作为职业活动的核心目标，时刻牢记自己的职责是为群众提供优质的服务。这种服务意识应内化于心，成为从业者职业行为的基本准则。

（2）保持积极态度。在面对群众时，保持热情、耐心和友好的态度。即使面对困难或挑战，也要保持冷静和理性，积极寻找解决问题的方法，确保群众的需求得到满足。

（3）注重服务质量。在服务过程中，注重细节和品质，确保服务的每一个环节都符合标准。积极倾听群众的意见和建议，坚持高标准、严要求，持续提升服务质量和满意度。

（4）持续改进服务。对于群众的反馈和建议，保持开放、包容的态度，积极反思和改进自己的行为。通过定期评估服务质量和效果，不断调整和优化服务策略和方法，确保服务能够持续满足群众的需求和期望。

5. 奉献社会——实现人生价值

奉献社会就是要求从业人员在自己的工作岗位上树立起奉献社会的职业理想，并通过兢兢业业地工作履行对社会、对他人的义务，自觉为社会和他人作贡献，尽到力所能及的责任。奉献社会是职业道德的出发点和归宿，既有明确的信念，也有崇高的行为。

奉献社会是社会主义职业道德中的最高境界，体现了社会主义职业道德的最高目标和最终目的。在职业活动中，它要求各行各业的人员能够在工作中不计较个人得失、名利，不以追求报酬为最终目的地劳动和付出。当社会利益与局部利益、个人利益发生冲突时，要求每一个从业人员把社会利益放在首位。如何做到奉献社会呢？

（1）增强社会意识。从业者应深刻认识到自己的职业行为对社会的影响，将奉献社会作为自己的职业使命和责任，时刻关注社会需求和公共利益，将个人职业发展与社会进步相结合。

（2）培养奉献精神。将奉献精神融入个人职业价值观中，将为社会作出贡献视为一种荣誉和成就。在工作中，不计个人得失，积极投身于社会公益事业，为社会创造更多价值。

（3）提升个人能力。不断学习新知识、新技能，提升自己的专业素养和服务能力，确保自己具备为社会提供高质量服务的能力，能够为社会问题的解决提供有效的支持。

（4）满足社会需求。根据社会需求，调整和优化自己的职业发展方向，通过提供符合社会需求的服务和产品，满足社会的多元化需求，促进社会经济的持续发展。

拥有高尚的职业道德，才能赢得事业上的成功。一个人职业生活是否顺利、是否成功，既取决于个人专业知识和技能，又取决于个人的职业道德素质。所以，每个从业人员，不论从事哪种职业，在职业活动中都要遵守职业道德。

四、谈观点

职场中，有人认为应该"干一行，爱一行"，还有人坚持应该"爱一行，干一行"。你赞成哪一种观点？为什么？

_____

_____

_____

_____

五、践行动

请搜集一名全国劳动模范或全国五一劳动奖章获得者的故事，了解他们的典型事迹，并对他们所具备的优秀品质进行分析。

姓名：_____

获得荣誉：全国劳动模范□   全国五一劳动奖章□

工作单位：_____

主要成就：_____

_____

所具备的优秀品质：_____

_____

_____

_____

六、测能力

请扫描二维码查看对应试题，判断这些说法是否正确。

通关第二十九式
测能力

通关第三十式：阳光心态

通关目标

知识目标
1. 了解心态及其影响力
2. 了解阳光心态的内涵
3. 掌握塑造阳光心态八步法

能力目标
1. 提升塑造阳光心态的能力
2. 积极改善自我与他人的关系

素质目标
1. 养成积极、乐观的阳光心态
2. 养成良好职业素养

一、品案例

📠 案例呈现　　　　　　　　**独手焊侠卢仁峰**

卢仁峰是内蒙古第一机械集团有限公司大成装备制造公司高级焊接技师，他是第9届全国技术能手中焊接界唯一一位"中华技能大奖"获奖者，几十年如一日，用一只手执着追求焊接技术革新，被誉为"独手焊侠"。

卢仁峰的工作就是负责把坦克的各种装甲钢板连缀为一体，自工作以来他不断突破自己的技术峰值，从最早的五九式坦克，到第4代新型主战坦克，都有卢仁峰参与攻关研发。20多岁时，卢仁峰已经是厂里重点培养的技术骨干。但是一场事故让卢仁峰左手遭受重创，被切去的左手虽然勉强接上了，但已经完全丧失功能。然而，他并没有因此消沉，而是选择重返岗位，以积极乐观的态度面对生活的挑战。他定下每天练习100根焊条的底线，把筷子当成焊条、桌子当成练习试板，反复训练恢复技术能力，最终练就了精湛的独臂焊接绝技。

虽然卢仁峰经历了工伤和种种困难，但他始终保持着对生活的感恩之心。他的这种感恩之心让他更加珍惜和热爱工作，也让他在工作中更加专注和投入，用心对待每一个焊接任务，以精湛的技艺和敬业的精神成为焊接技术领军人。他先后获得了全国技术能手、国家技能人才培育突出贡献奖、2021年大国工匠年度人物、内蒙古自治区五一劳动奖章等荣誉。

案例思考：

独手焊侠卢仁峰的事迹充分体现了阳光心态的哪些特质？

_____

_____

_____

_____

二、做任务

请在课前或课中学习的基础上，按照任务单的要求，完成通关任务（见表11-2）。

表 11-2　通关任务 30

通关任务名称	建设阳光小组计划书
通关任务描述	以小组为单位，完成建设阳光小组的计划书，并制作一份汇报时间不少于8分钟的汇报PPT
通关任务评价标准	围绕主题呈现内容，完成一份建设阳光小组的计划书；计划书中目标明确、计划可行；团队协作好；汇报流畅；PPT制作精美；现场效果好；汇报时间把控得当

任务单 11-30

三、习新知

英国著名作家狄更斯曾说："一个人的阳光心态，比一百种智慧都更有力量。"阳光是世界上最光明、最美好的东西，它能驱赶黑暗和潮湿，温暖我们的身心，而心态对我们的思维、言行都有导向和支配作用。人与人之间细微的心态差异，就会产生成功和失败的巨大差异！拥有阳光心态便是一种幸福境界，这种幸福不是财富、权力、地位等所给予的，即使你贫穷、平凡，在别人看来一无所有，只要你能够主宰自己的情绪，让快乐做主，幸福便会由"心"制造。

（一）心态及其影响力

心态是个体在面对事物时的思维方式、情绪状态和心理反应的综合表现。它体现了一个人对生活、工作、人际关系及其他方面的态度和信念，是心理活动的重要组成部分，会影响个人行为决策和对外界刺激的反应。心态具有以下几个方面的影响力。

1. 心态影响能力

有一位教授曾做过一个过桥实验，教授说："走过这个曲曲弯弯的小桥，千万别掉下去，不过掉下去也没关系，底下就是一点水。"结果所有的人都顺利过桥。走过去后，教授打开了一盏黄灯，透过黄灯几个人看到，桥底下不仅仅是一点水，而且还有几条在爬动的鳄鱼，所有的人都吓了一跳。教授问："现在你们谁敢走回来？"结果没人敢走。教授又说："你们要想象自己走在坚固的铁桥上。"但只有 3 个人愿意尝试。第一个人颤颤巍巍，走的时间多花了一倍；第二个人哆哆嗦嗦，走了一半再也坚持不住了，吓得趴在桥上；第三个人才走了几步就吓趴下了。教授这时打开了所有的灯，大家这才发现，在桥和鳄鱼之间还有一层网，网是黄色的，刚才在黄灯下看不清楚。大家现在不怕了，说要知道有网他们早就过去了，几个人快速地都走过来了。只有一个人不敢走，教授问他："你怎么回事？"这个人说："我担心网不结实"。

通过这个实验我们可以发现，心态影响能力。面对同样的事情，心态好时，能力发挥，完成任务；心态不好时，心乱如麻，如履薄冰，能力不能充分发挥。

2. 心态影响生理

曾有一个死囚之死的实验，将一名死囚关在一个屋子里，蒙上死囚的眼睛，对死囚说"我们准备换一种方式让你死，我们将把你的血管割开，让你的血滴尽而死"。然后就打开了一个水龙头，让死囚听到滴水声，同时告诉死囚"这就是你的血在滴"。第二天早上打开房门，死囚死了，脸色惨白，一副血滴尽的模样，其实他的血一滴也没有滴出来，他被吓死了。

大量的事实证明，一个人的心理状态对其生理产生直接影响，人们所得的大部分疾病都与自己的情绪有关，恶劣的情绪对健康的损害甚至比病毒更加厉害。可见一个人的心态与其生命健康更是息息相关。

3. 心态影响运气

在中国古代有这样一个故事。有甲、乙两个秀才去赶考，路上看到了一口棺材。甲说："真倒霉，碰上了棺材，这次考试死定了。"乙说："棺材，升官发财，看来我的运气来了，这次一定能考上。"当他们答题的时候，两人的努力程度就不一样了，甲觉得肯定考不上，自暴自弃，乙觉得肯定考得上，心态特别好，超常发挥，结果乙考上了。

这个故事告诉我们，心态影响一个人的前途，影响一个人的一生，不同的心态就决定了不同的人生。

总之，心态影响能力、心态影响生理、心态影响运气。不同的心态决定不同的人生。心态好，生理健康、能力增强、潜能发挥；心态不好，生理不健康或亚健康、能力减弱、潜能无法发挥。

（二）阳光心态的内涵

每一个人都渴望拥有灿烂的人生，但真正能够活得精彩无限、有滋有味儿的，是那些始终以积极的方式回应生活的人。生活就是活一种态度，你能驾驭自己的心态，其实就开始了你的精彩人生。

阳光心态是一种积极、宽容、感恩、乐观和自信的心智模式，是一种积极而和谐的心态，也是心理健康的另一种说法。世界心理卫生联合会曾提出心理健康的 4 条标准，即身体、情绪十分协调；适应环境，人际关系中彼此能谦让；有幸福感；在职业工作中，能充分发挥自己的能力，过着有效率的生活。我国心理健康学者一般认为心理健康有八大标准，即智力正常、情绪健康、意志健全、人格完整、自我评价正确、人际关系和谐、社会适应正常、心理行为符合年龄特征。

那么，阳光心态的主要内涵到底是什么？其主要包括 4 个方面。

1. 不能改变环境就适应环境

当环境不利于我们时，我们应该先尝试去理解和接受它，而不是盲目地与之对抗。适应环境并不意味着放弃自我或妥协，而是要在保持自我核心价值的同时，灵活调整自己的行为和态度，以更好地融入环境并发挥自己的潜力。

2. 不能改变别人就改变自己

在人际交往中，我们经常会遇到与自己观点、行为或性格不同的人。有时候，我们可能希望他们能够改变，以符合我们的期望或需求。然而，现实是我们无法控制或改变他人的思想和行为。因此，当我们发现无法改变别人时，就需要考虑从自己做起，通过改变自己的态度、行为或期望来适应他人。

3. 不能改变事情就改变对事情的态度

古人说："穷则变，变则通，通则久。"面对无力改变的事实，就改变自己的态度，或是放弃执着，或是重新找准生活的定位，重新找准自己的生活方式，瞄准人生的前方，继续前行，这才是生活里最好的人生智慧。

4. 不能向上比较就向下比较

成功学告诉大家，不想当元帅的士兵不是一个好士兵，不想当船长的水手不是一个好水手。但是，只有一个人能当船长，更多的人和你一样，甚至位置比你更低。如果你这样想，你的心胸就会变得开阔起来。适度竞争产生活力，过度竞争身心疲惫。当生存基础不成问题之后，我们就应保持好心态，努力向上，如果达不到最好，就力争达到最好。

总之，阳光心态是成功的起点、快乐的源泉、失败的天敌、健康的关键。好的心态使人产生向上的力量，使人喜悦、生机勃勃，使人沉着、冷静、缔造和谐；而不好的心态使人不思进取，甚至颓废，使人忧愁、悲观、失望、萎靡不振，使人际关系紧张。塑造阳光心态就是要点亮自己的心灯，用一颗积极、乐观、平和、包容的阳光之心点亮自己、温暖别人。

（三）塑造阳光心态八步法

拥有阳光心态是快乐工作的前提，是一个人事业成功的关键。阳光心态能让我们带着好心情去工作、去生活。那么，在工作中应该如何调整自己，塑造阳光的心态，去迎接工作、快乐工作呢？

塑造阳光心态八步法

第一步：改变态度

人多去看拥有的，会产生快乐，自我享受；人多去想没有的，就会扼杀快乐，自我折磨。很多时候我们不能改变事情，就只能改变对事情的态度。

很多人都熟知狐狸和葡萄的故事，森林里住着一只狐狸，有一天，狐狸发现了一棵葡萄树，葡萄树上结满了一串串晶莹透亮的葡萄，狐狸想吃葡萄。可是，葡萄太高了，够不着，狐狸又试了好几次，还是摘不到。狐狸累得汗流浃背，喘着粗气说："这葡萄还没熟，一定很酸！一定是不好吃的。"它垂头丧气地回家了。它边走边回头看它心爱的葡萄，心里酸酸的，边走边自己安慰自己说："这葡萄没有熟，肯定是酸的。"

这个故事是说，有些人能力小，做不成事，就借口说时机未成熟，这也是吃不到葡萄就说葡萄

酸的来历。但是从另一个角度来看，这只狐狸认为葡萄酸，不吃也罢，就开心生活了。如果它觉得吃不到葡萄，活着没意思，导致心情抑郁，哪种心态更好些？同样的事情，改变了态度，结果就不一样了。

第二步：恰当认知

有一个疤痕实验，心理学家们征集了 10 名志愿者，请他们参加一个心理研究活动，10 名志愿者被分别安排在 10 个没有任何镜子的房间里，并被详细告知此次研究的方法：通过以假乱真的化妆，他们将变成一个面部有疤痕的丑陋的人，然后在指定的地方观察和感受不同的陌生人对自己产生的反应。实验结束后，志愿者们各自向心理学家陈述了感受。他们的感受出奇地一致，他们普遍认为，众多的陌生人对面目可憎的自己都非常厌恶、缺乏善意，而且眼睛总是很无礼地盯着自己的伤疤。

这一实验结果使得早有准备的心理学家们也大为吃惊，人们关于自身错误的、片面的认识，竟然如此深刻地影响和改变他们对外界的感知。实际上，在志愿者们即将出门的时候，他们的疤痕已经被巧妙地擦掉了。之所以产生上述感受，是因为他们将"疤痕"牢牢地装在了心里。疤痕实验证明，一个人内心怎样看待自己，在外界就能感受到怎样的眼光。

所以别人是以你看待自己的方式看待你。这个心理实验真切地告诉我们，一个健康、积极的心态对人生何其重要。一个从容的人，感受到的多是平和的眼光；一个自卑的人，感受到的多是歧视的眼光；一个和善的人，感受到的多是友好的眼光；一个叛逆的人，感受到的多是挑剔的眼光。一个人若是长期抱怨自己的处境、冷漠、不公、缺少阳光、缺少安全感，那也可能说明真正出问题的，是他自己的内心世界，是他对自我的认知出了偏差。这个时候需要改变的，正是自己的内心，而内心的世界一旦改善，身外的处境必然随之好转。毕竟，在这个世界上，只有自己才能决定别人看自己的眼光。

第三步：享受过程

人生就是一个括号，左括号代表的是出生，右括号代表的是死亡。人生的过程就是一个填括号的过程。你是让自己的人生括号里丰富多彩，还是干瘪暗淡，这完全都由自己来决定。在生命当中，要争取用精彩的生活、良好的情绪把括号填满。

有这样一个故事，有一个年轻人看破红尘，每一天什么都不干，懒洋洋地坐在树底下晒太阳。有一个智者问他："年轻人，这么大好的时光，你怎么不去赚钱？"年轻人说："没意思，赚了钱还得花。"智者又问："你怎么不结婚？"年轻人说："没意思，弄不好还得离婚。"智者说："你怎么不结交朋友？"年轻人说："没意思，交了朋友弄不好会反目成仇。"智者摇摇头说道："生命是一个过程，不是一个结果。"

怎样享受生命这个过程呢？要把注意力放在值得用心的事情上。要塑造阳光心态，就要享受过程，精彩过好每一天。

第四步：活在当下

有人可能会说，最重要的事情是升官、发财、买房、购车，最重要的人是父母、爱人、孩子，最重要的时刻是高考、毕业答辩、婚礼。其实这些都不是，最重要的事情就是此刻你做的事情，最重要的人就是此刻和你在一起的人，最重要的时刻就是此刻，这就是活在当下。

有一个故事是这样的，一个人被老虎追赶，他拼命地跑，一不留意掉下悬崖，他眼疾手快，抓住了一根藤条，身体悬挂在半空中。他抬头向上看，老虎在上边盯着他；他低头往下看，万丈深渊在等着他；他往中间看，突然发现藤条旁有一个熟透了的草莓。此刻这个人有上去、下去、悬挂在空中吃草莓 3 种选择，他该怎样选取？选择吃草莓这种心态就是活在当下。

活在当下是一种全身心地投入人生的生活方式。当你活在当下，而没有过去拖在你后面，也没有未来拉着你往前时，你全部的能量都集中在这一时刻。行在今日就是紧紧把握今天的机遇，并用行动来实现自己的理想和信念。现在连接着过去和未来，如果你不重视现在，你就会失去未来，还连接不上过去。塑造阳光心态就是要活在当下，如果一味地为过去的事情后悔，就会消沉；如果一味地为未来的事情担心，就会焦躁不安；因此，你应该把握现在，认真做好现在的事，不要让过去的不愉快和将来的忧虑像强盗一样抢走你现在的愉快。

第五步：情感独立

情感独立意味着不要把自己的幸福和快乐完全寄托在他人的行为之上，应该学会掌控自己的情绪。每个人都有责任管理自己的情绪，而不是依赖他人给予快乐或满足感。

要想让自己内心状态良好，就要学会情感独立。当你不再将情绪的源泉置于外界变动的因素时，就能够培养起内在的情感稳定性，不受外界环境波动的影响。我们只能考虑力所能及的事情，力所能及则尽力，力不能及则由他去。

第六步：学会"弯曲"

人生路上，难免会遇到各种坎坷和挑战。有时候，我们需要学会"弯曲"，这是一种人生的智慧。当生活变得沉重时，适时地低头、弯腰，放下多余的负担，才能走出困境，迈向更广阔的天地。

如果不善于妥协，不会"弯曲"，不善于对当前状况满意，那你就会永远生活在痛苦中。"弯曲"不是畏惧，而是为了不折断；"弯曲"不是逃避，而是为了顺势而为；"弯曲"不是倒退，而是为了退一步海阔天空；"弯曲"不是倒下，而是为了更好、更坚韧地挺立；"弯曲"不是妥协，而是战胜困难的一种理智的忍让。

"坚持"有利于人的进步和发展，但有时候，适当的"弯曲"是一种超脱、一种理智。现实中，"弯曲"蕴涵着丰富的哲理，而学会"弯曲"则可以塑造阳光心态。人生不可能一帆风顺，难免会有风起浪涌的时候。如果迎面而上，可能会船毁人亡。此时，不如退一步，给自己一个海阔天空，然后再图伸展。

第七步：缓解压力

心理压力是外界环境的变化和机体内部状态所造成的人的生理变化和情绪波动。适度的心理压力有利于人的进步和发展，但压力超过了人的承受能力，则将危害人的身心健康。

现代社会，学习、工作、房子、婚姻、感情等问题，让我们的心理压力越来越大。当你感到很大的心理压力时，要学会缓解压力。一方面，要正确评价自己，正确地分析并认识自己的能力，不要高看自己也不要低看自己，做自己能做的事，合理地评价自己。另一方面，要转移注意力，压力有时候像拿起一杯水，拿一分钟谁都可以做到，拿到半小时手就会感到酸。我们要做的就是放下这杯水，歇息一会儿再拿起来，这样我们才会拿得更久。所以我们可以转移注意力，将压力放下来并休息一下，一张一弛，张弛有度。

塑造阳光心态与缓解压力是相辅相成的。培养积极的阳光心态可以增强个体的抗压能力，当遭遇困难和挫折时，具有阳光心态的人更容易保持冷静和乐观的心态，从而更好地应对问题，找到解决方案，并逐步克服困难。而学会缓解压力，也能帮助我们塑造阳光心态。

第八步：懂得感恩

感恩是一种处世哲学，是生活中的大智慧。人生在世，不可能一帆风顺，种种失败、无奈都需要我们勇敢地面对、豁达地处理。这时，是一味地埋怨生活，从此变得消沉、萎靡不振，还是对生活满怀感恩，跌倒了再爬起来？如"品案例"中的独手焊侠卢仁峰，虽然一场事故让他的左手失去功能，但他没有自暴自弃，反而怀感恩之心，倍加珍惜工作，面对困难时积极乐观、自信自强，以精湛的技艺和敬业的精神成为焊接技术领军人。

在现实生活中，我们经常可以见到一些不停抱怨的人，仿佛这个世界对他们来说，永远没有快乐的事情，高兴的事被抛在了脑后，不顺心的事却总挂在嘴边。每时每刻，他们都有许多不开心的事，把自己搞得很烦躁，把别人搞得很不安。其实，他们所抱怨的事很多都是日常生活中经常发生的一些小事情，只是明智的人一笑置之。因为有些事情是不可避免的，有些事情是无力改变的，有些事情是无法预测的。能补救的则需要尽力去挽回，无法转变的只能坦然处之，最重要的是，学会感恩，时刻怀有一颗感恩的心，做好目前应该做的事情。

感恩是一种让心灵变得温暖的力量。当我们学会感恩身边的小幸福，生活中的不易，甚至是挑战和困难，都会变得更简单。感恩这种积极的态度不仅能够改善心理健康，还能够让我们更好地应对生活中的波折。常怀感恩之心，也就塑造了阳光心态。

四、谈观点

阳光心态是成功的起点、快乐的源泉、失败的天敌、健康的关键。请结合你自己的情况，谈谈如何调整自己塑造阳光心态？

_____

_____

_____

_____

五、践行动

搜集一个有关塑造阳光心态的小故事并认真阅读，撰写读后感。

故事简介：

_____

_____

_____

读后感：

_____

_____

_____

六、测能力

请扫描二维码查看对应试题，判断这些说法是否正确。

通关第三十式
测能力

通关第三十一式：团队合作

通关目标

知识目标

1. 了解团队合作的内涵
2. 掌握团队合作三步曲
3. 掌握培养团队精神的方法

能力目标

1. 提升团队合作能力
2. 提升管理能力

素质目标

1. 增强团队合作精神
2. 养成良好职业素养

一、品案例

案例呈现 | 太空出差三人组——神舟十九号飞行乘组

2024 年 10 月 30 日，搭载神舟十九号载人飞船的长征二号 F 遥十九运载火箭在酒泉卫星发射中心点火发射，随后神舟十九号飞行乘组顺利进入中国空间站。北京时间 2024 年 12 月 17 日 21 时 57 分，经过 9 小时的出舱活动，神舟十九号乘组航天员蔡旭哲、宋令东、王浩泽密切协同，在空间站机械臂和地面科研人员配合支持下，完成了空间站空间碎片防护装置安装、舱外设备设施巡检及处置等任务，出舱活动取得圆满成功，再次刷新了中国航天员出舱活动时长纪录。

在执行任务时，蔡旭哲作为指令长，负责整个飞行任务的规划和执行，确保任务的安全和顺利进行。宋令东和王浩泽则作为协助航天员，分别承担着出舱活动、设备巡检等具体任务。在出舱活动中，宋令东首先打开舱门并爬上机械臂，蔡旭哲紧随其后出舱，而王浩泽则留在舱内负责保障和协助。三人通过手势、语音等方式进行实时沟通，确保任务的顺利进行。同时，航天员们还需要在舱内进行协作，共同处理各种突发情况。这种紧密高效的团队协作模式，为任务的顺利完成提供了有力保障。

地面团队在神舟十九号任务中也发挥着至关重要的作用，他们为航天员提供了全方位的支持和保障，包括任务规划、实时监测、应急处理等关键环节。在航天员进行出舱活动时，地面团队通过精确的调度和指挥，确保了航天员的安全和任务的顺利进行。此外，地面团队还负责了航天员的生活保障、健康监测以及心理支持等工作，为航天员提供了良好的工作和生活环境。

案例思考:

你认为神舟十九号飞行乘组团队具备哪些特质?

二、做任务

请在课前或课中学习的基础上,按照任务单的要求,完成通关任务(见表 11-3)。

表 11-3　通关任务 31

通关任务名称	团队合作游戏"坐地起身"	
通关任务描述	以小组为单位,完成一个团队合作游戏"坐地起身"。游戏规则:最开始两人背对背坐在地上,不用手撑地站起来,随后依次增加人数,直至全组人员全部在一起背对背坐在地上并不用手撑地站起来	任务单 11-31
通关任务评价标准	小组顺利完成游戏,且不违规;根据小组完成的时间进行评价,用时越短分数越高	

三、习新知

团队合作是现代工作环境中不可或缺的一部分,它强调集体智慧、协同努力以及资源共享,以实现共同的目标或解决复杂问题。一个高效的团队不仅能够提升工作效率,还能激发创新思维,促进个人成长和组织发展。

(一)团队合作的内涵

团队合作是指一群具有不同技能、知识和经验的人,为了一个共同的目标而相互协作、共同努力的过程。这一过程的核心在于"合作",即团队成员之间基于相互信任、理解和支持,共同为实现团队目标而努力。

1. 团队合作的特征

团队合作不仅是一种工作方式,更是一种思维模式和价值观的体现,它融合了目标共识、角色分工、沟通协作、信任建立、责任担当等多个维度,共同构成了一个高效、和谐、创新的工作环境。团队合作的特征主要体现在以下几个方面。

(1)目标一致性

团队成员对团队目标有清晰的认识和共识,这是团队合作的前提和基础。只有当团队成员都朝着同一方向努力时,团队才能形成强大的合力。

(2)角色分工明确

在团队中,每个成员都扮演着特定的角色,承担着特定的责任,明确的角色分工有助于提高工作效率,减少冲突和误解。

(3)沟通协作顺畅

有效的沟通是团队合作的润滑剂,团队成员之间需要保持开放、坦诚的沟通,分享信息、交流想法,以便更好地协作完成任务。

（4）信任与尊重

团队成员之间需要相互信任、尊重，这有助于建立稳固的合作关系。同时，尊重他人的意见和贡献，也是团队合作中不可或缺的一环。

（5）成果共享

团队合作的最终目的是实现共同目标，而成果共享则是团队合作的必然结果。团队成员应共同享受成功的喜悦，同时也要共同承担失败的责任。

2. 团队合作的作用

团队合作在现代社会和组织中发挥着至关重要的作用。它不仅能够提高工作效率和质量，还能够促进创新、增强组织竞争力。具体来说，团队合作的作用体现在以下几个方面。

（1）提高工作效率

通过团队合作，成员之间可以相互学习、借鉴，共同解决工作中的问题。这不仅可以减少重复劳动，提高工作效率，还能够激发团队成员的创造力和创新精神。

（2）促进知识共享

团队合作为成员提供了一个交流、分享知识的平台。通过团队合作，成员可以学习到新的技能、知识和经验，从而不断提升自己的能力和素质。

（3）增强组织凝聚力

团队合作有助于增强组织内部的凝聚力和向心力。通过共同参与团队任务，成员之间可以建立起深厚的友谊和信任关系，从而增强组织的稳定性和竞争力。

（4）培养团队精神

团队合作能够培养团队成员的责任感和团队精神。在团队合作中，每个成员都需要为团队的成功贡献自己的力量，这有助于培养团队成员的责任感和集体荣誉感。

（5）推动创新与发展

团队合作为创新提供了肥沃的土壤，团队成员之间的思想碰撞和创意交流，可以产生新的想法和解决方案，从而推动组织的创新和发展。

（二）团队合作三步曲

当今的职场，无论从事什么工作，都无法脱离其他人的支持，靠个人单打独斗很难赢得胜利。要想开展高效团队合作，就要全方位了解团队、积极融入团队、打造高效团队，这是实现团队合作的三步曲。

1. 认识团队——全面了解团队

团队是指为了实现某一目标而由相互协作的个体所组成的正式群体。团队是由两个或两个以上的人组成的一个共同体，利用每个成员的知识和技能协同工作，解决问题，达到共同的目标。团队内的成员在工作上相互依附，在心理上彼此意识到对方，在感情上相互影响，在行为上有共同的规范。如"品案例"中的太空出差三人组团队，他们密切协同完成任务，出舱活动取得圆满成功，再次刷新了中国航天员出舱活动时长纪录。神舟飞船航天员乘组从 2005 年的神舟六号的费俊龙、聂海胜双人组，至神舟九号的景海鹏、刘旺、刘洋三人组，再到 2024 年神舟十九号的蔡旭哲、宋令东、王浩泽三人组，他们始终团结协作，坚持报效祖国、忠于职守、艰苦奋斗、勇当先锋，为我国的航天事业作出不可磨灭的贡献。

（1）团队的特征

一般来讲，一支高效的团队具备以下几个特征。

① 相互依赖与协同。每个人都依靠与他人的合作才能完成预定的工作目标，大家相互依赖，共同协作，完成团队目标。

② 角色定位与责任。每个团队成员都担当不同的角色，承担相应的责任，团队每个成员必须具备胜任工作的核心专长与技能。

③ 信息沟通与共享。每个团队成员必须通过分享信息和资源来协调各项活动，每个成员有责任以一种适宜的方式向其他成员提供信息，实现信息沟通。

④ 自我管理与授权。团队成员在团队工作中既要承担相应的责任，也享有相应的管理自己的工作和内部流程的自主权。因此，团队管理既要依靠制度与业务流程来实现团队的有效运作，又要充分授权，以发挥每个成员的主动性与创造性。

（2）团队的构成要素

团队有 5 个重要的构成要素，主要包括目标、人、定位、权限、计划，统称为"5P"。

① 目标（Purpose）。清晰明确的目标是团队存在的基础，团队成员需要了解并认同团队的目标，以便协同工作，共同实现这些目标。

② 人（People）。人是构成团队最核心的力量，两个以上（包含两个）的人就可以构成团队。成员应具备与团队目标相关的技能、知识和经验，并且愿意为团队的成功作出贡献。

③ 定位（Place）。团队的定位有两个方面，一是团队的定位，团队在组织中处于什么位置，由谁选择和决定团队的成员，团队最终对谁负责；二是成员的定位，团队成员需要明确自己在团队中的角色和职责。这有助于避免角色冲突，提高团队协作效率。

④ 权限（Power）。团队权限有两个方面，一是整个团队在组织中拥有什么样的决定权；二是团队成员应拥有与其角色和职责相匹配的权限，包括决策权、信息获取权等，以确保团队成员能够有效地执行任务。

⑤ 计划（Plan）。计划也包含两个方面，一是目标最终的实现，这需要一系列具体的行动方案，可以把计划理解成目标的具体工作的程序；二是提前按计划进行可以保证团队工作的顺利进行。在计划的实施下团队才会一步一步地贴近目标，从而最终实现目标。

2. 融入团队——积极融入团队

个体能否与团队相融，存在着两方面的影响因素，即个体自身和团队本身。作为个体来说，要积极融入团队；作为团队来说，要接纳新成员，并帮助新成员快速融入团队。个体要积极融入团队，需要从以下几个方面做起。

（1）积极主动

每一位职场人都要深刻地认识到，一个人的成功并不是真正的成功，团队的成功才是最大的成功。那种"只顾自己，不顾集体"的员工，不是优秀的员工。虽然领导希望自己的员工精明能干，能独当一面，但领导更重视团队的力量。作为个体，只有把自己融入团队之中，凭借集体的力量，才能把个人的力量发挥到最大，让自己得到最好的发展。因此，职场人要积极主动地融入所在的团队，服从领导的安排，遵守规章制度，积极与其他员工合作，共同完成团队的任务。

（2）真诚和尊重

真诚和尊重是合作的前提，团队中的每一个人都有不同的性格特征，都需要被尊重。要想与团队成员达成良好的合作关系，需要付出真诚与尊重。融入团队，加强合作离不开真诚与尊重。尊重是合作的前提，欣赏彼此的优点并且互相提供帮助，是团队合作的基石。即使你非常优秀，也不要看不起别人。人与人之间就像一面镜子，当你对着别人笑的时候，别人也会对着你笑；当你不尊重别人的时候，别人也不会尊重你。

（3）学会沟通

团队的最高境界是具有凝聚力，凝聚力源于团队成员自觉的内心动力，来自共识，而共识的形成则有赖于沟通。要快速融入团队，必须学会有效地沟通，沟通是传达、倾听、协调，也是一个团队和谐有序的润滑剂。沟通不仅是一个人的能力、魄力的体现，也是每一位成员应该做到的。团队中大家在一起不仅是工作，更是一起分享成功或挫折。如果团队成员之间不进行交流，各自唱"独角戏"，团队势必成一盘散沙。

（4）互相关爱

在团队之中，只有学会关爱团队其他成员，才能取得他们的信任和支持，从而提高团队的整体工作绩效。珍惜与团队成员相识的缘分，在团队成员需要帮助的时候提供关爱，是与人合作最好的方式。在团队里，成员要像群飞的大雁一样，遇到困难时，互相帮助、共同解决。团队成员共同进步，团队取得成功，每一位成员也会因此而受益。互相关爱可以帮助新人快速融入团队。

（5）全局观念

团队中不反对个性张扬，但要有整体意识、全局观念，互相配合，考虑团队的需要，为集体的目标而共同努力。团队合作中的全局观念至关重要，它强调团队成员在追求个人和集体目标的同时，要考虑到整个团队乃至更广泛组织或项目的整体利益。团队中没有"他们""你们""你""我""他"，只有"我们"，团队中每个人都应有全局观念，要以团队的目标为自己的最高目标，只有团队取得成功才会有个人的成功。因此，具备全局观念的人才能更快速地融入团队。

3. 打造团队——打造高效团队

打造高效团队是一个持续的过程，如何才能打造出高效的团队呢？可以从以下几个方面着手。

（1）设定共同目标

共同的目标可以为团队成员提供具体的指导和行动方向，目标是团队存在的价值，将目标植根于每位团队成员的心里，就可以使团队行动一致。如果团队的领导疏于制定团队的目标，或有目标而成员们并不了解目标的，那么就没有凝聚成真正的团队。

（2）制定团队规则

团队是集体，必须有规则，这可以帮助团队成员很好地界定自己的行为，明确团队的利益要高于个体的利益。制定规则是为了明确团队中每个成员的角色，每个人都做自己擅长的工作，每个人都平等。

（3）选择团队成员

根据团队需求选择具备相应技能和经验的成员，一个高效的团队应该有4种人，即德者、能者、智者、劳者。德者领导团队，能者攻克难关，智者出谋划策，劳者执行有力。因此，团队成员应该是相互补充、各有优点的，这样才易形成合力。

（4）明确角色定位

根据成员的技能和兴趣分配具体的角色和责任，确保每个成员都清楚自己的职责范围，要做什么，要怎样做才能做好，在其职，做其事，尽其责。

（5）加强沟通交流

成功的团队依靠的是成员之间的相互配合，从而实现组织高效率运作的管理，因而团队成员之间要多进行沟通。沟通不畅很容易造成工作效率低下，只有进行充分的沟通，在沟通的基础上明确各自的职责，才能充分协作，形成合力。

（6）彼此相互信任

信任是合作的基础和前提。"新木桶原理"认为如果木桶有缝隙，即使每块木板都一样长，水也会流出来，这时木桶能装多少水取决于缝隙而不是木板长度。信任是团队木桶最好的黏合剂。

（7）实施有效领导

领导者的行为对打造高效团队具有重要影响。一个高效的团队需要领导者以身作则，通过自己的行为来树立榜样和传递价值观，展示出积极的态度、诚信和专业素养，同时需要领导者能够激励团队成员、引导团队方向、解决团队冲突。

（8）设置激励机制

设置合理的激励机制，如绩效奖励和晋升机制，提供学习和发展机会，以激励团队成员的积极行为和表现，提升成员满意度和工作积极性。

（三）培养团队精神

团队精神作为现代组织文化的重要组成部分，是推动集体效能、促进团队协作与创新的基石。它不仅仅是一系列行为规范的集合，更是一种深入人心的价值观念和集体意识。团队精神强调团队成员间的相互信任、尊重、支持与协作，旨在构建一个高效、和谐、富有创造力的团队氛围。

1. 团队精神的内涵

团队精神，简而言之，是指团队成员在共同目标引领下，形成的相互信任、尊重、支持与协作的精神风貌。它体现在团队成员间的默契配合、高效沟通、共同解决问题以及为实现团队目标所展现出的集体智慧和力量。团队精神的内涵丰富，主要包括以下几个方面。

（1）共同目标

团队精神的核心在于成员对团队目标的共识和追求。共同目标将团队成员紧密联系在一起，激发他们为实现这一目标而共同努力。

（2）相互信任

信任是团队合作的基石，团队成员之间需要相互信任，相信彼此的能力、诚信和意图，从而建立起稳固的合作关系。

（3）尊重与包容

尊重他人是团队精神的重要体现，团队成员应尊重彼此的观点、贡献和个性差异，学会倾听、理解和接纳不同的声音，营造包容的团队氛围。

（4）支持与协作

团队成员之间应相互支持、协作，共同面对挑战、解决问题。通过有效的协作，团队成员能够发挥各自的优势，弥补彼此的不足，形成强大的团队合力。

（5）责任感与奉献精神

团队精神要求每个成员都具备强烈的责任感和奉献精神，成员们要愿意为团队的成功付出努力，勇于承担责任，不计个人得失。

2. 团队精神的培养

团队精神的培养是一个系统工程，需要从以下多个方面入手。

（1）构建共同愿景

组织应明确团队的长远目标和愿景，通过愿景引领团队成员达成共识，激发他们为实现这一目标而共同努力的激情。

（2）强化制度建设

建立健全的团队管理制度包括沟通机制、激励机制、考核机制等，为团队精神的培育提供制度保障，以规范团队成员的行为，促进团队协作与沟通。

（3）开展团队建设活动

定期开展团队建设活动，如户外拓展、团队游戏、团队培训等，增进团队成员之间的了解和信任，提升团队协作能力。

（4）营造包容氛围

组织应营造包容、开放、多元的团队氛围，鼓励团队成员表达观点、分享经验、相互学习。包容的氛围可以激发团队成员的创新意识和创造力。

（5）强化责任与奉献意识

通过教育、培训等方式，强化团队成员的责任感和奉献精神。让成员们明白，团队的成功离不开每个人的努力和奉献，只有共同努力，才能实现团队的长远目标。

（6）建立反馈机制

建立有效的反馈机制，鼓励团队成员提出意见和建议，及时解决团队中的问题。不断优化团队协作流程，提升团队效能。

总的来说，团队精神的培养是一个持续的过程，需要组织、领导和团队成员的共同努力。通过构建共同愿景、强化制度建设、开展团队建设活动、营造包容氛围、强化责任与奉献意识以及建立反馈机制等措施，可以逐步培育出具有强大凝聚力和战斗力的团队精神。

四、谈观点

团队凝聚力非常重要，如果你是一个团队的领导者，你觉得该如何提升团队凝聚力？

_____
_____
_____
_____

五、践行动

搜集一个曾获全国工人先锋号荣誉的团队的相关资料，学习该优秀团队的事迹，并撰写学习心得。

团队：_____

主要成就：_____
_____
_____

学习心得：_____
_____
_____
_____

六、测能力

请扫描二维码查看对应试题，判断这些说法是否正确。

通关第三十一式
测能力

通关第三十二式：人际沟通

📋 通关目标

知识目标
> 1. 了解人际沟通的内涵
> 2. 掌握有效沟通六步法
> 3. 掌握职场人际沟通六妙招

能力目标
> 1. 提升人际沟通能力
> 2. 提升团队合作能力

素质目标
> 1. 增强主动沟通的意识
> 2. 养成良好职业素养

一、品案例

案例呈现 | **苦恼的李军**

一家公司来了几个不同学校的大学毕业生，大家都住在单位的集体宿舍，平时关系都不错。李军跟王风同学一个专业，性格相投，走得更近一些。两个人分在不同的部门工作，工作任务特别多时，也会互相帮助。

有一天，李军晚饭都没吃，正在办公室焦头烂额地加班，突然收到王风的微信："你在哪儿？想请你搭把手做个事儿。"当时李军真是自顾不暇，于是就回复他："现在特忙，自己都顾不过来了。"发完信息后，李军压根儿没当回事，继续加班。加完班回到集体宿舍后，李军依然像往常一样和大家有说有笑。可当跟王风打招呼时，他却看都不看一眼，像没听到一样。李军有些疑惑：他生气了？

接下来的几天李军一直主动跟王风说话，甚至私下问他是不是生气了。他依然对李军不理不睬的。其他人看见李军很苦恼，也安慰李军："没事的，他就那样，别跟他一般见识。"

案例思考：
你觉得李军拒绝王风的方式恰当吗？如果你是李军，你会怎么做？

_____

_____

_____

_____

二、做任务

请在课前或课中学习的基础上，按照任务单的要求，完成通关任务（见表11-4）。

表11-4 通关任务32

通关任务名称	情景剧《办公室交响曲》	
通关任务描述	以小组为单位，设置一个未来的工作情景，完成时间不超过8分钟的情景剧《办公室交响曲》的表演，展现办公室中领导与员工、领导与领导、员工与员工沟通交流的情况	
通关任务评价标准	围绕主题呈现内容，展现办公室中领导与员工、领导与领导、员工与员工沟通交流的情况；表达清晰；组织到位；团队协作好；有创意；汇报时间把控得当	任务单11-32

三、习新知

影响一个人事业成功的因素有很多，而良好的人际沟通就是不可或缺的因素之一。每个人都应该学会主动、真诚、有策略地沟通，这样可以化解很多工作与生活中的误会和矛盾，从而有助于个人的发展。

（一）人际沟通的内涵

人际沟通是一个广泛的概念，它指的是个体之间通过语言、非语言或其他符号系统进行的信息交流和理解过程。这个过程不仅涉及信息的传递，还包括情感的交流、关系的建立和维护，以及个体在社会环境中的互动。

1. 人际沟通的特点

人际沟通是一个复杂而多维的过程，具有如下特点。

（1）互动性。人际沟通是双向的，涉及信息的发送者和接收者，双方需要积极参与，通过语言、非语言符号等载体进行信息的交流。

（2）社会性。人际沟通总是在特定的社会背景下进行，受到文化、习俗、价值观等社会因素的影响。沟通行为不仅传递信息，还反映了沟通者的社会身份。

（3）目的性。人际沟通经常具有明确的目的，如建立关系、分享信息、解决问题等，目的的不同会影响沟通的方式和内容。

（4）符号性。人际沟通依赖各种符号，包括语言、文字、手势、表情等，符号的选择和使用受到沟通情境和沟通者背景的影响。

（5）情境性。人际沟通总是在特定的情境中进行，情境因素如时间、地点、氛围等都会对沟通效果产生影响，沟通者需要根据情境调整沟通策略。

（6）动态性。人际沟通是一个动态的过程，随着沟通的进行，信息、情感和态度都会发生变化，沟通者需要灵活应对，不断调整沟通方式和内容。

（7）反馈性。人际沟通中，接收者通常会给予发送者反馈，以表明信息是否被正确接收和理解。反馈可以是语言性的，也可以是非语言性的，如表情、动作等。

（8）个体差异性。每个人的沟通风格、偏好和能力不同，这会影响人际沟通的效果，沟通者需要尊重和理解彼此的差异性，以建立良好的沟通关系。

2. 人际沟通的原则

为了确保有效、和谐地沟通，人际沟通中应遵循以下原则。

（1）尊重原则。相互尊重是有效沟通的前提。在沟通的过程中盛气凌人、刚愎自用等，都是缺乏尊重的表现。在讨论问题时，坚持并保留自己的意见，这是十分正常的，但沟通的双方应相互尊重，如尊重人格、尊重不同观点等。

（2）坦诚原则。在沟通过程中要坦率、真诚，有不同意见、建议直言相告，开诚布公，更有利于提高沟通的效果。反之，如果沟通双方缺乏坦诚态度，相互指责、攻击，不仅无助于问题解决，而且还会激化矛盾。

（3）平等原则。在沟通过程中，要遵循平等原则。尤其是管理者，要克服地位、职务的障碍，如果以权势压制不同的意见，就很难进行有效的沟通。

（4）开放原则。沟通者双方要以开放的心态同他人沟通，乐于接受新观念，在沟通过程中不隐瞒个人思想和观点；反之，抱有自以为是、故步自封的心态，就会失去与他人交流的机会。

（5）真实原则。沟通是传递信息的过程，虚假的信息不仅严重制约沟通的质量，而且还会导致决策失误。因此，在沟通过程中，传递的信息真实有效，才更易达到沟通的目的。

（二）有效沟通六步法

沟通无处不在，无时不在。在竞争日益激烈的职场，人际关系复杂多变，要想自如应对，就要掌握有效的沟通技巧，为自己的职业发展奠定基础、创造机会。我们在日常的工作和生活中会遇到各种各样的沟通，要想完成一次有效的沟通，需要做到以下六步。

第一步：事前准备

要事先明确沟通的对象、沟通的内容和沟通要达成的协议，事前准备是影响沟通成败的重要因素。明确沟通的目的与内容，即知道自己沟通的目的是什么，要说些什么。如果目的不明确，就意味着自己也不知道说什么，自然也不可能让别人明白，也就达不到沟通的目的。明确沟通的对象，即知道对谁说，如果选错了对象，自然达不到沟通的目的。

第二步：确认需求

沟通是建立在需求之上的，要充分理解对方的需求和自己的需求，这样才能使沟通过程完整和顺畅。在沟通时找准需求是至关重要的，这有助于确保双方的理解一致，避免误解和冲突，从而提高沟通效率。

第三步：阐述观点

在阐述观点的时候要按照属性、作用和利益的顺序，让对方能够听懂和接受。掌握沟通的时机，即知道什么时候说。当沟通对象正焦头烂额地忙于工作或情绪非常低落时，你要求他与你商量聚会的事情，显然不合时宜。掌握沟通的方法，即知道怎么说，沟通时要选择对方听得懂的语言，涉及语调、文字、肢体语言等，这样才能达到良好的效果。

第四步：处理异议

要进行有效的沟通，除了要阐述自己的观点，当沟通过程中出现不一致意见时，还要摆正自己的态度，不能带情绪沟通。对管理者来说，应该积极和员工沟通。当员工有异议时，既让员工愉快地接受自己的观点，又不挫伤员工的积极性。对员工来说，应该主动与管理者沟通。管理者在下达命令让员工去执行后，自己并没有亲自参与具体工作，所以员工尤其应该注重与主管领导的沟通。

第五步：达成协议

双方是否完成了沟通，取决于最后是否达成了协议，当达到沟通目的时，要对沟通对象表示肯定或感谢。

第六步: 共同实施

达成协议是沟通的一个结果, 在达成协议之后要共同实施。尤其在工作中, 沟通的结束往往意味着一项工作的开始, 要共同按照协议去实施。

(三) 职场人际沟通六妙招

职场人际沟通是职场中不可或缺的一部分, 它对工作效率、职业发展、工作满意度以及个人影响力的提升都至关重要。掌握有效的沟通技巧和注意事项, 可以帮助职场人士更好地与他人建立信任、协作和合作的关系, 从而提高工作效率、拓展职业发展机会、增强工作满意度和提升个人影响力。

妙招一: 确定沟通目标

在职场人际沟通中, 确定沟通目标是确保沟通有效性和效率的关键步骤。一个明确的目标能够指导整个沟通过程, 帮助双方聚焦核心议题, 避免误解和冲突。可以采取如下策略。

(1) 明确意图。确定沟通是为了获取信息、分享想法、寻求合作、解决冲突还是其他意图, 这有助于聚焦沟通的核心内容, 避免偏离主题。

(2) 考虑受众。考虑沟通对象是谁, 他们的背景、需求和期望是什么, 这有助于调整沟通策略, 以确保信息能够被对方接收和理解。

(3) 适应情境。考虑沟通发生的情境, 包括时间、地点和沟通方式, 通过选择最适合当前情境的沟通方式, 以提高沟通效果。

(4) 保持灵活性。在沟通过程中, 保持对目标的灵活调整, 如果发现原定目标不切实际或受众反应不佳, 根据实际情况适时调整沟通目标和策略。

总之, 确定沟通目标是进行有效沟通的重要前提, 它有助于明确沟通的方向和重点, 确保沟通内容紧扣主题, 提高沟通效率, 达到预期的沟通效果。

妙招二: 以他人为中心

在职场人际沟通中, 以他人为中心是一种高情商的沟通方式, 它强调关注对方的需求、情感和立场, 以促进有效的交流和理解。可以采取如下策略。

(1) 倾听与理解。全神贯注地听对方说话, 避免打断或提前下结论, 尝试站在对方的角度理解他们的立场、情感和需求。在对方说完后, 用简洁的语言总结他们的观点, 以确保自己理解正确。

(2) 尊重与认可。认识到每个人都有不同的观点、背景和经历, 避免对他人进行评判或贬低。尊重他人的独特性, 对对方的观点、努力或成就表示认可和赞赏。

(3) 关注对方需求。在沟通中主动询问对方的需求、期望或关注点, 根据对方的需求, 提出切实可行的解决方案或建议。

总之, 在职场人际沟通中, 尊重他人的观点和感受是非常重要的, 即使不同意对方的观点, 也要以礼貌和尊重的方式表达自己的想法。在沟通过程中, 也要时刻关注对方是否对谈到的话题感兴趣, 让对方成为话题的中心, 使对方感受到受关注和尊重。

妙招三: 认真锤炼语言

在职场人际沟通中, 认真锤炼语言是提高沟通效率、促进理解和协作的关键。精准、清晰、得体的语言表达不仅能够展现专业素养, 还能增强说服力, 维护良好的人际关系。可以采取如下策略。

(1) 精准选择词汇。使用准确、具体的词汇来表达想法, 避免模糊、含糊不清的用词。

(2) 简洁明了。尽量使用简短的句子和段落, 避免冗长、复杂的句子结构, 以免使对方失去耐心。

(3) 使用积极、正面的语言。用积极、鼓励性的语言来表达想法和建议, 避免使用消极或攻击性的词汇。

总之，认真锤炼语言有助于在职场人际沟通中更加自信、有效地传达信息，促进团队协作和项目的成功。

妙招四：明确话题界限

在职场人际沟通中，明确话题界限对于确保沟通的有效性和效率至关重要。它有助于双方聚焦核心议题，避免误解和冲突，同时维护良好的工作关系。可以采取如下策略。

（1）提炼关键信息。识别并提炼出与核心议题直接相关的信息，避免引入无关的内容。可以通过列出关键点或制作大纲来帮助自己聚焦。

（2）识别偏离主题。在沟通过程中，敏锐地识别出何时话题开始偏离核心议题。可以通过提问或总结来引导对方回到主题上。

（3）礼貌打断。如果发现话题偏离主题太远，可以礼貌地打断对方，并提醒回到核心话题。

（4）灵活调整。根据沟通的实际进展和对方的反应，灵活调整话题界限。如果发现某个相关议题确实重要，可以适时将其纳入讨论范围。

同时，在职场沟通中，还要把握好说话的分寸。一般而言，以中性、高雅、轻松、擅长的话题为宜，不问对方年龄、收入、婚姻状况、健康状态等隐私话题，不聊八卦、不讲低级笑话，不传播小道消息。

妙招五：用好肢体语言

在职场人际沟通中，肢体语言扮演着至关重要的角色。它不仅能够传递信息，还能表达情感和态度，增强沟通的效果。可以采取如下策略。

（1）保持眼神交流。在与同事或上级沟通时，保持适当的眼神交流能够展现自信和尊重，但注意不要长时间盯着对方眼睛，以免让对方感到不适。

（2）使用恰当的手势。在表达观点或解释问题时，使用恰当的手势能够增强说服力，要避免使用过于夸张或不当的手势，以免分散对方的注意力或产生误解。

（3）注意站姿和坐姿。保持自信的站姿和坐姿，展现出专业形象和态度。在与他人交谈时，身体稍微前倾表示关注和倾听。

（4）适时微笑。在适当的时机微笑能够展现友好和开放态度。微笑能够缓解紧张气氛，促进双方之间的沟通和理解。

（5）避免不恰当的肢体语言。避免频繁挠头、抖腿或耸肩等不恰当的肢体语言，这些动作可能传递出焦虑、不安或缺乏自信的信息。

总之，肢体语言是沟通的一部分，它应该与口头语言相互补充、相互强化。在职场中一个恰当的肢体语言能够提升专业形象，增强说服力，并促进与他人的良好关系。

妙招六：懂得委婉拒绝

在职场人际沟通中，懂得委婉拒绝是一项重要的软技能。它不仅能够保护自己的时间和精力，还能维护良好的人际关系，避免产生冲突和误解。如"品案例"中的李军，一句简单的"现在特忙，自己都顾不过来了。"就使他与王风产生了矛盾。恰当的拒绝方式可以维护双方的尊重和理解，减少对方的负面情绪和误解。可以采取如下策略。

（1）明确拒绝的理由。提供合理、具体的拒绝理由，让对方理解自己的立场和限制，理由可以是时间冲突、职责范围、资源限制等。

（2）表达感激和理解。在拒绝之前，先表达对对方请求或建议的感激之情，表示理解对方的立场和需求，但出于某些原因无法满足。

（3）提供替代方案。如果可能，提供一个或多个替代方案来满足对方的需求，展现出自己的诚意和解决问题的能力。

（4）保持礼貌和尊重。使用礼貌的语言和语气，避免使用生硬或负面的词汇，保持尊重和理解的态度，避免让对方感到被冒犯或轻视。

（5）拒绝后跟进。在拒绝后，可以适当跟进以了解对方的反应和需求，如果情况发生变化，可以考虑重新评估并做出调整。

总之，拒绝并不意味着关系破裂，恰当的拒绝方式可以维护双方的尊重和理解，委婉表达可以减少对方的负面情绪和误解。

四、谈观点

在职场中，如果上级希望你参与一个突发的项目，但你觉得自己当前的职责已经饱和，你该如何拒绝呢？

五、践行动

假设前两天你刚与一名同学因为一点小事吵架了，最后两个人不欢而散，谁也不想理谁。可是今天辅导员安排你和他（她）一起完成一项需要合作的任务。你该如何与该同学进行沟通，保证任务顺利开展？撰写出你的沟通方案。

六、测能力

请扫描二维码查看对应试题，判断这些说法是否正确。

通关第三十二式
测能力

通关话题

如何养成良好的职业素养？

通关测验

请扫描二维码，完成通关测验，检测学习情况。

第十一关 通关测验

12

第十二关：制胜职场——成就职业精英

通关寄语

　　大国工匠、创业达人、管理精英、创新能人等，他们都是当之无愧的职业精英。各行各业的职业精英都具备独特的专业技能和优秀品质，他们在各自的领域内发挥着重要的作用，为社会的进步和发展作出了巨大的贡献。对于新时代的大学生来说，要想制胜职场，成长为职业精英，就需要深入地了解他们，发现他们身上所具备的优秀品质。大学生还要明确职业定位与目标，持续学习与提升，培养核心技能，注重个人品牌与形象，培养良好心态与品质，多实践与反思等。

通关攻略

通关第三十三式：成为大国工匠

通关目标

知识目标
1. 了解工匠精神的主要内涵
2. 掌握大国工匠的六大制胜秘诀
3. 掌握大学生培养工匠精神的路径

能力目标
1. 能够在专业学习和实践活动中有意识地培养工匠精神
2. 提升团队合作能力

素质目标
1. 坚定技能强国的信心和决心
2. 热爱自己的专业并对未来的职业有坚定的信心

一、品案例

| 案例呈现 | "工人院士"李万君 |

李万君，1987年7月毕业于长春客车厂职业高中，而后进入客车厂焊接车间工作，现任中车长春轨道客车股份有限公司（简称"中车长客"）高级技师，现兼任吉林省总工会副主席，曾获中央企业技术能手、全国技术能手、全国铁路系统火车头奖奖章、"感动中国2016年度人物"十大人物、全国优秀共产党员、2018年"大国工匠年度人物"等荣誉。

2007年，"和谐号"动车组在中车长客试制生产，转向架环口处的焊接是承载车体重量的关键受力点。李万君反复研究摸索，总结出"环口焊接七步操作法"，成功突破国外技术封锁，保证了动车组转向架的批量生产。2017年，他带领团队成功攻克中国自主知识产权"复兴号"转向架的多项难题，助推中国高铁不断领先领跑。2010年起，他在企业内培训焊工2万多人次，考取各种国际国内焊工资质6000多项。他创造了400余名新工提前半年全部考取国际焊工资质证书的"培训奇迹"，培养带动一批技能精通、职业操守优良的技能人才，为打造"大国工匠"储备了坚实的新生力量。他手握一把焊枪，坚守在高铁焊接生产一线30余年，在外国对中国高铁技术封锁面前实现"技术突围"。他凭着一股不服输的钻劲儿、韧劲儿，积极参与填补国内空白的几十种高速车、铁路客车、城铁车转向架焊接规范及操作方法。

"技能报国"是他的夙愿，"大国工匠"是他的荣光。他从一名普通焊工成长为中国高铁焊接专家，是"中国第一代高铁工人"中的杰出代表，是高铁战线的"杰出工匠"，被誉为"工人院士""高铁焊接大师"。

案例思考：

李万君作为一名职业高中的毕业生，能够成为中央企业技术能手，获得"感动中国2016年度人物"十大人物和2018年"大国工匠年度人物"等至高荣誉，从他身上你看到了哪些优秀品质？这对你有何启示？

_____

_____

_____

二、做任务

请在课前或课中学习的基础上，按照任务单的要求，完成通关任务（见表12-1）。

表12-1 通关任务33

通关任务名称	大国工匠分析报告	
通关任务描述	以小组为单位，观看《大国工匠》视频，选择一位来自某个行业（如铁路、智能制造等）的大国工匠，分析他的成长经历和他在职业生涯发展过程中养成的良好的素质，完成一份分析报告，并制作一份汇报时间不超过8分钟的汇报PPT	任务单12-33
通关任务评价标准	所选择的大国工匠有代表性，分析报告结构清晰、内容完整，不少于1000字；报告中对大国工匠的成长和所具备的素质分析全面、合理；分析报告文字、段落排版美观；汇报PPT制作精美、页数合理；汇报条理清晰、语言流畅、时间控制好；任务分工明确，任务完成过程展示了良好的团队协作	

三、习新知

中国空间站遨游太空，国产大飞机一飞冲天，中国高铁叫响全球，港珠澳大桥飞架三地……近年来，一系列大国重器、一个个超级工程、一项项科技成就，背后都离不开技艺高超、精益求精的大国工匠们的默默付出、孜孜以求。大国工匠们不仅是各自领域的佼佼者，更是国家工业实力和制造业水平的重要体现，他们是国家宝贵的财富。要成长为大国工匠，需要多方面的努力和积累。

（一）工匠精神和大国工匠

1. 工匠精神

早在春秋战国时期，随着专门从事手工业的工匠群体的出现，"工匠"一词开始独立存在。那时的工匠主要指木匠，大家熟知的战国时期鲁国人鲁班就是中国古代一位杰出的工匠、发明家和工程师，被誉为"中国建筑鼻祖"和"木匠鼻祖"。随着历史的发展，东汉时期"工匠"一词的含义已经基本覆盖全体的手工业者。中国古代工匠精神强调创新精神、精益求精的职业态度和敬业精神。新时代的中国工匠精神既是对中国传统工匠精神的继承和发扬，又有对外国工匠精神的学习借鉴。它既是为适应我国现代化强国建设需要而产生，又是劳动精神在新时代的一种新的实现形式。

工匠精神是一种对工作的专注、精益求精和追求卓越的态度。它强调对细节的关注和努力，以及为工作付出时间和精力的承诺。这种精神通过不断地实践和反思来提高技能，将每一项工作视为一种艺术形式。工匠精神包括高超的技艺和精湛的技能，严谨细致、专注负责的工作态度，精雕细琢、精益求精的工作理念，以及对职业的认同感、责任感。工匠精神不仅适用于制造业，而且广泛应用于各行各业。任何行业、任何人的"精益求精，力求完美"的精神都可以称为工匠精神。

2. 大国工匠

大国工匠要有 5 年以上一线生产现场工作经历，长期践行精益求精、执着专注、一丝不苟、追求卓越的工匠精神，具有突出技术技能素质等基本条件，要在引领力、实践力、创新力、攻关力、传承力方面显现明显发展潜力。

2024 年 1 月，中华全国总工会印发《大国工匠人才培育工程实施办法（试行）》，提出计划每年培育 200 名左右大国工匠，示范引导各地、各行业每年积极支持培养 1000 名左右省部级工匠人才、5000 名左右市级工匠。北京市设立"北京大工匠"，山东省设立"齐鲁工匠"，福建省设立"八闽工匠"，上海市设立"上海工匠"，湖南省设立"湖湘工匠"，以及辽宁工匠、浙江工匠等，这些工匠称号旨在表彰和弘扬当地工匠的敬业精神和卓越技艺，推动高技能人才队伍的建设和发展。

浙江省杭州市自 2019 年起将每年的 9 月 26 日设立为"工匠日"，作为尊重工匠、关爱工匠、学习工匠、弘扬工匠精神的重要载体，这也是全国首个工匠日。其精神提炼为"坚持坚守，敬业精业。专心专注，创新创造。至善至美，无私无我"。湖南省株洲市自 2024 年起，将每年的 10 月 25 日设立为"株洲工匠日"，这也是湖南省首个城市工匠日。设立"工匠日"，有利于多渠道、全方位、立体化展示劳模风采、弘扬工匠精神，进一步发挥工匠、高技能人才的帮带、示范、领军作用，激励广大劳动者争当新时代的先锋，助推知识型、技能型、创新型劳动者大军建设。

（二）大国工匠的六大制胜秘诀

"品案例"中的李万君成为大国工匠的秘诀就是他的工匠精神。这里的工匠精神是一种职业精神，它是职业道德、职业能力、职业品质的体现，是从业者的一种职业价值取向和行为表现。要成为大国工匠，就要掌握工匠精神的敬业、专注、精益、创新、勤学、攻坚等六大制胜秘诀。

1. 敬业——爱岗敬业的职业精神

敬业是从业者基于对职业的敬畏和热爱而产生的一种全身心投入的认认真真、尽职尽责的职业精神状态。中华民族历来有敬业乐群、忠于职守的传统，敬业是中国人的传统美德，也是当今社会主义核心价值观的基本要求之一。

早在春秋时期，孔子就主张人在一生中始终要"执事敬""事思敬""修己以敬"。"执事敬"，是指行事要严肃认真不怠慢；"事思敬"，是指临事要专心致志不懈怠；"修己以敬"，是指加强自身修养，保持恭敬谦逊的态度。

李万君常说："享受焊接的喜悦，胜过苦和累。"这种对工作的热爱让他在平凡的岗位上创造了不平凡的成就。别人听起来嘈杂的焊接声，到了李万君的耳朵里就变成了交响乐；别人眼中的苦差事，李万君却乐在其中。大学生走上工作岗位之后，不管在一线技术技能岗位，还是在服务岗位，或是在管理岗位，都离不开对工作的热爱。对工作热爱到骨子里才能自觉地勤学苦练，才能不断夯实本领，成长为职场的佼佼者。

2. 专注——专注执着的工作态度

专注就是内心笃定而着眼于细节的耐心、执着、坚持的精神，这是大国工匠所必须具备的精神特质。在中国早就有"艺痴者技必良"的说法，如《庄子》中记载的"庖丁解牛"，《核舟记》中记载的奇人王叔远等。工匠精神意味着专注，即几十年如一日的坚持与韧性。"术业有专攻"，一旦选定行业，就一门心思扎根下去，心无旁骛，在一个细分领域不断积累优势，在本领域成为领头羊。

1987年，职高毕业的李万君成为中车长客焊接车间水箱工段的一名焊工。由于焊接工作特别艰苦，当初和李万君一起入厂的28个伙伴，在一年之后就有25个离职。李万君不仅坚持了下来，而且在焊接的工作岗位上一干就是30多年，至今他依然坚守焊工岗位。大学生面对新的工作岗位要学会坚持、保持专注，不管前方有多少困难都要始终坚守自己的初心，努力克服困难朝着目标迈进。只要坚持下去，我们也会和大国工匠们一样，在工作岗位上做出骄人的成绩。

3. 精益——精益求精的质量意识

精益就是精益求精，是从业者对每件产品、每道工序都凝心聚力、精益求精、追求极致的职业品质。所谓精益求精，是指已经做得很好了，还要做得更好，"即使做一颗螺丝钉也要做到最好"。正如老子所说，"天下大事，必作于细"。能基业长青的企业，无不是精益求精才获得成功的。

李万君要求自己的每个焊件都不能有瑕疵，每个焊件都是艺术品。在李万君手中，两根极细的不锈钢丝，可以瞬间被分毫不差地对焊在一起，无须打磨就可保证焊接处与钢丝直径一致，根本看不出是焊上的。大学生在新的工作岗位上不能停留在满足现状的状态，要将自己的工作和产品当作艺术品来精雕细琢，追求卓越，打造最优质的产品。

4. 创新——追求卓越的突破精神

创新就是追求突破、追求革新。古往今来，热衷于创新和发明的工匠们一直是世界科技进步的重要推动力量。中华人民共和国成立初期，我国涌现出一大批优秀的工匠，如倪志福、郝建秀等，他们为社会主义建设事业作出了突出贡献。改革开放以来，"汉字激光照排系统之父"王选，从事高铁研制生产的铁路工人，从事特高压、智能电网研究运行的电力工人等都是工匠精神的优秀传承者，他们让中国创新影响世界。

面对动车组转向架横梁与侧梁连接处环口焊缝接头过多的难题，李万君总结出"环口焊接七步操作法"，一枪焊完整个环口。这个许多先进的焊接机械手也无法完成的操作，让倨傲的法国专家对中国工人竖起了大拇指。大学生要学习李万君身上勇于创新的精神，立足岗位，敢于挑战技术难题，做时代的弄潮儿，用一颗匠心铸就伟大的中国梦。

5. 勤学——勤学苦练的职业品质

勤学就是立足于自身岗位，持续掌握自己从事的领域中的新知识，以不断提升自身能力。各行各业的技术都在快速更新迭代，大国工匠能够始终保持对新技术、新工艺的敏锐感知和学习热情。他们不仅在工作时间内努力学习，还会利用业余时间进行自学，不断提升自己的知识和技能水平。他们深知"台上一分钟，台下十年功"的道理，愿意付出时间和努力来提升自己的技能。

李万君虽然只是一名职业高中毕业生，但他自从进入工厂以后，就没有停止过学习。他利用业余时间，不断钻研焊接技术，向老师傅请教，通过实践锻炼自己的技艺。他不断尝试新的焊接方法和技巧，积累了丰富的实践经验。多年的勤学苦练，李万君把手中的一支焊枪用得"出神入化"，被誉为"高铁焊接大师"。大学生要学习李万君身上对学习的热情，学习他甘于寂寞苦练技能的品质，在校期间要热爱学习，善于学习，为将来的职业生涯奠定良好的基础。

6. 攻坚——坚韧不拔的人格魅力

攻坚是面对复杂的技术难题和挑战，敢于知难而上，勇于解决"卡脖子"问题，为国家和社会创造更大的价值。大国工匠的攻坚克难精神，是他们在面对复杂技术难题和挑战时所展现出的坚韧不拔、勇于创新和敢于突破的精神品质。这种精神不仅是他们个人成长的必备素质，更是推动国家科技进步和产业升级的重要力量。

李万君在高铁焊接领域多次面临前所未有的技术挑战。例如，在高铁转向架的焊接工作中，他主动请缨，攻克了转向架横梁与侧梁连接处的复杂焊缝难题。这种焊缝带有 30 度斜坡，是当时焊接技术中的空白，但李万君通过反复试验和论证，最终总结出交叉运用平焊、立焊、下坡焊的操作技法，使焊后射线检测一次合格率高达 100%。大学生要培养不畏难、不怕苦的精神，在学习和生活中遇到困难时，不要轻易放弃，要学会从失败中总结经验，调整心态，重新出发。

敬业、专注、精益、创新、勤学、攻坚，这些品质共同构成了大国工匠的制胜秘诀。敬业，让大国工匠对职业充满敬畏与热爱，以高度的责任心完成每一项任务；专注，使他们能够心无旁骛地投入到工作中，追求技艺的极致；精益，代表着对品质的不懈追求，通过不断改进提升产品质量；创新，则是大国工匠推动行业发展的关键，他们敢于突破传统，引领技术进步；勤学，让大国工匠不断学习新知识、新技能，保持与时俱进的能力；攻坚，则是他们面对困难时的坚定信念，以顽强的毅力攻克技术难关。这些品质相辅相成，使大国工匠能够在各自的领域内不断追求卓越，实现非凡的成就，为国家的发展贡献智慧和力量。

（三）大学生培养工匠精神的路径

对于大学生而言，要培养工匠精神，努力让自己成为大国工匠，可以从以下几个方面着手。

1. 坚持不断学习

将专业学习视为终身事业，勇敢面对学习中的困难和挑战。在学习过程中，深入研究专业知识，掌握核心技能，不断拓展自己的知识面。

2. 培养专注精神

专注是工匠精神的核心。在日常学习生活中，要把每一件平凡的事情做好，精益求精，做到极致。只有坚持并持之以恒，才能真正体现工匠精神的内涵。

3. 保持勤奋努力

勤奋是工匠精神的基石。大学生应勤于重复以增加熟练度，勤于洞察以发现新知识，做到学以致用。通过不断探索，不断提升自己的专业技能和综合素质。

4. 积极开展实践

将所学知识应用于实际工作中。可以通过实习、实训、科技创新比赛等活动，锻炼自己的实践能力，做到理论与实践相结合。

5. 勇于开拓创新

在学习过程中积极思考、勇于探索，不断尝试新的解题方法和思路。在实践中敢于尝试新的技术和方法，推陈出新，实现自我突破和进步。

6. 树立正确的价值观

认识到工匠精神对于个人成长和行业进步的重要性，在追求个人发展的同时，关注国家和社会的需要，为实现中华民族伟大复兴贡献力量。

四、谈观点

请选择你最喜欢的一位大国工匠，详细了解他（她）成长为大国工匠的故事。结合自己就读的专业和规划的未来职业，谈谈你如果也想成为一名大国工匠，你准备怎么做。

_____

_____

_____

_____

五、践行动

访谈工匠：通过线下或线上的方式访谈至少 1 名工匠（优秀校友或者是企业技能大师），了解他（她）的成长经历、工作职责、工作业绩等，分析他（她）身上所具备的优秀品质。

1. 受访者的姓名、单位、岗位信息

_____

_____

2. 受访者的工作职责

_____

_____

3. 受访者的工作业绩

_____

_____

4. 受访者身上具备的优秀品质

_____

_____

_____

六、测能力

请扫描二维码查看对应试题，判断这些说法是否正确。

通关第三十三式
测能力

通关第三十四式：成为创业达人

通关目标

知识目标

1. 了解大学生创业的意义
2. 掌握创业达人的六大制胜秘诀
3. 掌握大学生创业准备的路径

能力目标

1. 提升创业能力
2. 提升团队合作能力

素质目标

1. 增强创业的底线思维和危机意识
2. 增强永不言败的心理素质

一、品案例

案例呈现 | **"电信皇帝"任正非** |

任正非 1944 年出生于中国贵州省的一个普通家庭。尽管家境贫寒，但家庭氛围满是对知识的渴望和对教育的重视。1963 年，任正非以优异的成绩考入重庆建筑工程学院（现重庆大学）。在大学期间，他不仅深入钻研专业知识，还广泛涉猎自动控制、逻辑、哲学等领域，并自学多门外语，展现出了对知识的强烈渴望和广泛的兴趣爱好。

1968 年，任正非选择参军入伍。在军队中，他积极参与多项军事通信系统工程，凭借技术创新填补了国家在该领域的技术空白，并多次受到表彰和奖励。1983 年，任正非复员转业至深圳南海石油后勤服务基地，由于工作不顺利，任正非在 1987 年，转而筹集了 21 000 元人民币的资金，在深圳创立了华为公司。1993 年，华为推出了 C&C08 数字程控交换机，这成为其历史上的一个重要里程碑。此后，华为逐步向国际市场拓展，并在多个国家设立了研发中心和分支机构。华为在成长期注重技术创新和研发投入，不断推出新产品和解决方案。例如，1997 年推出无线 GSM 解决方案，1998 年引入 IBM 的 IPD 流程体系等。近年来，华为智能手机的市场份额不断提升，成为全球领先的智能手机品牌之一。华为也成为全球领先的 5G 通信设备供应商。华为还积极拓展其他业务领域，如云计算、人工智能、物联网等。通过多元化发展，华为进一步巩固了其在全球科技行业的地位。

华为的成长历程是一部充满传奇色彩的奋斗史。从初创时期的艰难起步到如今的全球科技前列地位，华为始终保持着创新精神和拼搏精神。

案例思考：

从任正非创立华为的发展经历和媒体的评价中你看到任正非具有哪些创业者所具备的特质？

_____

_____

_____

_____

二、做任务

请在课前或课中学习的基础上，按照任务单的要求，完成通关任务（见表12-2）。

表12-2 通关任务34

通关任务名称	创业达人访谈报告	
通关任务描述	以小组为单位，选择一位熟悉的创业者或创业成功的校友，了解他（她）的创业经历，以及他（她）在创业过程中所形成的素质，完成一份访谈报告，并制作一份汇报时间不超过 8 分钟的汇报 PPT	
通关任务评价标准	所选择的创业达人有代表性，访谈报告结构清晰、内容完整，不少于1000 字；报告中对创业达人的教育经历、创业经历和所形成的素质分析全面、合理；访谈报告文字、段落排版美观；汇报 PPT 制作精美、页数合理；汇报条理清晰、语言流畅、时间把控得当；任务分工明确，任务完成过程展示了良好的团队协作	任务单 12-34

三、习新知

创业是一个充满创新和探索未知的过程，创业者需要不断尝试新的想法、技术和商业模式，以便在竞争激烈的市场中脱颖而出。创新和探索的精神不仅能促进个人的成长，也能促进社会的进步和发展。

（一）大学生创业的意义

大众创业、万众创新（"双创"）是国家基于转型发展需要和国内创新潜力提出的重大战略，旨在优化创新创业环境，激发蕴藏在人民群众之中的无穷智慧和创造力，让那些有能力、想创业创新的人有施展才华的机会，实现靠创业自立，凭创新出彩。国家鼓励大学生创业，先后出台了《国务院办公厅关于进一步支持大学生创新创业的指导意见》《国务院办公厅关于进一步做好高校毕业生等青年就业创业工作的通知》等一系列政策，对于新时代的大学生来说，选择创业有以下几方面的意义。

1. 缓解就业压力

自主创业成为大学生就业的出口之一，有助于缓解当前紧张的就业形势，为更多的大学生提供新的就业机会。

2. 提升创新能力

大学生群体思想活跃，视野开阔，学习和创新能力强，通过利用所学知识和本领进行创业，能在社会上迅速掀起创新浪潮，提升全社会的创新能力。

3. 培养综合素质

创业过程需要大学生充分调动自己的主观能动性，改变就业心态，自主学习，独立思考，并学会自我调节与控制。这有助于提升大学生的综合素质和能力。同时，创业还可以为个体带来更多的社交机会和人际关系。这有助于创业者拓展人脉，获取更多有关创业和商业的资讯和机会，从而在未来的发展中获得更多优势。

4. 增加社会财富

通过创业并运用智慧，有可能实现个人财富的增长。同时，大学生的创业项目通常具有新颖性和创新性，一旦创业成功，能迅速吸引客户，占据市场，带来大量社会财富。

5. 实现自我价值

大学生通过自主创业，可以把自己的兴趣与职业紧密结合，做自己最感兴趣、最愿意做和自己认为最值得做的事情。同时，自主创业意味着每一个决策和行动都是为了实现个人的长远目标，从而赋予工作更深远的意义和动力。

（二）创业达人的六大制胜秘诀

创业往往源于个人对某个领域或项目的热情与追求。许多人希望通过创业来实现自己的梦想，将自己的创意、理念或解决方案转化为现实，为社会带来积极的影响。创业为他们提供了一个平台，让他们能够自由地探索和实践自己的想法。但创业路是一条充满艰辛的道路，因此，掌握创业成功的秘诀和方法很重要。下面结合"品案例"中任正非和华为的故事介绍创业达人制胜的六大秘诀。

1. 资金准备

对于创业者来说，首先要解决的就是资金问题。创业者常见的资金来源包括自有资金、亲友借款、风险投资、政府补助和创业基金、银行贷款、众筹以及股权融资等。创业者需要根据自身情况和资金需求选择合适的融资方式，并充分利用各种资源和渠道来筹集资金。

跟很多普通人一样，任正非并非出身于大富大贵之家，为了实现自己的创业梦想，任正非筹集了 21 000 元人民币的资金，创立了华为公司。公司初创期间，由于研发项目缺乏研发资金，任正非实行合伙人分权制，让所有的员工都能够分到公司的股份。

2. 能力准备

创业是一个复杂且充满挑战的过程，为了增加成功的概率，创业者需要在多个方面做好能力准备。知识准备方面，包括商业基础知识、行业知识和法律知识等；心态准备方面，包括坚韧不拔的品质、冒险精神与创新意识等；技能准备方面，包括商业计划书编写等；以及市场营销技能、财务管理技能。

作为中国商界最具影响力的企业家之一，任正非在知识方面做了充分的准备。他用自己的经历验证了他青年时期就认准的一句话："知识改变命运"。任正非在读书期间非常刻苦，他在 1963 年考入了重庆建筑工程学院。1978 年 3 月，任正非出席全国科学大会，是 6000 名代表中最年轻的代表之一。任正非还是位读书达人，作为华为的精神领袖，任正非始终坚持阅读，利用碎片时间学习，从书中吸收别人的知识和经验，使自己跟得上事业发展和时代的步伐。任正非没有什么业余爱好，业余时间就是待在家里看书。他称自己是"宅男"，回到家里不是看书，就是看新闻。他曾被财富中文网评为"最爱读书的年度中国商人"。都说打铁还需自身硬，创业也是这样，不断学习，你才能立于不败之地。

3. 行业分析

创业者进行行业分析是一个复杂且至关重要的过程，它有助于创业者深入了解目标行业的市场动态、竞争格局、发展趋势等关键信息，从而做出明智的决策。

华为的成功，首先就在于有任正非这样的领导者，他除了具有无私、有格局、有气魄等品质，还对商业有着深刻的洞察和理解。1990 年之前，中国程控交换机市场被 7 个国家 8 种制式的产品垄断，垄断下程控交换机售价非常高昂。当时安装一部家庭电话初装费就要数千元，还不是有钱就能装上，家里一部电话就能象征富裕和地位。高价格自然就有高利润，正是在这样的背景下，任正非进入了有科技含量的高附加值行业。很多时候方向比努力更重要，任正非进入通信设备领域有正确分析行业前景的因素。创业选择行业很重要，创业者一定要做好目标行业的市场竞争和发展前景分析。

4. 诚实守信

创业者做到诚实守信对于企业的成功和持续发展至关重要。它不仅有助于建立信任基础、塑造品牌形象、维护商业道德，还能促进长期合作、增强内部凝聚力、避免法律风险以及实现可持续发展。因此，创业者应该时刻铭记诚实守信的原则，将其贯穿企业的日常运营和发展战略中。信用的建设就是赢得客户的信任、合作伙伴的信任和合伙人的信任，这是创业成功的必备条件。

任正非曾告诉新员工，华为这些年来铸就的成就只有两个字——诚信，诚信是生存之本、发展之源，诚信文化是公司最重要的无形资产。华为用优良的服务去争取用户的信任，从而获得了成功。

5. 危机意识

创业者具备危机意识是创业成功的重要保障。只有时刻保持警惕，预见并应对潜在的风险和挑战，才能确保企业稳健前行。因此，创业者需要不断学习、关注细节、建立预警机制、模拟演练以及保持冷静等，以培养自己的危机意识。

在华为多年来保持高速发展、创造无数令人振奋的成绩的同时，任正非始终强调华为要时刻保持危机意识。任正非的危机意识和普通企业家不一样，他不仅无数次强调，而且还专门写文章，从思想的高度来警示华为人要有危机意识，比如著名的《华为的红旗到底能打多久》《活下去，是企业的硬道理》等。在华为内部的讲话中，危机自然是任正非说过的频率最高的一个词语。任正非曾坦言：“历史给予华为机会，我们要防微杜渐，居安思危，才能长治久安。如果我们为当前的繁荣、发展所迷惑，看不见各种潜伏着的危机，我们就会像在冷水中不知大难将至的青蛙一样，最后在水深火热中魂归九天。”

6. 坚持不懈

创业者做到坚持不懈是创业成功的重要保障。坚持不懈不仅能够帮助创业者应对挑战、实现目标、塑造品牌形象、培养团队士气、适应市场变化，还有助于个人成长和进步。因此，创业者应该时刻保持坚持不懈的精神，不断追求进步和成功。

华为能有今天的成就，得益于任正非极其强烈的坚持。当然坚持不是一味地坚持走不通的路，创业的过程是一个慢慢探路的过程，遇到走不通的路时，可以自己修一条路，既要坚持不懈也要学会变通。

总之，资金准备意味着为创新活动积累必要的资金，以支持研发、市场推广等。能力准备涉及个人技能和知识的积累，为创新提供基础。行业分析帮助了解市场趋势和竞争环境，发现创新机会。诚实守信是创业者的基本品质，有助于建立信任和良好的声誉。危机意识让创业者能够预见潜在风险，提前做好准备。坚持不懈是创业成功的关键，面对挑战和失败时不放弃，持续努力直至成功。这六大秘诀共同构成了创业达人必备的素质和能力，帮助他们在创业之路上取得成功。

（三）大学生创业准备的路径

创业是一个充满挑战与机遇的过程，需要创业者具备创新思维、市场洞察力、资源整合能力和领导力等多种素质。大学生为了确保创业成功，需要在多个方面进行充分的准备。

1. 市场研究与项目选择

这是创业的第一步，也是至关重要的一步。大学生应通过问卷调查、访谈、网络搜索等多种方式，深入了解目标市场的需求、竞争对手情况以及行业趋势。选择项目时，要考虑自身的兴趣、专业背景以及资源条件，确保项目与自身能力相匹配，并具有实际需求和市场竞争力。例如，可以结合个人兴趣爱好，选择真正热爱的领域进行创业，以增强创业的动力和持续性。

2. 撰写商业计划书

商业计划书是创业过程中的重要文件，它不仅明确了项目的目标、市场定位、营销策略、财务预测等内容，还是吸引投资者的重要工具。大学生需要充分展示项目的创新性和可行性，用数据说话，用事实证明项目的潜力。

3. 资金筹备与财务管理

资金是创业的基石，大学生需要明确资金来源和需求，制订合理的财务管理计划，确保资金能够合理分配和使用。资金可以通过自筹、申请政府补贴、寻求风险投资等多种途径获取。在财务管理方面，需要建立健全的财务管理制度，包括预算制定、成本控制、收入预测等，以提高财务管理效率。

4. 团队建设与人才招募

一个优秀的团队是创业成功的关键。大学生需要构建有互补技能和共同目标的团队，并通过校园招聘、社交媒体、专业招聘网站等渠道招募具有相关背景和技能的人才。在团队组建过程中，要注重团队成员之间的沟通和协作，确保团队能够高效运转。同时，根据团队成员的特长和兴趣进行合理分工，让每个人都能在团队中发挥自己的价值。

5. 了解法律法规与政策

大学生可以通过参加法律培训、咨询专业律师等方式来提高自己的法律意识和合规能力。同时，还要关注政府的相关政策，如创业扶持政策、税收优惠政策等，充分利用政策红利来推动项目的发展。

6. 创业技能与知识提升

大学生可以利用在校时间积极参加相关课程学习、实践项目和实习活动，积累相关的知识和技能。例如，可以参加一些创业培训课程，学习市场营销、财务管理、团队管理等方面的知识，或者加入一些创业群，与志同道合的创业者交流经验，共同进步。

7. 心理准备与风险评估

创业过程中充满了不确定性和挑战，因此大学生需要具备良好的心理素质和抗压能力。要学会调整情绪，保持积极乐观的心态，以应对创业过程中的挫折和困难。同时，还需要对项目的市场前景、竞争态势等方面进行全面分析，制定相应的风险应对策略。例如，可以建立风险预警机制，及时发现并处理潜在的风险；或者制定备选方案，以应对可能出现的突发情况。

8. 资源整合与利用

大学生需要充分利用学校、政府、行业组织等提供的资源和支持，为创业项目注入更多活力和动力。例如，可以利用学校的实训室、图书馆等资源来进行产品研发和学习提升；通过参加政府组织的创业大赛、路演等活动来展示项目并获取资金支持；还可以与行业组织建立合作关系，获取行业内的最新信息和资源支持。

四、谈观点

作为一名大学生，毕业之后你是选择找工作，还是选择创业？为什么？

_____

_____

_____

_____

五、践行动

访谈创业者：访谈至少 1 位创业者，了解他（她）的创业历程、创业成绩等，并分析他（她）身上所具备的优秀品质。

1. 受访者的基本情况

_____

_____

2. 受访者的创业历程

_____

_____

3. 受访者的创业成绩

_____

_____

4. 受访者身上具备的优秀品质

_____

_____

六、测能力

请扫描二维码查看对应试题，判断这些说法是否正确。

通关第三十四式
测能力

通关第三十五式：成为管理精英

🎯 通关目标

知识目标
1. 了解管理的内涵
2. 掌握管理精英的六大制胜秘诀
3. 掌握大学生成为优秀管理者的路径

能力目标
1. 提升自我管理能力
2. 提升团队合作能力

素质目标
1. 增强自我管理的意识
2. 增强时间管理的意识

一、品案例

案例呈现 | **"人单合一"新商业模式首创者张瑞敏**

张瑞敏，山东莱州人，中国科技大学工商管理硕士学位，海尔集团创始人、海尔集团董事局名誉主席。张瑞敏对企业管理方法颇有研究，被视作管理哲学大师，带领海尔经历了名牌战略、国际化战略、全球化品牌战略、网络化战略到生态品牌战略多个阶段，是家电领域的企业改革先锋。2005 年，获评"亚洲 25 位最具影响力的商界领袖"；2023 年，获得"全球最具影响力的 50 大管理思想家"终身成就奖。

1984 年 12 月 26 日，张瑞敏走进濒临倒闭的青岛电冰箱总厂（海尔的前身）当厂长。上任之初，张瑞敏把所有的规章制度放到一边，制定了 13 条规定，从禁止随地大小便开始，开始了海尔的现代管理之路。1985 年，张瑞敏因顾客反映冰箱质量差，率领班子成员，在全体员工面前砸了 76 台不合格冰箱。"张瑞敏砸不合格冰箱事件"成为中国产品质量的里程碑。1991年 12 月，海尔集团成立后，张瑞敏出任总裁，直到 2021 年不再担任董事会主席。

张瑞敏在海尔集团强调人才培养，提倡"人人都是 CEO"的理念，反对传统人才选拔方式，注重个体成长潜力和适应变化的能力。张瑞敏提出"企业即人，管理即借力"，强调人才核心与管理借力。企业应以人为本，重视人才培养，整合内外部资源，灵活应对市场变化，实现可持续繁荣。

张瑞敏"人单合一"理论中提到生态组织必须不断地自进化，而自进化源于日清工作法，即日事日毕，日清日高。

日事日毕，即每天的事情每天必须完成。一件事不管涉及多少部门，不管大家怎么扯皮，只要完不成大家都有责任。由此倒逼责任者想办法提高自己的素质。

日清日高，即每天做的事比昨天有一定提高。这种做法可以让大家不断地提升自己。

案例思考：

案例中提到"日事日毕，日清日高"，请你谈谈对这句话的理解。

_____

_____

_____

_____

二、做任务

请在课前或课中学习的基础上，按照任务单的要求，完成通关任务（见表 12-3）。

表 12-3　通关任务 35

通关任务名称	情景剧《工班长的一天》	
通关任务描述	以小组为单位，设置一个"工班长的一天"的情景，小组成员通过角色扮演的形式完成时间不超过 8 分钟的情景剧《工班长的一天》的表演，呈现某企业、某车间一名工班长的一天，展示一名基层管理者的工作情况	
通关任务评价标准	所选择的工班长有代表性，突出表现工班长的日常工作特别是基层管理工作；表演过程中组织有序、环节连贯，人物刻画生动形象，表现手法有创意，现场效果好；角色职责明确，团队成员参与度高，任务完成过程展示了良好的团队协作；时间把控得当	任务单 12-35

三、习新知

管理在组织发展中起着至关重要的作用，有效的管理可以提高组织的绩效和竞争力，促进员工的成长，以及推动组织的创新和变革。同时，管理也是组织适应外部环境变化、实现可持续发展的关键。

（一）管理的内涵

管理是指通过计划、组织、领导和控制等手段，协调组织内部和外部的各种资源，以实现组织目标的过程。它涵盖了多个方面，包括但不限于以下内容。

1. 计划

确定组织的目标，并确定相应的战略和计划，以确保组织能够朝着这些目标前进。例如，一个公司可能会制订年度销售计划，明确销售目标、销售策略和销售渠道等。

2. 组织

将组织的资源和人员合理地分配和组合起来，形成一个有序、高效的工作系统。例如，一个项目经理可能会根据项目需求，组建一个包含不同专业背景的成员的项目团队。

3. 领导

通过激励、沟通和指导等手段，激发员工的积极性和创造力，推动组织目标的实现。例如，一个团队领导可能会通过定期的团队会议，了解员工的工作进展和困难，并提供必要的支持和帮助。

4. 控制

对组织的活动和绩效进行监督和评估，以确保组织按照既定的计划和目标进行。例如，一个财务部门可能会定期对公司的财务状况进行分析，以确保公司的财务活动符合既定的预算和法规要求。

（二）管理精英的六大制胜秘诀

每个管理精英都有其独特的个人魅力与工作模式，但也有一些共性的内核，或者称之为职场制胜的秘诀，如以身作则、时间管理、选贤任能、团队管理、有效沟通、持续学习等。下面结合"品案例"中的张瑞敏的故事介绍管理精英的制胜秘诀。

1. 以身作则

管理者要以自己的实际行动为团队树立标准，通过自己的行为来影响和激励团队成员。这要求管理者在言行上保持一致，做到言出必行、行出必果，以自己的高尚品德和卓越能力赢得团队成员的尊重和信任。管理者以身作则，能够为员工树立榜样。员工会模仿管理者的行为，从而形成良好的工作氛围和企业文化。

在海尔的发展历程中，张瑞敏多次以身作则地推动变革。1985 年，张瑞敏在海尔面临产品质量危机时，毅然决定砸毁 76 台不合格的冰箱。这一举动不仅向员工传递了对质量问题的零容忍态度，更以身作则地展示了海尔对卓越品质的执着追求。

2. 时间管理

时间管理是指通过计划和控制时间的分配，有效达成个人或组织目标的过程。它旨在帮助人们更加高效地利用时间，减少拖延和浪费，从而在工作、学习、生活等方面取得更好的成果。时间是最伟大的艺术家，它公平、无私，无论贫穷还是富有，给每个人的一天都是 24 小时。当然，时间管理不仅仅是安排任务，还包括保持良好的生活习惯。充足的睡眠、健康的饮食和适量的运动，可以帮助我们保持精力充沛，从而更高效地利用时间。常见且有效的时间管理方法包括目标设定、任务分解、优先级排序、时间规划等。

张瑞敏在企业管理中提出了"日清工作法"，即"日事日毕，日清日高"。这种方法要求每天的工作必须当天完成，并且每天的工作效率要高于前一天。通过这种方式，员工能够养成高效的时间管理习惯，同时避免任务积压和拖延。这种管理方法不仅适用于企业，也适用于个人时间管理，帮助人们保持高效和持续进步。

3. 选贤任能

管理精英的选贤任能是指他们在领导和管理过程中，以才能和能力为标准，从众多应聘者中选择最优秀的人才，并给予其恰当的职位和工作机会，让其有所作为。

张瑞敏认为，企业不缺人才，关键在于如何激发员工的内在潜能。他反对传统的"相马"模式，即依靠领导的主观判断来识别和选拔人才，而是主张通过"赛马"机制，让员工在竞争中展示自己的能力。海尔通过"三工并存、动态转换"制度，将员工分为试用员工、合格员工和优秀员工，通过绩效考核实现动态晋升或降级，确保每个人都有机会脱颖而出。

4. 团队管理

团队管理是指对团队内部各种资源进行有效协调和配置，以确保团队目标的实现。它是企业管理中的重要组成部分，涉及对人员、资源和流程的计划、组织、领导和控制。团队管理是一门学问，也是一门艺术。

张瑞敏的团队管理方法倡导以人为本、明确目标、注重沟通等。他提出了海尔的 OEC 管理模式，其中，"O"代表Overall（全方位），"E"代表Everyone（每人）、Everything（每件事）、Everyday（每天），"C"代表Control（控制）、Clear（清理）。该模式要求员工对每天的工作进行全方位的控制和清理，确保工作质量和效率。通过OEC管理模式，海尔实现了对员工的精细化管理和激励，提高了企业的整体运营效率和竞争力。

5. 有效沟通

沟通是管理过程中的关键环节。管理精英懂得如何运用有效的沟通策略，与团队成员保持密切联系，及时了解他们的需求和反馈。通过开放、诚实的沟通，管理精英能够建立与团队成员之间的信任关系，增强团队的凝聚力和向心力。

张瑞敏在企业管理中强调坦诚沟通，直面问题。例如，在海尔面临产品质量问题时，他选择公开砸毁不合格的冰箱，以此向员工、经销商和消费者传递海尔对质量的执着追求。这种坦诚的沟通方式不仅唤醒了员工的质量意识，还重塑了海尔的品牌形象，打开了市场大门。

6. 持续学习

管理精英深知持续学习和成长的重要性。他们不断学习新知识、新技能，以适应不断变化的市场环境和业务需求。同时，他们还鼓励团队成员保持学习态度，共同推动团队的进步和发展。持续学习与成长有助于管理精英和团队成员保持竞争力，为团队的成功提供有力保障。

张瑞敏通过持续自学积累了深厚的文化底蕴。他办公室里藏书众多，涵盖文史哲、管理等多个领域。他每周阅读两本书以上，一年下来阅读量达到一百多本。这种持续学习的习惯使他能够紧跟时代潮流，不断汲取新的知识和理念，为海尔的持续发展提供动力。

综上所述，以身作则、时间管理、选贤任能、团队管理、有效沟通、持续学习是管理精英的制胜秘诀，原因在于它们共同构建了一个高效、有序且富有创造力的管理环境。以身作则树立榜样，激发团队信任与尊重；时间管理确保高效决策与行动，避免拖延与低效；选贤任能让合适的人做合适的事，发挥团队最大效能；团队管理强化协作与凝聚力，提升整体战斗力；有效沟通消除误解与隔阂，促进信息流通与达成共识；持续学习则使管理者紧跟时代步伐，不断创新与超越。这些要素相辅相成，帮助管理精英在复杂多变的环境中保持敏锐洞察与高效执行，从而引领团队不断突破，实现卓越成就。因此，掌握并运用这些秘诀，对于管理者而言至关重要。

（三）大学生成为优秀管理者的路径

大学生要想成为一名优秀的管理者，需要加强多方面的素质和能力的培养。以下是一些关键步骤和建议。

1. 提升专业知识与技能

一方面可以选修或者自己学习管理学、组织行为学、人力资源管理等管理类课程，为未来的管理工作打下坚实的理论基础。另一方面可以参加专业培训，利用校内外资源，参加各种管理培训课程，提升专业素养和技能水平。

2. 增强沟通能力

通过参与辩论、演讲等活动，提高语言表达能力，学会清晰、准确地传达思想和信息，锻炼沟通技巧。同时，要学会倾听，在沟通中注重倾听他人的意见和建议，尊重他人的观点，展现包容和开放的姿态。

3. 培养团队协作能力

要积极参与团队项目，在团队项目中积极承担责任，学会与不同背景的人合作，共同解决问题。也要主动担任团队领导，锻炼自己的领导能力和团队合作能力。

4. 做好时间管理与自我管理

既要学会区分任务的紧急程度和重要性，合理安排时间和资源，设定优先级；也要确定明确的目标和工作计划，确保工作有序进行；还要保持自律，培养良好的自我管理能力，如管理情绪、压力等的能力。

5. 培养解决问题的洞察力和能力

要锻炼洞察力，学会分析问题的本质和根源，预测事情的发展方向，做出正确的判断和决策。要能解决实际问题，通过参与模拟商业案例、解决同学间的矛盾等实践活动，提升解决问题的能力。

6. 提升领导力水平

要积极学习领导理论和方法，向优秀的领导者学习。观察并学习优秀领导者的行为和作风，吸取他们的管理经验和智慧，学习不同的管理风格和方法，提升领导力水平。

7. 拓展人际网络

要积极参加校内外社交活动，与不同领域的人建立联系，扩大自己的交际圈，开阔视野，为未来的职业发展打下基础。

8. 持续学习与反思

既要保持学习态度，不断学习新知识、新技能，跟上时代发展的步伐；也要学会定期反思，反思自己的管理实践，总结经验教训，不断改进和提升管理能力。

四、谈观点

时间管理并不是要把所有事情同一时间做完，而是更有效地运用时间。请结合自身情况和经历过的一件具体的事情，谈谈你对"今日事今日毕"的看法？

_____
_____
_____
_____

五、践行动

在你的老师、同学、亲戚、朋友中，选择至少 1 个管理者进行访谈，了解他（她）的工作职责、管理理念等，分析他（她）所具备的优秀品质。

1. 受访者的基本信息（姓名、性别、职务、工作单位等）

_____
_____

2. 受访者的工作职责

_____
_____

3. 受访者的管理理念

_____
_____

4. 受访者所具备的优秀品质

_____
_____

六、测能力

请扫描二维码查看对应试题，判断这些说法是否正确。

通关第三十五式
测能力

通关第三十六式：成为创新能人

通关目标

知识目标
1. 了解创新型国家的主要特征
2. 掌握创新能人的六大制胜秘诀
3. 掌握大学生成长为创新能人的路径

能力目标
1. 提升创新能力
2. 提升团队合作能力

素质目标
1. 增强创新的意识
2. 形成知难而上、知行合一的品质

一、品案例

案例呈现　　　　　"量子之父"潘建伟

潘建伟，浙江东阳人，被称为"量子之父"，在量子通信、量子计算以及多光子纠缠操纵等量子信息实验领域中做出了杰出贡献。2018年他作为量子信息研究的创新者获得改革先锋称号和改革先锋奖章，还曾获全国创新争先奖、最美奋斗者称号，以及"感动中国2016年度人物"等荣誉。

潘建伟从小就展现出对物理的痴迷，17岁高考时，他本有机会被保送到浙江大学，但因为保送的不是物理专业，他放弃了保送，最终凭借优异的成绩考上了中国科学技术大学近代物理系，从此开始了他的物理之路。本科毕业后，潘建伟继续在校攻读理论物理硕士，方向是量子基本理论。随着研究的深入，潘建伟认识到，量子理论中的各种悬疑需要尖端实验技术才能验证。于是在1996年获得硕士学位后开始攻读博士。博士阶段，潘建伟便与同事一起在《自然》杂志上发表了首次实现量子隐形传态的学术论文，这个成果被公认为量子信息实验领域的开山之作，被《科学》杂志评为"年度十大科技进展"，并入选《自然》杂志"百年物理学 21 篇经典论文"。

潘建伟团队自组建至今，取得了一系列让人惊艳的研究成果，创造多个"首次"：首次实现五光子纠缠和终端开放的量子态隐形传输；首次实现 16 千米自由空间量子态隐形传输；首次实验实现八光子薛定谔猫态……英国著名的科学新闻杂志《新科学家》以封面标题的形式这样评价潘建伟中科大团队："中国科大——因而也是整个中国——已经牢牢地在量子计算的世界地图上占据了一席之地。"《自然》杂志在报道潘建伟团队成果时评价："在量子通信领域，中国用了不到 10 年的时间，由一个不起眼的国家发展成为现在的世界劲旅，将领先于欧洲和北美。"

潘建伟认为"科学研究不仅要仰望星空，也要脚踏实地""我们不仅要关注原始创新，也要鼓励成果转化，为国计民生多做些工作，让普通老百姓享受科技带来的利益。我们的团队正在朝着这个方向努力""科学家要做原始创新，为国服务。"《感动中国》栏目给潘建伟的颁奖词是："嗅每一片落叶的味道，对世界保持着孩童般的好奇，只是和科学纠缠，保持与名利的距离。站在世界的最前排，和宇宙对话，以先贤的名义，做前无古人的事业。"

案例思考：

从《感动中国》栏目给潘建伟的颁奖词中，你认为潘建伟具有哪些优秀品质？

_____

_____

_____

二、做任务

请在课前或课中学习的基础上，按照任务单的要求，完成通关任务（见表 12-4）。

表 12-4　通关任务 36

通关任务名称	环保创意作品	
通关任务描述	以小组为单位，使用包装盒、废纸等材料，制作一个环保的创意作品；作品要体现创新、节约和环保等理念。选派一名代表进行作品展示并讲解设计意图和制作过程	
通关任务评价标准	作品设计理念体现了节约和环保，体现了创新意识和创新思维；作品讲解条理清晰、语言流畅、时间把控得当；任务分工明确，任务完成过程展示了良好的团队协作	任务单 12-36

三、习新知

创新源自人类对未知世界的好奇探索、对美好未来的不懈追求以及对自我极限的不断挑战，每一次技术的突破、理论的革新，都是人类智慧对自然奥秘的一次深刻洞察。创新不仅体现在科技进步的辉煌成就上，更渗透于社会生活的各个角落，激发着人们的创造力与想象力，引领着时代前行的步伐。

（一）创新型国家的主要特征

创新型国家，是指那些将科技创新作为基本战略，以技术创新为经济社会发展核心驱动力，大幅度提高创新能力，形成日益强大竞争优势的国家。其主要表现为：整个社会对创新活动的投入较高，重要产业的国际技术竞争力较强，投入产出的绩效较高，科技进步和技术创新在产业发展和国家的财富增长中起重要作用。

创新型国家一般应具备以下 4 个特征：①创新投入高，国家的研究与开发支出占 GDP（国内生产总值）的比例一般在 2% 以上；②科技进步贡献率达 70% 以上；③自主创新能力强，国家的对外技术依存度指标通常在 30% 以下；④创新产出高，拥有高效的国家创新体系。

世界上公认的创新型国家有 20 个左右，如美国、日本、芬兰、韩国等。2022 年，中国迈入创新型国家行列。国家统计局发布的报告显示，全社会研究与试验发展经费分别于 2019 年和 2022 年迈上 2 万亿元和 3 万亿元台阶，我国成为仅次于美国的世界第二大研发经费投入国家。世界知识产权组织发布的《2024 年全球创新指数报告》显示，瑞士、瑞典、美国、新加坡、英国在创新指数上名列前茅。中国位居第 11 位，不仅是全球创新指数排名前 30 位中唯一的中等收入经济体，还是 10 年来创新力上升最快的经济体之一。报告中显示，中国拥有 26 个全球百强科技创新集群，连续两年位居世界第一，中国创新发展正展现出强大动能和广阔前景。

（二）创新能人的六大制胜秘诀

新发展理念——创新、协调、绿色、开放、共享，其中创新处于首位。在今天这个日新月异的时代，各行各业都面临着巨大的创新，正所谓唯创新者胜。相应地，创新人才也成为这个时代的抢手人才。到底什么样的人能算得上创新人才呢？所谓创新人才，就是具有创新意识、创新精神、创新思维、创新知识、创新能力并具有良好的创新人格，能够通过自己的创造性劳动取得创新成果，在某一领域、某一行业、某一工作上为社会发展和人类进步作出了创新贡献的人。而创新人才中的佼佼者，就是创新能人，创新能人主要具有如下制胜秘诀。

1. 强烈的好奇心

爱因斯坦说："我没有特别的天赋，只有强烈的好奇心。永远保持好奇心的人是永远进步的人。"好奇心是促进科学发展、时代进步不可或缺的一项特质。古今中外，有很多的创新都是在好奇心的驱动之下产生的。例如"品案例"中的潘建伟，他始终保持着对量子光学、量子信息和量子力学强烈的好奇心，《感动中国》栏目给他的颁奖词就是"嗅每一片落叶的味道，对世界保持着孩童般的好奇"。

我国著名的地质学家李四光小的时候也充满了好奇心。儿时的李四光经常一个人对着来历不明的石头产生无限的遐想，他对这些石头的来历非常好奇，为什么这里会出现这些石头？它们是借助什么力量来到这里的？长大后的李四光为了这份好奇走遍了全中国的山川河流，做了大量的考察与研究，提出这些怪石是冰川的浮砾，是第四纪冰川的遗迹，纠正了国外学者断定"中国没有第四纪冰川"的错误理论。

创新的想法不是凭空而来的，往往是出自创新者对某一个事物强烈的好奇心。创新者将好奇心转化为兴趣，进而采取探索的行动。所以说，好奇心是创新的源泉。几乎每一位科学家的成长经历都可以告诉我们，他们的一生是充满了好奇的一生，好奇心引导着他们不断向新的领域迈进，不断产生新的思维，从而推陈出新，走向该领域的巅峰。

2. 扎实的专业知识

推行任何一项改革，做出任何一项创新，都是站在前人积累的专业知识基础之上的。所以，自己也必须具备相应领域的扎实的专业知识。例如"品案例"中的潘建伟，他在中国科学技术大学近代物理系完成了本科和硕士阶段的学习，专攻理论物理。这段学习经历为他打下了坚实的物理学基础。后来，他攻读实验物理博士学位，师从量子力学的世界级大师塞林格教授。其间，他深入研究了量子信息的前沿领域，并获得了博士学位。这段学术经历使他不仅掌握了先进的实验技术，还具备了深厚的理论功底。

百度公司的创始人、董事长兼首席执行官李彦宏 1991 年毕业于北京大学信息管理专业，随后前往美国取得计算机科学硕士学位，他是国际知名互联网企业的资深工程师。1999 年底，身在美国硅谷的李彦宏看到了中国互联网及中文搜索引擎服务的巨大发展潜力，抱着技术改变世界的梦想，他毅然辞掉硅谷的高薪工作，创建了百度公司。而他所持有的"超链分析"技术专利，是奠定整个现代搜索引擎发展趋势和方向的基础发明之一。

创新者之所以能够推陈出新，提出前人不曾提出的新思想，推出令世人叹服的新创造，一个重要的原因就在于创新者具有扎实的专业知识基础。所以说要想成为创新能人，应从扎实的专业知识学习起步，而不是好高骛远，空谈创新。

3. 独特的创新意识

我们在日常生活和学习、工作中，时常会遇到一些难题，按常规的思维方法要么不能解决，要么太烦琐，太费时、费力。是否能寻求一种简单、高效的办法来解决呢？这种想法实际上就是创新意识。例如"品案例"中的潘建伟，他始终保持对未知领域的好奇心和探索精神。在量子信息领域，他不断挑战传统观念，勇于提出新的理论和实验方案。例如，他率先突破量子信息处理关键技术，全面解决了量子保密通信在现实条件下的安全性问题，这一创新成果为量子通信的实用化奠定了坚实基础。

德国数学家高斯小时候，他的老师在课堂上出了一道数学题："从 1 到 100 的数依次相加，和是多少？"别的同学一个劲地用加法计算，而高斯则静静地独立思考，他从排列有序的数字上发现了规律：首尾两个数依次相加其和相同。于是他很快算出了答案：$101 \times 50 = 5050$。高斯摒弃了烦琐的演算，利用数字的组合，找到了快捷的计算方法。

创新意识都具有明确的目的性，都是为了解决生活、工作中的难题。如果高斯没有改变旧算法的意愿，也就是没有创新意识，他也不会获得成功，而会像其他小朋友一样认真地重复前人的计算方法。这足见创新意识非常重要。创新意识是人类意识活动中的一种积极的、富有成效的表现形式，是人们进行创造活动的出发点和内在动力，是创造性思维和创造力的前提。要成为创新能人，创新意识必不可少。

4. 灵活的思维方式

创造性思维是指发散性思维，拥有这种思维方式遇到问题时，能从多角度、多侧面、多层次、多结构去思考，去寻找答案。它既不受现有知识的限制，也不受传统方法的束缚，思维路线是开放性、扩散性的。例如"品案例"中的潘建伟，他突破了传统物理学的限制，将量子纠缠、量子隐形传态等概念引入实验研究，从而推动了量子通信和量子计算的发展。他的这种跨越传统界限的思考方式，使他能够在该领域取得开创性的成果。

美国历经百年风化的自由女神像翻新后，现场有 200 吨废料难以处理。一位叫斯塔克的人承包了这一苦差，他对废料进行分类处理，巧妙地把废铜皮铸成纪念币，把废铅、废铝做成纪念尺，把水泥碎块、配件装在透明的小盒子里作为有意义的纪念品供人选购。所有这一切都与名扬天下的"自由女神"相联系。这样一来，他就从那些一文不值、难以处理的垃圾中开发出了好几种十分畅销、身价百倍的纪念性新产品。

创造性思维贵在灵活地创新，或者在思路的选择上，或者在思考的技巧上，或者在思维的结论上，具有独到之处，在前人、常人的基础上有新的见解、新的发现、新的突破，从而具有一定范围内的首创性、开拓性。

5. 勇敢的实践探索

实践是创新的基础，离开实践，创新便成了无源之水、无本之木。创新不是不切实际的空想玄谈，而是付诸实际的实践、实干。"实践出真知，实践结硕果"。创新已成为当代中国的最强音，要想制胜职场，就要勇于做创新的实践者。例如"品案例"中的潘建伟勇于尝试新的实验技术和方法，不断探索量子信息领域的未知领域。他敢于面对实验中的失败和挫折，从中汲取经验教训，不断调整实验方案和改进技术，这种勇于尝试与不断探索的精神，使他在科研道路上不断取得新的突破和进展。

比亚迪是全球领先的新能源汽车制造商之一，其电动汽车销量在全球范围内名列前茅。在中国市场，比亚迪更是连续多年保持新能源汽车销量冠军的地位，市场份额不断扩大。比亚迪的创新实践主要体现在电动汽车领域，通过自主研发刀片电池、双模技术、易四方平台及云辇车身控制系统等核心技术，大幅提升了电动汽车的性能和安全性。同时，比亚迪采用多品牌战略和直营销售模式，积极开拓国际市场，构建了智能网联生态系统，持续加大研发投入，累计申请大量专利，为全球新能源汽车市场的发展作出了重要贡献。

6. 顽强的科研精神

创新往往伴随着不确定性，包括市场需求的变化、技术发展的不确定性等。因而，创新往往伴随着失败和挑战。创新能人在面对困难时，不会轻易放弃，而是选择坚持和持续努力。他们明白，失败是创新过程中不可避免的一部分，但每一次失败都是向成功迈进的一步。例如"品案例"中的潘建伟，他在科研过程中带领团队克服了量子纠缠态、光量子的信息存储、量子通信的点对点距离受限等技术困难，实验条件与资源方面的困难，以及国际合作与竞争方面的困难等，取得了举世瞩目的科研成果。

被誉为"杂交水稻之父"的袁隆平在科研过程中克服了许多困难，其中最为人称道的一次是在杂交水稻研究初期，他面临着权威论断的否定、一些人的嘲笑以及学者的质疑。然而，袁隆平并没有因此放弃，他坚持自己的研究信念，不畏权威，勇于探索。他亲自下田实践，在无数个烈日下寻找天然雄性不育株。面对秧苗被毁的挫折，他更是坚定决心，从烂泥地里寻找残存秧苗，最终成功培育出杂交水稻。这一成就不仅解决了中国人的吃饭问题，也为世界粮食生产作出了重要贡献。袁隆平以他的实际行动诠释了永不言败的科研精神。

总之，好奇心是探索未知的驱动力，它促使创新者不断寻求新知，发现潜在机会。扎实的专业知识则是创新的基石，为创新提供了坚实的理论基础和实践依据。创新意识让创新者敢于打破常规，提出新颖的观点和解决方案。灵活的思维方式则帮助创新者从不同角度审视问题，发现新的可能性。勇敢的实践探索是将创新想法转化为现实的关键步骤，它要求创新者具备敢于尝试、不畏失败的勇气。顽强的科研精神则使创新者能够坚定信心、永不放弃，持续推动创新进程。它们共同构成了推动创新的关键素质和能力体系。这些素质和能力的结合，使创新能人在面对挑战时保持敏锐洞察和高效行动，从而在创新道路上不断取得突破。

（三）大学生成长为创新能人的路径

创新是制胜职场的秘诀，是成就职业精英的关键；创新是民族进步的灵魂，是国家兴旺发达的核心；创新是人类珍贵的财富，是时代向前发展的动力。要想成为创新能人，就要把握时代脉搏，迎接时代挑战，增强创新能力，勇做创新的实践者，将创新精神贯穿实践中。大学生要成为创新型人才，需要从多个方面进行自我提升和实践。

1. 增强创新意识

一是要树立创新观念，明确创新对个人成长和社会发展的重要性，认识到创新是推动社会进步的关键力量；二是要培养好奇心，保持对未知事物的好奇心和探索欲，勇于尝试新事物，不断拓宽自己的视野。

2. 提升创新能力

一是要创新学习方法，掌握一些基本的创新方法，如头脑风暴、思维导图等，这些方法有助于激发创新思维和产生创新想法；二是要培养批判性思维，学会独立思考，对已有观点和信息进行批判性分析，从中发现新的可能性和改进点；三是要加强跨学科学习，跨学科的知识融合是创新的重要来源，大学生应努力拓宽自己的知识面，了解不同学科的基本原理和方法。

3. 参与实践活动

一是要参与科研项目，通过实践锻炼自己的科研能力和创新能力；二是要参加创新竞赛，如"挑战杯"等，这些竞赛不仅是对自己创新能力的检验，也是学习他人创新经验的好机会；三是要参加实习活动，通过实习了解企业运作和市场需求，为创新提供现实基础，同时，也可以考虑创业实践，将创新想法转化为实际行动。

4. 培养团队协作与沟通能力

一是要学会与他人合作，创新往往需要团队合作，大学生应学会与他人有效沟通、协作，共同解决问题；二是要培养领导力，在团队中展现自己的领导才能，引导团队向共同目标前进。

5. 保持持续学习与自我反思

一是要终身学习，创新是一个持续的过程，大学生应保持对新知识、新技术的敏感性和学习热情；二是要自我反思，定期对自己的学习和创新过程进行反思，总结经验教训，不断完善自己的创新方法和策略。

四、谈观点

请谈谈创新能人开展创新实践时对于"屡试屡败"与"屡败屡试"的理解。

_____

_____

_____

_____

五、践行动

请选择你最喜欢的一位创新能人，详细了解他（她）的创新故事，分析他（她）所具备的优秀品质。

1. 创新能人基本情况

_____

_____

2. 创新能人的创新故事

_____

_____

3. 创新能人所具备的优秀品质

_____

_____

4. 对你的启示

_____

_____

六、测能力

请扫描二维码查看对应试题，判断这些说法是否正确。

通关第三十六式
测能力

通关话题

大国工匠、创业达人、管理精英、创新能人都是大学生的成长目标，四者中哪一个是你最想成为的？为什么？

通关测验

请扫描二维码，完成通关测验，检测学习情况。

第十二关 通关测验

参考文献

[1] 刘永亮，卢文澈．职业生涯规划与就业指导 [M]．西安：西安交通大学出版社，2021.

[2] 邓基泽，曾龙威．大学生职业生涯规划与就业创业指导教程 [M]．2 版．北京：中国农业大学出版社，2021.

[3] 刘玉红．大学生职业发展与就业指导 [M]．北京：科学出版社，2020.

[4] 金树人．生涯咨询与辅导 [M]．北京：高等教育出版社，2007.

[5] 黄炎和．大学生职业指导教程 [M]．北京：人民出版社，2021.

[6] 张立新，张宝泉，徐永慧．职业生涯规划 [M]．北京：清华大学出版社，2021.

[7] 金正昆．职场礼仪 [M]．3 版．北京：中国人民大学出版社，2023.

[8] 陈凯．大学生职业生涯规划 [M]．3 版．厦门：厦门大学出版社，2023.

[9] 王占军．大学生职业生涯规划咨询案例精编 [M]．上海：华东师范大学出版社，2017.

[10] 方伟，王少浪．大学生职业生涯与就业指导 [M]．3 版．西安：世界图书出版西安有限公司，2022.

[11] 易今科，高峰．匠心点亮人生 [M]．北京：电子工业出版社，2022.

[12] 王天玉．新就业形态从业人员劳动权益保障典型案例研究 [M]．北京：人民法院出版社，2023.

[13] 曾天山．职业素养：高职专科版 [M]．北京：高等教育出版社，2024.

[14] 法规应用研究中心．劳动法、劳动合同法、劳动争议调解仲裁法一本通 [M]．9 版．北京：中国法制出版社，2023.

[15] 胡峰力．求职信写作方法撷谈 [J]．应用写作，2023,(05):27-29.

[16] 曹丽．当前大学生就业权益法律保护的有效途径探析 [J]．现代职业教育，2021,(41):230-231.